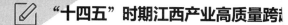

U0610786

"十四五"时期 江西制造强省 建设研究

RESEARCH ON THE CONSTRUCTION OF JIANGXI MANUFACTURING
STRONG PROVINCE DURING THE "14TH FIVE-YEAR PLAN"

季凯文 ◎ 等著

经济管理出版社
ECONOMY & MANAGEMENT PUBLISHING HOUSE

图书在版编目（CIP）数据

"十四五"时期江西制造强省建设研究/季凯文著 . —北京：经济管理出版社，2020. 10

ISBN 978 - 7 - 5096 - 7302 - 7

Ⅰ. ①十…　Ⅱ. ①季…　Ⅲ. ①制造工业—产业发展—研究—江西　Ⅳ. ①F426. 4

中国版本图书馆 CIP 数据核字（2020）第 141308 号

组稿编辑：杜　菲
责任编辑：杜　菲
责任印制：黄章平
责任校对：陈　颖

出版发行：经济管理出版社
　　　　　（北京市海淀区北蜂窝 8 号中雅大厦 A 座 11 层　100038）
网　　　址：www. E - mp. com. cn
电　　　话：（010）51915602
印　　　刷：北京晨旭印刷厂
经　　　销：新华书店
开　　　本：720mm×1000mm/16
印　　　张：17. 5
字　　　数：278 千字
版　　　次：2020 年 10 月第 1 版　　2020 年 10 月第 1 次印刷
书　　　号：ISBN 978 - 7 - 5096 - 7302 - 7
定　　　价：78. 00 元

前　言

　　本书是以江西省"十四五"规划前期研究重大课题《"十四五"时期制造强省建设研究》为基础，经进一步深化研究、加工整理而成。2019年5月，江西省发展和改革委员会发布了江西省"十四五"规划前期研究重大课题公开遴选公告。经过投标、评审，江西师范大学江西经济发展研究院季凯文成功中标课题《"十四五"时期制造强省建设研究》。课题任务下达后，在江西省发展和改革委员会、江西省工业和信息化厅等的大力支持下，经过充分调研并借鉴吸收有关部门提供的丰富资料，课题组按照各自分工、集中攻关，形成了本书的核心成果。

　　制造业是实体经济的主体，制造强省建设是实施工业强省战略的核心任务。在制造强国战略背景下，江西大力实施工业强省战略，工业特别是制造业发展取得明显成效，但工业特别是制造业发展不足仍是制约江西高质量跨越式发展的重要瓶颈。本书通过紧扣习近平总书记提出的"打好产业基础高级化、产业链现代化的攻坚战"这一总要求，结合《中共江西省委 江西省人民政府关于深入实施工业强省战略　推动工业高质量发展的若干意见》（赣发〔2018〕14号），全面把握制造强省建设的内涵要求与时代意义，总结回顾"江西制造"的辉煌历史及其衰落原因，深入剖析"十三五"时期江西制造强省建设的经验举措、主要成效及问题，科学研判"十四五"时期江西制造强省建设面临的内外部形势，进一步明确"十四五"时期江西制造强省建设的重点突破领域以及产业路径、企业路径，研究提出"十四五"时期江西制造强省建设的总体思路、战略任务、工程行动及空间布局，并借鉴国内外经验举措，系统提出了"十四五"时期江西

推进制造强省建设的政策建议。具体而言,本书分为以下十章:

第一章,制造强省建设的内涵要求与时代意义。结合制造业发展实际情况,为江西制造强省建设赋予了特定的内涵要求与时代意义。提出江西制造强省建设的本质要求是量质双升,内生动力是创新驱动,主攻方向是先进制造业,中坚力量是工匠和企业家,重要支撑是营商环境,具体表现为产业能级高、创新能力强、制造模式新、品牌影响大和营商环境优五个方面。在此基础上,阐述了江西制造强省建设的时代意义。

第二章,"江西制造"的辉煌历史及其衰落原因。通过梳理指出,江西制造业曾经不仅创造了多个中国第一,还创造了多个江西自己的品牌。但是,由于地处内陆地区且思想不够解放、企业对技术创新重视程度不够、产品更新换代速度迟缓、品牌意识淡薄且缺乏品牌保护、对市场定位的判断出现偏差、部分企业把产品质量排斥在战略之外等原因,"江西制造"逐渐走向了衰落。

第三章,"十三五"时期江西制造强省建设的经验举措、主要成效及问题。首先,从抓住科技创新"强引擎"、瞄准产业集群"主方向"、探索融合发展"新路径"、突出园区建设"大平台"、建好营商环境"聚宝盆"五个方面,总结了"十三五"时期江西制造强省建设的经验举措。其次,指出江西工业化发展仍处于中期阶段,并从整体规模、发展效益、龙头企业、内部结构、创新能力、品牌建设、人才支撑等方面梳理了"十三五"时期江西制造强省建设的主要成效。最后,从总量规模、盈利模式、市场竞争力和影响力、自主创新动力、企业成本负担等方面剖析了江西制造强省建设存在的主要问题。

第四章,"十四五"时期江西制造强省建设面临的内外部形势。立足国际、国内和省内三个视角,逐一阐述了"十四五"时期江西制造强省建设面临的内外部形势。从国际看,新一代信息技术与制造业深度融合,发达国家高端制造回流与中低收入国家争夺中低端制造转移同时发生,国际贸易保护主义不断强化,江西面临的机遇和挑战并存。从国内看,江西在承接产业转移上具有一定优势,但国内经济下行压力加大、供给侧结构性改革持续推进、资源环境和要素成本约束日益趋紧，倒逼制造业加快转型升级。从省内看，省委省政府牢牢把握工业强省战略不动摇，为推进制造强省建设提供了坚强保障，但发展中不平衡、不协调、不可持续的问题依然突出，制造业发展的有利与不利因素相互叠加。

第五章，"十四五"时期江西制造强省建设的重点突破领域选择。立足江西现有基础和特色，构建了包含4个一级指标、13个二级指标和25个三级指标的评价指标体系，基于熵值法的灰色关联投影综合评价模型对江西制造业31个细分行业综合竞争力进行了评价。同时，考虑到指标体系的不完整性、定量分析方法的局限性以及部分新兴制造业未纳入定量分析模型中，还结合江西发展实际以及未来技术前景，对"十四五"时期江西制造强省建设的重点突破领域进行了选择。考虑到与实际工作的对接，江西应将有色金属、钢铁、石化、建材、家具、纺织服装、食品、航空、汽车、中医药、电子信息、新能源、VR、移动物联网、半导体照明、装备制造和节能环保17个产业作为"十四五"时期制造强省建设的重点突破领域。

第六章，"十四五"时期江西制造强省建设的产业路径与企业路径。立足江西制造业领域中的17个重点产业，应充分发挥有色金属、钢铁、石化、建材、家具、纺织服装、食品七大传统制造业的基础优势，不断调整优化产业结构，加快转型升级步伐，促进其在全国的地位明显提升；依托航空、汽车、中医药、电子信息、新能源五大优势制造业发展的良好基础，着力提升能级水平，推进产业集群化发展，力争在全国占据前沿位置；抓住VR、移动物联网、半导体照明、装备制造和节能环保五大特色制造业发展机遇，找准有效切入点，实现重点技术和重点工艺的突破，积极培育新的增长点。同时，分别选取了江铜集团、江钨集团、新钢集团、九江石化、正邦集团、洪都集团、昌河飞机、江铃集团、江中集团、合力泰、晶科能源、赣锋锂业、孚能科技、科骏实业、欧菲炬能、晶能光电、豪泰集团、怡杉环保18个代表性企业，有针对性地设计了各具特色的企业发展路径。

第七章，国内外推动制造业振兴发展的主要举措与经验借鉴。梳理美国打出振兴本土制造业系列"组合拳"、英国依托"工业2050战略"推动制造业转型、德国实施以"工业4.0"为代表的高科技战略计划、日本多措并举推动制造业振兴、韩国大力实施制造业创新3.0战略等发达国家推动制造业振兴发展的主要举措，总结了上海以"四新经济"引领制造业升级、广东深化制造业与互联网融合发展、浙江借助"四换三名"推动制造业转型升级、湖南布局"湖南智造"路线图等兄弟省份的具体举措，为"十四五"时期江西制造强省建设提供经验借鉴。

第八章，"十四五"时期江西制造强省建设的总体思路、战略任务及工程行动。对接"2+6+N"产业高质量发展行动计划，围绕"四大领域"转型与"四大发展"并重，科学提出"十四五"时期江西制造强省建设的总体思路。同时，聚焦以技术创新为引领、以两化深度融合为关键、以产业融合为导向、以质量品牌建设为抓手、以"工业四基"为牵引、以集聚发展为根本、以内联外引为支撑、以两型化改造为手段，系统提出"十四五"时期江西制造强省建设的战略任务。另外，还提出将实施高端制造、智能制造、精品制造、绿色制造、服务型制造作为"十四五"时期江西制造强省建设的重大工程，将推进"品种品质品牌"行动、"强基强企强县"行动、"创新型企业梯次培育"行动、"制造+互联网+服务"行动、"四最"营商环境优化行动作为"十四五"时期江西制造强省建设的行动支撑。

第九章，"十四五"时期江西制造强省建设的空间布局与重大基地。立足江西不同地区现有产业基础和资源环境承载能力，提出强化大南昌都市圈对全省制造业发展的核心支撑作用，依托京九、沪昆两大通道打造南北向和东西向两条十字形制造业驱动轴，构建沿江、赣东北、赣西和赣南四大制造业组团，推动形成"一核两轴四组团"的制造业发展格局。在此基础上，提出打造世界级高精铜材产业基地、世界级稀土和钨深加工产业基地、世界级中医药产业基地、世界级建筑陶瓷新材料产业基地、世界级半导体照明产业基地、世界级VR产业基地、国家级航空制造产业基地、国家级移动物联网产业高地、国家级锂离子动力电池生产基地、国家级有机硅和有机氟生产基地十大制造业重点基地。

第十章，"十四五"时期江西制造强省建设的政策建议。具体包括：一是强化理念创新，从创新、协调、绿色、开放、共享五大理念出发，推动"江西制造"高质量发展；二是强化科技创新，制定重点制造业技术路线图，对接国家制造业创新中心建设工程、支持制造业企业建立创新孵化平台和载体，开展制造业关键领域的产学研用协同创新，夯实"江西制造"振兴根基；三是强化模式创新，推动制造业服务化，引导制造业企业拓展新业务，以新型业态促进线下生产与销售，以需求为导向延伸制造业产业链，集聚"江西制造"发展新动能；四是强化人才创新，大力培养赣鄱工匠，打造"工匠摇篮"示范性品牌专业，培育追求完美的"匠心理念"，建立一支优秀高级管理人才队伍，助推"江西制造"发展；五是强化载体创新，推动开发区整合优化，加快开发区市场化建设和运营步伐，推动产业园合作或共建，提高开发区亩均效益和投资强度，提升"江西制造"综合承载力；六是强化品牌创新，提高制造业产品技术标准水平，重视媒体对江西品牌的传播作用，持续扩大"江西制造"影响力；七是强化体制机制创新，进一步深化"放管服"改革，全面实施市场准入负面清单制度，着力深化国有企业改革，推进社会信用体系建设，增强"江西制造"发展动力；八是强化政策创新，研究建立制造强省建设重点投资项目库，统筹使用省发展升级引导基金和工业转型升级资金，创新制造业企业融资方式，优化"江西制造"发展环境。

本书的总体策划由季凯文负责，具体研究方案由季凯文制定。总报告的撰写由季凯文拟定写作框架并进行总指导，由季凯文、丁润青、齐江波、王旭伟共同执笔完成。其中，王旭伟负责第三章、第五章的撰写（共计3万余字），丁润青负责第一章、第六章的撰写（共计3万余字），齐江波负责第七章、第八章的撰写（共计2万余字），由季凯文负责统稿和修改总纂。另外，专题1、专题2、专题3、专题6、专题7、专题8、专题9、专题11由季凯文执笔，专题4由钟业喜、马宏智、季凯文执笔，专题5由钟业喜、岳可、季凯文执笔，专题 10 由季凯文、丁润青执笔，专题 12 由季凯文、王旭伟执笔。

本书的顺利完成与整个研究团队的辛勤努力密不可分，正是由于课题组成员之间的团结合作、密切配合，才保证了本书的顺利出版。特别值得一提的是，在课题申报和具体研究过程中，江西省发展改革研究院周国兰研究员给予了大力指导和支持，在此表示感谢。另外，在具体撰写过程中，本书还借鉴吸收了大量前人的研究成果，在此对所有作者表示衷心的感谢。由于时间紧凑，本书只是以江西为案例，从实践方面对制造强省建设进行了初步探索，还有很多问题值得深入研究，在今后的研究中课题组将不断加以改进和完善，也恳请同行专家学者提出宝贵意见。

目　录

第一章
制造强省建设的内涵要求与
时代意义

　　制造业是实体经济的主体，也是经济"脱虚转实"和加快构建现代化经济体系的关键所在。自全球金融危机爆发以来，以美国、德国、日本为代表的发达国家面临日趋严重的产业空心化问题。面对新一轮科技革命和产业变革，为重振本国制造业，发达国家纷纷实施"再工业化"和"制造业回归"战略，以抢占新一轮国际制造业竞争的制高点。在制造强国战略背景下，不论是广东、浙江、江苏等东部发达省份，还是湖北、湖南、河南、安徽、江西等中部省份，以及贵州、四川、陕西等西部省份，均纷纷制定了制造强省建设方案和扶持政策。近年来，江西大力实施工业强省战略，工业特别是制造业发展取得明显成效，但总量不大、结构不优、实力不强仍是江西制造业发展的"短板"。"十四五"时期，江西制造业面临的国内外形势更加复杂，为提高综合经济实力、促进经济转型升级，描绘好新时代江西改革发展新画卷，必须以更大的决心和力度推进制造业的发展，毫不动摇地坚持实施制造强省战略，进一步做大制造业总量、优化制造业结构、提升制造业水平，尽快弥补制造业发展差距。

　　当前，国内市场需求、要素保障、发展环境等都发生了深刻变化，发展方式正从规模粗放型增长转向质量集约型增长，结构调整正从以增量扩能为主转向存量与增量并存的深度调整，发展动力正从传统增长点转向新的增长点。因此，在新形势新任务下，制造强省建设具有以下特定的内涵要求与时代意义：

一、制造强省建设的基本内涵

（一）制造强省建设的本质要求是量质双升

党的十九大作出了我国经济已由高速增长阶段转向高质量发展阶段的重大判断，经济发展迈入了新常态。制造业高质量发展是我国经济高质量发展的核心和基础，面对新的时代背景，江西推进制造强省建设已经由强调增长速度，转变为追求速度、质量、效益、生态的统一；由强调做大总量，转变为做大总量和优化结构的统一。因此，江西制造强省建设的首要问题就是要走好量质双升之路。

（二）制造强省建设的内生动力是创新驱动

制造强省建设关键靠创新，难点也在创新。必须把创新摆在制造业发展全局的核心位置，紧紧扭住创新这个"牛鼻子"，打造创新平台，集聚创新资源，促进创新链与产业链有机对接，下大力气把创新各个环节的短板补齐、增强，真正让创新成为引领制造业发展的第一动力。

（三）制造强省建设的主攻方向是先进制造业

从江西工业化实践看，制造业是实体经济的骨架和支撑，也是促进经济平稳较快发展的主导力量。先进制造业是制造业中创新最活跃、成果最丰富的领域，也是价值链上高利润、高附加值的领域。因此，江西制造强省建设必须把主攻方向放在大力发展先进制造业上，努力塑造制造业竞争新优势。

（四）制造强省建设的中坚力量是工匠和企业家

时代已经证明，工匠精神和企业家精神是打造"百年老店"的两大支柱。在当前大变革、大融合、大创新交织叠加的时代背景下，优秀的工匠和企业家群体是制造强省建设的主力军。因此，必须以工匠精神保证质量和信誉，以企业家精神经营壮大优势产业，着力弘扬工匠精神和企业家精神，精益求精、提质增效，努力攻克一批核心技术，形成一批品牌产品，为江西推进制造强省建设提供坚实有力支撑。

（五）制造强省建设的重要支撑是营商环境

营商环境就是生产力、竞争力，优化营商环境就是解放生产力、提升竞争力。制造强省建设必须与制造强国战略和工业强省战略紧密结合起来，真正营造出聚商、重商、安商的"强力磁场"，真正让一流的营商环境成为江西制造强省建设的重要支撑。

二、制造强省建设的具体要求

制造强省建设的内涵要求如图1-1所示。具体来说，就是要做好以下五个方面：

（一）产业能级高

坚持总量集聚与结构升级并举，聚焦做大做优做强制造业，壮大产业总量，优化产业质态，提升产业层次，促进产业升级，全面提升产业能级，夯实江西制造业高质量发展基础。

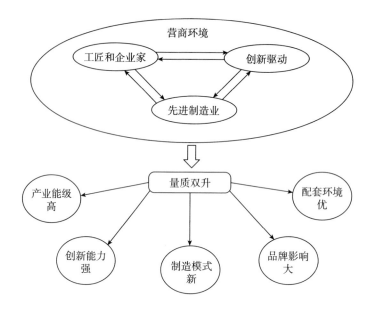

图 1 - 1　制造强省建设的内涵要求

（二）创新能力强

坚持创新驱动，完善以企业为主体、市场为导向、产学研相结合的技术创新体系，建立健全科技成果转移转化和创新创业服务体系，培育新技术、新产品、新业态、新模式，进一步提升江西制造业自主创新能力和产业核心竞争力。

（三）制造模式新

深入开展更宽领域、更深程度、更高层次的新一轮技术改造，大力推广智能制造、绿色制造和服务型制造等先进生产制造模式，着力推进大数据、互联网、人工智能与制造业深度融合，推动江西制造业向智能化、绿色化、高端化、链条化方向发展。

（四）品牌影响大

着力打造产业地标，推进特色产业集群突破，打造一批具有地方标志、领跑全国乃至全球的产业标杆。努力提升产品品质，促进技术与质量的融合，加快构建先进制造业标准体系，积极打造更多享誉世界的"江西品牌"，推动江西制造进入质量时代。

（五）营商环境优

对标国内一流营商环境，聚焦简化企业办事流程、压缩办事时限、优化办事服务，采取更加有力有效的举措，深入推进"放管服"改革和"降成本优环境"专项行动，着力打造政策最优、成本最低、服务最好、办事最快的"四最"营商环境。

三、制造强省建设的时代意义

（一）推进制造强省建设是构建现代化经济体系、增强江西综合经济实力的必然选择

近年来，为抢占新一轮科技革命和产业变革的重大机遇，江西省委省政府作出了深入实施工业强省战略和加快推动工业高质量跨越式发展的重大决策。全省以"创新引领、改革攻坚、开放提升、绿色崛起、担当实干、兴赣富民"为工作方针，以高质量跨越式发展为工作要求，加快实施工业强省战略，推动产业优化升级，促进动能接续转换。2018年，全省生产总值已经跨越2万亿元大关，主要经济指标增速稳居全国"第一方阵"，但经济总量小、人均水平低、经济欠发达仍是江西的基本省情，发展不足

仍是"十四五"时期江西面临的主要矛盾。制造业作为江西经济发展的第一驱动力、财政收入的最主要来源和就业增长的重要途径,其地位和作用日益突出,并在今后相当长的时期内对江西经济发展起决定性作用。推进制造强省建设,目的就是通过推动制造业总量提升、结构优化、动能转换,建立实体经济、科技创新、现代金融、人力资源协同发展的制造业体系,不断增强全省制造业的创新力和竞争力。毫不动摇地坚持实施制造强省战略,加快制造业发展步伐,提高制造业增长的质量和效益,发挥对全省经济发展的主体作用,是江西今后一个较长时期内的战略选择。

(二)推进制造强省建设是深化制造业供给侧结构性改革、培育江西经济发展新动能的战略举措

制造业是实体经济的主战场,是供给侧结构性改革的重要领域,也是江西实现高质量跨越式发展的关键支撑。习近平总书记明确指出,推动供给侧结构性改革,要在"破"和"立"上同时发力。"破""立"并举,破是前提,主要就在破除落后的无效供给,彻底摒弃以投资和要素投入为主导的老路,为有效的、中高端供给和新动能发展创造条件,留出空间。目前,江西制造业结构仍然存在"传统产业多新兴产业少"和"低端产业多高端产业少"等诸多问题。"十四五"时期,全省制造业应在巩固去产能既有成果的基础上,推动总量性去产能向结构性优产能转变,积极运用市场化法治化手段,加快出清过剩产能,依法处置僵尸企业。同时,"破""立"并举,立是重点,就是要加快传统产业改造升级,加快发展新兴产业,增强经济发展新动能。近年来,江西有色金属、石化、建材等传统产业启动了以技术创新提升、技改提升等为主要内容的优化升级行动,航空、电子信息等新兴产业快速发展,制造业结构发生新变化,新动能正在加快成长。江西推进制造强省建设,就是在破旧立新中,推动经济发展质量变革、效率变革、动力变革,培育形成经济发展新动能。

（三）推进制造强省建设是深入实施工业强省战略、巩固提升江西工业经济发展新优势的有效行动

工业是转变经济发展方式、调整经济结构的主战场，工业化的实质就是经济结构的转化过程。从全省工业结构看，以制造业为主的工业领域总供给过剩与有效供给不足的矛盾并存，传统、低端和无效供给过多，新型、中高端和有效供给不足。2018 年，全省工业企业主要产品产能利用率为 77%，多数企业仍然存在产品销售困难、库存产品积压等问题，低端产品品种价格持续下跌，而一些高附加值、高技术含量的产品尚不能生产或生产量不能满足市场需要，主要还是依靠大量进口或由沿海地区输入。因此，深入实施工业强省战略，就必须发挥工业特别是中高端制造业对全省经济发展的支撑作用，增强制造业供给结构对需求变化的适应性和灵活性，特别是要以市场为导向，以科技进步为动力，促使企业适应国内外需求变化，实现产业结构和产品结构的优化，进一步提升制造业发展的质量和效益。

（四）推进制造强省建设是奋力开启建设富裕美丽幸福现代化江西新征程、描绘好新时代江西改革发展新画卷的坚强保障

富民强省离不开坚实的经济基础，特别是制造业发展和制造强省建设的支撑。没有制造业从大到强的转变，富民强省也成了无源之水、无本之木。江西省委省政府出台了《关于深入实施工业强省战略推动工业高质量发展的若干意见》，明确提出工业高质量发展三大工程、六大路径和五大行动，计划到 2020 年，全省规模以上工业增加值年均增幅高于全国平均水平，总量力争突破万亿元，迈进全国"万亿俱乐部"。与此同时，江西制造业也在不断攻坚奋进，综合实力一步一步迈上新台阶。"十四五"时期，面对新形势、新任务，必须以制造业为突破口，全力实施制造强省战略，推动制造业发展质量变革、效率变革、动力变革，切实提升制造业的整体水平和综合竞争力，不断满足消费者多样化的价值追求，让人民过上更加富裕幸福的现代化生活，描绘好新时代江西改革发展新画卷。

第二章
"江西制造"的辉煌历史及其衰落原因

一、辉煌历史

江西不仅是块红色的土地,而且也是创造中国发展奇迹的见证地。在特定的时代背景下,一些江西品牌蓬勃发展,如中国第一架飞机、第一枚海防导弹、第一辆柴油轮式拖拉机、第一辆军用三轮摩托车等。它们创造了辉煌的历史,成为江西人美好的记忆。

(一) 创造了多个中国第一

1954 年,由南昌洪都航空工业集团的前身国营 320 厂生产的中国第一架飞机经过首次升空试飞获得成功,毛泽东亲笔签署了给 320 厂全体职工的嘉勉信,由此翻开了中国航空工业发展史上崭新的篇章。

1957 年,中国第一辆三轮摩托车"长江 750"在洪都机械厂组装完毕,这也是中国第一辆军用三轮摩托车。经过各项性能实验后,全部指标均达到设计要求,为中国强大的国防建设做出了突出贡献。

1957 年，中国第一架多用途民用飞机安 2（运 5）在洪都机械厂试制成功，安 2 飞机是仿制苏联东安诺夫设计局的一种多用途民用飞机，基本型是运输机，可作救护机、旅客机和跳伞用。1958 年 3 月，安 2 转入批量生产，并创造了一个月总装 71 架、一天试合格 29 架的纪录。1958 年 4 月，中国第一辆柴油轮式拖拉机"八一"万能拖拉机由江西拖拉机厂生产，通过调试车辆，发现其一些性能比英国的拖拉机还要先进。

1966 年 11 月，洪都机械厂仿制的我国第一批"上游一号"海防导弹顺利通过鉴定试验，1966 年 12 月，海防导弹定型委员会批准"上游一号"舰对舰导弹仿制定型，从此，中国第一枚海防导弹开始为我国国防事业建功立业。

（二）创造了多个江西自己的品牌

南昌手表厂生产的第一块庐山牌手表有 136 个零部件，曾在向塘机场的直升机上做高空试验，手表完好无损。最辉煌时，南昌手表厂的工人从建厂时的 300 多人发展到 2300 多人。

1980 年，江西连胜机械厂生产出江西第一辆飞鱼牌自行车，头批自行车共有 10 辆，采用的是凤凰牌自行车的技术。最辉煌时，其年产量达到 60 万辆，产值约 1.5 亿元，产品畅销全国并打开了东南亚市场。

早在 1978 年，由江西飞碟吊扇厂生产的飞碟牌吊扇就获得全国同行业评比第一名，1990 年，该企业的吊扇年产量从 3 万台以下猛增到 60 万台，翻了将近 20 倍，成为了远近闻名的吊扇品牌。

吉安生产的赣新牌电视曾被评为中国十大彩电品牌，成为很多江西人购买的第一台电视机。

1986 年，第一台华意冰箱诞生在景德镇，作为当时从意大利引进的 9 条冰箱生产线之一，华意冰箱的生产工艺代表了当时最先进技术。

二、衰落原因

（一）地处内陆地区且思想不够解放

江西地处内陆，是农业大省，群众小富即安的"小农"意识较强，作决策、定目标时跳不出农业大框架。制造业企业在计划经济体制背景下形成了"院墙思维"，企业领导和职工缺乏改革开放意识、市场竞争意识和企业忧患意识，习惯于传统储运营销方式，企业服务方式和手段比较原始和单一，产品生产一直沿袭传统的生产方式。

（二）企业对技术创新重视程度不够

江西大多数中小企业决策者对技术创新在提高竞争力上的作用认识不够，认为技术创新花钱多且见效小，因此产品生产仍然沿袭传统的生产方式；企求稳定第一，缺乏对市场变化研判的意识和能力，没有认识到技术创新和市场营销创新的重要性。在企业运营过程中，很多企业领导人存在"拿来主义"心理，即把别人成功的产品拿过来自己生产，这样投资少，见效快，企业不冒风险。因此，决策者往往不太重视企业内部的技术创新和市场营销创新。

（三）产品更新换代速度迟缓

虽然经过多年发展，但江西大多数制造业企业仍存在管理水平参差不齐、企业规模小和技术水平更新换代慢等问题，这些问题导致了企业产品质量不高、附加值低、经济效益差和价格竞争不占优势。由于江西制造业企业发展缺乏主动性，在日益激烈的市场竞争中难以为继，从2001年起，赣新电视、飞鱼自行车、连胜自行车、华意冰箱等众多江西品牌逐渐走向没落。

（四）品牌意识淡薄且缺乏品牌保护

由于经营理念落后，江西企业的品牌意识淡薄，许多企业只重视眼前利益而忽视长远利益，重视经济效益而忽视社会效益，重视生产管理而忽视战略谋划，重视产品销售而忽视品牌打造。此外，企业产品种类分散、规模不大、优势不集中、特色不明显，也在一定程度上限制了产品品牌的形成。也有不少企业缺乏维权观念和品牌保护意识，如"乔家栅"作为江西本土月饼品牌，由于商标被抢注，"乔家栅月饼"不得不更名为"滕王阁月饼"。

（五）对市场定位的判断出现偏差

江西许多制造业企业由盛及衰、发展缓慢甚至逐渐步入困境的现状，与企业缺少有战略眼光的企业家和有战略层次的科学发展目标规划有直接关系。战略预见不足，市场敏感性不强，在进行产品结构战略性调整的关键时刻未能抓住机遇，致使企业产品未能及时更新改造和优化升级，市场竞争力下降。

（六）部分企业把产品质量排斥在战略之外

质量在企业中的角色通常不容易被了解和发现，因此，很多缺少远见的企业就很容易将质量排斥在战略之外。受2008年"三鹿奶粉事件"影响，英雄乳业生产的个别英雄牌婴幼儿配方乳粉也被检测出含有三聚氰胺，导致南昌人喝了近半个世纪的奶粉品牌轰然崩塌。

第三章

"十三五"时期江西制造强省建设的经验举措、主要成效及问题

一、经验举措

(一)抓住科技创新"强引擎",增强制造业发展核心竞争力

"十三五"时期,江西以创新型省份建设为引领,大力实施创新驱动发展战略,持续推进产业转型升级,有力助推了江西制造业核心竞争力提升。

1. 大力开展创新型省份建设

早在 2016 年,江西就出台了《关于深入实施创新驱动发展战略推进创新型省份建设的意见》《重点创新产业化升级工程实施办法》和《创新驱动"5511"工程实施意见》。2018 年,又出台了《推进创新型省份建设行动方案(2018—2020 年)》等科技创新系列文件,瞄准新型光电、航空制造、生物和新医药、新材料、电子信息等重点产业,有效推动了江西制造业向价值链高端攀升。

2. 着力实施科技型企业梯次培育行动

2018年，江西出台了《关于实施科技型企业梯次培育行动的意见》，编制了科技型企业梯次培育实施方案，建立了"独角兽"企业重点培育企业库，推动一批"瞪羚"企业向"独角兽"企业转化。

3. 加快培育科技创新载体

结合创新驱动"5511"工程倍增计划和重点创新产业化升级工程，围绕制造业重点发展领域和关键环节，以省内龙头骨干企业为主体，在新能源、新材料、新一代信息技术、航空制造、智能制造和节能环保等领域，以新机制、新模式联合产业链上下游企业、科研院所和高校，建设产业重点科技创新载体，让江西制造业体系的"四梁八柱"支撑更加牢固。

4. 着力引进科技创新人才

针对江西重点行业、紧缺人才，特别是"2+6+N"产业高质量跨越式发展行动计划的紧缺人才分类制定引进政策，给予不同的倾斜保障。为进一步加强航空领域人才队伍建设，2019年，江西省委省政府专门出台了《关于加强全省航空产业人才队伍建设的若干措施》，对引进的航空类高端人才实行"特事特办、一人一策"，从人才引培、子女入学、住房保障、税收优惠等方面给予倾斜保障。

（二）瞄准产业集群"主方向"，打造制造业发展新高地

1. 开展重点工业产业集群认定

江西不断建立健全省级重点工业产业集群综合评价体系，规范省级重点工业产业集群考核评价工作，对省级重点工业产业集群实行"有进有退"动态管理。截至2019年9月，江西共有89个省级重点工业产业集群，营业收入占全省开发区总营业收入的63.7%，"2+6+N"产业营业收入超过全省工业的80%，成为江西工业增速保持全国"第一方阵"的重要支撑。这对于江西深入实施制造强省战略，促进制造业产业集群实现高质量跨越式发展起到了重要的支撑作用。

2. 培育形成一批特色产业基地

截至2018年底，全省国家新型工业化产业示范基地总数达到15家，

赣州高新区新材料（稀有金属）基地、吉安电子信息产业集聚区、景德镇陶瓷制品产业基地、共青城经开区纺织服装产业基地等成功入选"国家新型工业化产业示范基地"，成为推动江西发展的重要载体与支撑力量。按照《江西省新型工业化产业基地管理办法》的要求，江西在首批省级智能制造产业基地的基础上还重点打造了若干个人工智能和智能制造产业基地，支持打造南昌世界级 VR 中心、鹰潭全国物联网产业基地等一批重点产业基地。

3. 推行"开发区＋主题产业园区"模式

按照国家级开发区建设 2~3 个、省级开发区建设 1~2 个的方式，规划建设南昌高新区航空城产业园、九江经开区中部 LED 产业园等主题产业园区 103 个。起草了产业集群发展指导目录，安排 1300 万元专项资金，支持 13 个满园扩园重点产业集群加快发展，努力打造 100 个营业收入过100 亿元的产业集群。

（三）探索融合发展"新路径"，加快推进制造业提质升级

江西牢固树立大融合大发展理念，发展数字经济、智能制造和服务型制造，大力促进信息化与工业化、制造业与服务业深度融合。

1. 发展基于互联网的智能制造新模式

江西围绕传统优势产业和行业龙头企业，推动全省制造业实施智能化技术改造，鼓励龙头骨干企业扩大智能装备投入，建设智能工厂、数字化车间。截至 2018 年底，江西累计推广应用智能装备 10572 台（套），建设了 749 个数字化车间及智能工厂，"江西智造"呈现出"百花齐放"的态势。

2. 实施"互联网＋"行动计划

为积极策应国务院发布的《关于深化"互联网＋先进制造"发展工业互联网的指导意见》，江西大力支持传统制造企业应用大数据、物联网、云计算等先进信息技术进行发展，利用现已基本建成的中国电信江西云计算基地、江西航天云网、江西工业云等服务平台，深化物流"互联网＋"

信息化转型，拓展大数据产业链，积极发展物联网、北斗卫星导航等大数据应用产业，建设"两化"深度融合示范园区，培育形成一批"智慧园区"。

3. 加快发展服务型制造

依托"工业云"平台，整合江西产业配套需求与能力，大力推动"企业上云"，实现制造产业链各环节之间的协同化、网络化。同时，打造了一批服务型制造示范企业和服务型制造示范平台，支持制造业企业把更多服务要素融入到加工制造环节，探索服务新业态、新模式，进一步完善"制造 + 服务"经验模式。

（四）突出园区建设"大平台"，提升制造业开放发展水平

1. 大力推动各类开发区建设

截至 2019 年 9 月，江西共有各类开发区 107 家，其中国家级新区 1 家（赣江新区），国家级经开区 10 家（数量居全国第 5 位、中部第 2 位，在中部仅次于安徽的 12 家），国家级高新区 9 家（数量居全国第 5 位、中部第 2 位，在中部仅次于湖北的 12 家），省级高新园区数量 16 家，海关特殊监管区域 6 个（综合保税区 3 个、出口加工区 1 个、保税物流中心 2 个），省级开发区 84 家。江西国家级经开区以占全省 0.69% 的面积创造了约占全省 12% 的 GDP 总量、占全省 21% 的工业增加值、占全省 9% 的财政收入、占全省 11% 的税收收入、占全省 20% 的实际利用外资、占全省 18% 的利用内资、占全省 19% 的外贸出口。

2. 促进开发区改革和创新发展

2018 年，江西省政府出台了《江西省促进开发区改革和创新发展三年攻坚行动计划（2018—2020 年）》，按照"一县一区"要求，对同一区域内未列入《中国开发区审核公告目录》的产业基地、工业小区、产业区等小而散的多个开发板块建立统一的管理机构、实行统一管理，并支持以国家级开发区和发展水平较高的省级开发区为主体，整合或托管区域相邻、产业相近的开发区，实现"一个主体、一套班子"的管理体制和"统一规

划布局、统一开发区建设、统一政策招商、分级利益共享"的运行机制。

3. 着力提升开发区开放发展水平

一方面,建立江西制造业重大项目库,推动宜春市锂电、鹰潭市有色金属两个产业为试点,开展"产业画像"活动,绘制产业组织、产业结构、产业技术、生产要素和相对优势分布图。截至 2019 年 9 月,全省开发区投资 20 亿元以上工业项目达到 167 个,通过项目带动开发区对内开放,增强了开发区内生动力。另一方面,支持开发区和所在地政府结合产业发展方向,在政策允许和权限范围内制定相应的招商引资优惠政策,对达到一定标准的重大招商引资项目实行"一企一策"、"一事一议",严格兑现招商引资承诺,助推开发区出口产品质量提升和产业升级。

(五) 建好营商环境"聚宝盆",培优培厚制造业发展土壤

江西省委、省政府以打造"四最"营商环境为目标,持续深化"放管服"改革,大力实施"降成本、优环境"专项行动,想企业所急、办企业所盼、解企业所忧,为制造业发展提供了强有力的政策保障。

1. 持续深化"降成本优环境"专项行动

2016 年,江西连续出台两批共 100 条降成本优环境政策(2016 年 4 月出台 80 条、2016 年 11 月出台 20 条),2017 年 11 月,江西省政府又出实招 30 条新政策再为实体经济减负。2018 年 11 月,在前期已出台三批次 130 条政策措施基础上,新出台 22 条政策措施。2019 年 9 月,江西再一次出台的《关于进一步降低企业成本 30 条政策措施》。自 2016 年 5 月"降成本优环境"专项行动实施以来,5 批共 182 条政策措施,已累计为企业降本减负 3020 亿元。

2. 全面深化"放管服"改革

2019 年,江西发布深入推进"放管服"改革 22 条措施,旨在优化纳税服务,简化企业办税流程,拓展网上银行、手机银行、支付宝和微信等多元化缴税方式。同时,在全省推进政务服务"一网通办",优化服务流程,进一步落实政务服务"一网一门一次"改革举措,加快推动"互联网 + 政

务服务"向基层延伸,实现"12345"政务服务热线平台与延时错时预约服务相融合。

3. 打好企业帮扶"组合拳"

积极应对经济下行压力和中美贸易摩擦,加大企业帮扶力度、精度和深度,每年筛选重点工业企业,围绕帮用工、帮盘活、帮扩产、帮政策、帮增效"五帮",安排领导和部门单位实行"一对一、点对点"结对帮扶。

二、主要成效

根据较为通行的钱纳里工业化阶段理论,可以将工业化发展阶段分为工业化初期、工业化中期、工业化后期和后工业化 4 个阶段。①工业化初期:二产占比上升,且大于一产占比,纺织、食品等轻工业为主导;人均GDP 在 2010 ~ 4021 美元;城镇化率达 30% ~ 50%。②工业化中期:一产比重下降到 20% 以下,二产占比最大,石化、钢铁、水泥等重化工业为主导;人均 GDP 在 4021 ~ 8042 美元;城镇化率达 50% ~ 60%。③工业化后期:一产比重下降到 10% 以下,二产比重仍然较大,装备制造等高加工度的制造业为主导;人均 GDP 在 8042 ~ 15078 美元;城镇化率达 60% ~ 75%。工业化后期的结束意味着工业化的实现。④后工业化阶段:一产就业人数占比降到 10% 以下,三产占比最大,现代服务业、先进制造业为主导;人均 GDP 在 15078 美元以上;城镇化率达 75% 以上。基于人均 GDP衡量,江西处于工业化中期阶段。2012 年江西人均 GDP 为 4585 美元,超过工业化中期 4021 美元的起始标准,进入工业化中期阶段。到 2018 年,江西人均 GDP 达到 7193 美元,相当于工业化中期的中间阶段。基于三次产业结构衡量,江西刚迈入工业化后期门槛。2003 年,江西一产占 GDP比重在 19.9%,首次降至 20% 以下,且二产占 GDP 比重大于三产,进入工业化中期阶段。2018 年，江西三次产业比重为 8.6∶46.6∶44.8；一产占 GDP 比重降至 9.2%，三产占比 44.8%，仍低于 46.6% 的二产占比，达到工业化后期的起始标准。基于城镇化水平衡量，江西处于工业化中期阶段。2014 年，江西常住人口城镇化率首次超过 50%，达到 50.2%，达到工业化中期阶段的起始标准。到 2018 年常住人口城镇化率提升至 56%，处于工业化中期的中间阶段。综合以上分析，江西工业化发展仍处于中期阶段，工业化仍是未来发展的主攻方向（见表 3 - 1）。

表 3 - 1   工业化发展阶段划分标准

指标		工业化初期	工业化中期	工业化后期	后工业化阶段	我国 2018 年数据	江西 2018 年数据
人均GDP（美元）	1970 年钱纳里标准	280 ~ 560	561 ~ 1120	1121 ~ 2100	2100 以上		
	2018 年折算标准	2010 ~ 4021	4022 ~ 8042	8043 ~ 15078	15078 以上	9900	7193
三次产业结构		一产占比大于20%，二产占比大于一产	一产占比小于20%，二产占比大于三产	一产占比小于10%，二产占比大于三产	一产占比小于10%，三产占比大于二产	7.2∶40.7∶52.2	8.6∶46.6∶44.8
城镇化率（%）		30 ~ 50	51 ~ 60	61 ~ 75	75 以上	59.58	56

（一）从整体规模看，制造业进入提质升级新阶段

1. 总量方面

2015 ~ 2018 年，全省全部工业增加值由 6918 亿元增长到 8113.0 亿元，年均增长 5.5%；规模以上工业企业增加值年均增长 9%，高于全部工业平均增速 0.2 个百分点；总资产由 19217.51 亿元增加到 24085.5 亿元，年均增长 7.82%（见图 3 - 1）。

2. 数量方面

截至 2018 年底，全省规模以上工业企业 11630 家，其中主营业务收入

过50亿元企业42家,过百亿元企业21家(见图3-2)。非公有制规模以上企业数占全省企业总数95%以上,贡献营业收入的80%左右,拉动工业增长7.7个百分点,贡献率达86.5%。

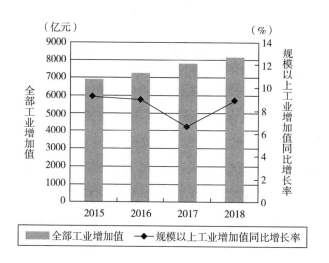

图3-1 2015~2018年全部工业增加值和规模以上工业企业增加值同比增长率

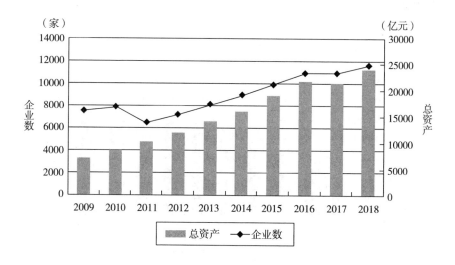

图3-2 2009~2018年规模以上工业企业数与总资产

3. 行业方面

2015～2018 年，全省 38 个行业大类中，有 34 个行业增加值保持增长，增长面达 89.5%，计算机、通信和其他电子设备制造业增加值增长 27.3%，电气机械和器材制造业增长 15.3%，有色金属冶炼和压延加工业增长 12.7%；在全省重点监测的 370 种主要工业产品中，有 216 种工业产品产量实现同比增长，增长面达 58.4%，其中多晶硅增长 30.3%，化纤增长 23.7%，中成药增长 17.8%，智能手机增长 10.6%。

（二）从发展效益看，制造业具有较强的盈利能力

2018 年，全省规上工业企业实现主营业务收入 32077.4 亿元，同比增长 12.0%，高出全国平均水平 3.5 个百分点（见图 3-3）；实现利润 2157.8 亿元，增长 16.5%，高于全国平均水平 6.2 个百分点。工业企业成本持续下降，每百元主营业务收入中成本 86.61 元，同比下降 0.17 元。2018 年，全省规模以上工业企业主营业务收入利润率 6.73%，同比提高 0.26 个百分点，比 2015 年提高了 0.32 个百分点，高出全国平均水平 0.24 个百分点；企业资产负债率 51.7%，同比下降 0.7 个百分点，比 2015 年下降了 2.1 个百分点。

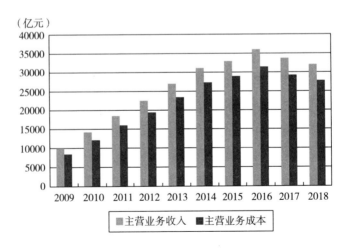

图 3-3 2009～2018 年规模以上工业企业主营业务收入和主营业务成本

（三）从龙头企业看，上市公司和世界 500 强企业落户数量取得突破

截至 2018 年底，全省实有企业 72.23 万家、个体工商户 179.2 万家，分别增长 17.22%、5.6%，企业新登记量和存量均创历史新高。上市公司数量稳步增长，2018 年上市公司达到 41 家，比 2015 年增加了 8 家，年均增加 2.7 家；国家级单项冠军示范（培育）企业 5 家，入选国家"专精特新"库中小企业 7 家，省级"专精特新"中小企业 1365 家、单项冠军企业 23 家。吸引了一大批世界 500 强、知名跨国企业入驻，落户江西的世界 500 强企业由 2015 年的 64 家增加到 2019 年上半年的 129 家，年均增加 21.7 家。

（四）从内部结构看，制造业的动能转换步伐加快

"十三五"期间，江西大力实施战略性新兴产业倍增、传统产业优化升级和新经济新动能培育三大工程，制造业结构不断优化，动能转换步伐加快。2018 年，全省战略性新兴产业增加值同比增长 11.6%，占规模以上工业比重 17.1%，比上年提高 2.0 个百分点；高新技术产业增长 12.0%，占规模以上工业比重 33.8%，比上年提高 2.9 个百分点；装备制造业增长 15.2%，占规模以上工业比重 26.3%，比上年提高 0.8 个百分点。印制电路板、LED 管、智能手机等工业新产品快速增长，产量分别增长 53.6%、23.1%、10.6%（见图 3-4）。

（五）从创新能力看，制造业创新体系逐步完善

1. 研发投入方面

2018 年全省规模以上工业研发经费 273 亿元，比 2015 年增长 136 亿元，年均增长 22.9%。

2. 创新产出方面

2018 年全省新产品销售收入占主营业务收入比重达 13.8%，签订技

术合同 3024 项, 技术市场合同成交金额 115.8 亿元, 分别实现年均增长
38.59% 、21.35% (见图 3 − 5)。38.8% 的企业开展了企业创新活动,
11.7% 的企业申请了专利, 其中规模以上工业企业申请专利数达到 2.6
万件。

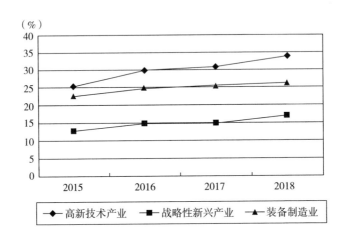

图 3 − 4　2015 ~ 2018 年高新技术产业、战略性新兴产业和装备制造业
增加值占规模以上工业增加值比重

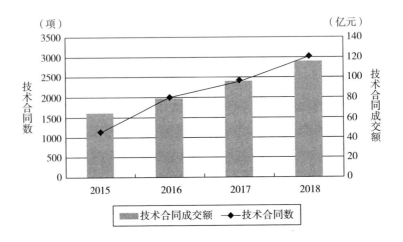

图 3 − 5　2015 ~ 2018 年技术合同数与技术合同成交额

3. 平台建设方面

截至 2018 年底,全省共有国家级重点实验室 5 个、省级重点实验室 181 个、省工程(技术)研究中心 346 个,分别比 2015 年增加 1 个、60 个、131 个;共有国家和省级孵化器 69 家,孵化器使用面积达到 165 万平方米,在孵企业达 3052 家。

(六)从品牌建设看,制造业产品质量不断提高

"十三五"期间,江西积极推进制造业企业质量品牌建设,不断擦亮江西产品品牌、企业品牌和区域品牌。2018 年,江西商标新注册 6.2 万件,有效注册量 26.1 万件;中国驰名商标 163 件,比 2015 年增加 24 件,年均增加 8 件;4 家企业成为国家工业品牌培育示范企业,7 个产业集群纳入国家产业集群区域品牌建设试点示范。

(七)从人才支撑看,高技能人才规模不断扩大

截至 2018 年底,全省拥有技能人才 470 万人,比 2015 年增加 55 万人,年均增长 4.24%;高级工以上高技能人才 143 万人,比 2015 年增加 22 万人,年均增长 5.73%。高技能领军人才队伍中,江西有 7 名中华技能大奖获得者、69 名全国技术能手、31 名国务院津贴、36 名省政府津贴、16 名"赣鄱工匠"、80 名江西"能工巧匠"。共建有国家级高技能人才培训基地 24 家,省级高技能人才培训基地 71 家,国家级技能大师工作室 30 家,省级技能大师工作室 123 家。2018 年,全省技工院校 86 所,在校生 13.9 万人,新招生 5.4 万人,连续 4 年增长,培养社会人员 18 万人次。

三、存在的问题

（一）总量少、规模小依然是首要矛盾

虽然"十三五"期间江西制造业逐渐发展壮大，但总体规模仍然偏小。2018 年，全省全部工业增加值已经达到 8113 亿元，但仅为河南的 46.5%、湖北的 60%、湖南的 70.9%、安徽的 74.1%，与中部兄弟省份仍存在较大的差距；江西主营业务过千亿元的产业仅有 10 个，而河南有 18 个、湖北有 14 个、安徽有 13 个、湖南有 12 个。同时，面对国内外竞争加剧、资源环境约束和体制机制障碍等不利因素和挑战，江西制造业已经迈入换挡提质升级新阶段。制造业增速换挡回落，由 2011～2014 年的 17.6%、14.7%、12.4%、11.8% 增速回落到 2015～2018 年的 9.2%、9.0%、9.1%、8.9%，由年均 14% 以上的高速增长进入 9% 左右的中高速增长状态（见图 3－6）。

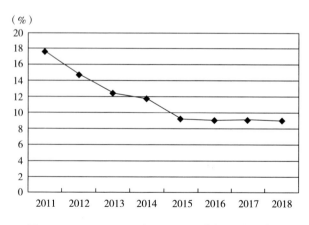

图 3－6　2011～2018 年江西工业增加值增长情况

（二）传统盈利模式仍然占据主导

传统加工制造业居多，新型加工制造偏少，导致江西工业企业盈利模式仍以传统盈利模式为主，产能利用率低（见图 3 – 7）。2018 年，江西规模以上六大高耗能行业实现主营业务收入占全省工业的比重达 41.1%；工业产能利用率约为 76.6%，低于全国平均水平 0.4 个百分点；全省工业规模总量第一的有色金属冶炼和压延加工业产能利用率仅为 76.8%，黑色金属冶炼和压延加工业只有 75.8%，均低于国际公认的 80% ~ 85% 的合理幅度。

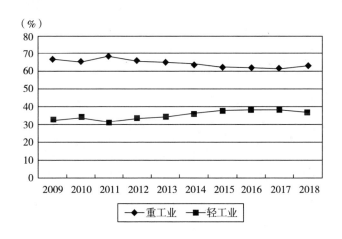

图 3 – 7   2009 ~ 2018 年规模以上重工业与轻工业占规模以上工业增加值比重

（三）企业同质化竞争现象较为突出

根据国家《国民经济行业分类》标准，江西工业涉及 40 个行业大类中的 37 个，在全省所有工业园区中均有分布；平均每个园区至少有 3 个主导产业，平均每 3 个园区就存在 1 个共同的主导产业，呈现一个产业在多个工业园区"开花"的态势，行业重叠问题日渐突出，产业之间相互关联、相互协调、相互配套的关系也较为松散。

（四）市场竞争力和影响力较弱

1. 从市场竞争力看

2018 年，江西规模以上工业企业利润率为 6.72%，比 2017 年回落 0.26 个百分点，亏损企业亏损额 86.9 亿元，同比增长 36.49%，全省工业企业盈利水平再次回落，亏损大幅增加。

2. 从企业影响力看

2018 年江西的中国 500 强企业仅 7 家，主营业务收入超过百亿元的企业仅 21 户，世界 500 强企业仅江西铜业 1 家，"中国驰名商标" 163 件，仅为湖南的 1/3，湖北的 1/2，与沿海地区相比较，差距更加明显，不到广东省的 1/7，江苏省的 1/4。

（五）自主创新动力不足

江西大多数企业创新投入明显不足，没有掌控关键技术和核心技术，普遍缺乏自主创新品牌，企业创新乏力。目前，很多企业的资金投入主要还是用于维系企业的生存，利用科技创新提升企业发展处于心有余而力不足的状态。2018 年，江西 R&D 经费支出 387.8 亿元，占 GDP 的比重为 1.4%，低于全国平均水平 0.8 个百分点；规模以上工业企业 R&D 经费内部支出达到 267.8 亿元，仅占主营业务收入的 0.83%。一些企业科技经费投入虽有所增加，但与收入增长相比，投入强度仍然偏低。

（六）企业成本负担依然较重

尽管近年来江西减税降费措施效果显著，企业负担明显减轻，但由于企业对政策的知晓度不高，部分政策仍存在隐形门槛，导致不少支持实体经济、降低企业成本的好政策处于 "休眠" 状态。2018 年，江西每百元主营业务收入中的成本为 86.6 元，高出全国平均水平 2.7 元，也高于安徽的 85.6 元、河南的 85.4 元、湖北的 83.7 元、湖南的 83.2 元和山西的 79.18 元，在中部地区排倒数第一。同时，受风险防范和控制等因素影响，惜贷、压贷甚至抽贷、断贷等现象依然存在,"融资难、融资贵"仍是制约江西制造业企业的重要瓶颈。另外,江西劳动力成本优势正在逐渐削弱,城镇私营单位就业人员年平均工资与全国平均水平的差距由 2015 年的 6260 元下降至 2018 年的 5842 元。

第四章
"十四五"时期江西制造强省建设面临的内外部形势

一、全球制造业格局面临重大调整，
江西面临的机遇和挑战并存

（一）新一代信息技术与制造业深度融合，对江西产业变革影响深远

当前各国都在加大科技创新力度，推动三维打印、云计算、移动互联网、大数据、生物工程、新能源和新材料等领域取得新突破。基于信息物理系统的智能装备，智能工厂等智能制造正在引领制造方式变革；网络众包，协同设计，大规模个性定制，精准供应链管理，全生命周期管理，电子商务等正在重塑产业价值链体系；可穿戴智能产品，智能家电，智能汽车等智能终端产品不断拓展制造业新领域。这些在为江西制造业转型升级带来重大变革机遇的同时，也为制造业发展带来一定的挑战。

一方面，随着技术密集临界点的爆发，从互联网时代到移动物联网时代的转变，再到接下来的智能时代的过程中，新一代信息技术在各行业催

生新的业态、新形式为所有企业提供了新的起跑线,使大家拥有共同的"先发优势"。江西已在移动物联网、VR/AR等方面形成一定的产业优势,这为江西主动融入新一轮科技和产业革命,推动制造业质量变革、效率变革、动力变革,实现"换道超车"提供了重大机遇。另一方面,江西经济发展已进入常态,信息技术的投入使用使得制造业对劳动力的需求逐渐降低,江西人口红利将不断丧失,劳动力成本低的优势得不到充分发挥。加之自主创新能力不强,关键核心技术缺失,依靠资源要投入和规模扩张的粗放发展模式难以为继。

(二)"再工业化"成为发展潮流,江西面临产业链外迁但总体可控

国际金融危机后,欧美发达国家纷纷推出"再工业化"战略,力图抢占国际竞争的制高点。美国发布了《先进制造业伙伴计划》和《制造业创新网络计划》,德国推出了"工业4.0"战略,法国出台了"新工业法国"战略。与此同时,新兴国家也不甘落后,2015年9月,印度发布"印度制造"战略,将制造业作为立国之本,希望利用后发优势和低成本优势实现工业强国的目标。至此,发达国家高端制造回流与中低收入国家争夺中低端制造转移同时发生,对我国形成"双向挤压"的严峻挑战。

面对"上游原料上涨""下游市场收缩""出口动力受阻"等的多重挤压,江西也有部分制造业企业出现了产业链或供应链外迁的现象。例如,南昌欧菲生物识别计划在印度设立全资子公司;合力泰在印度设立的手机核心部件一站式工厂已经正式投产;酷派计划将手机组装业务转移到印度;华勤电子计划将组装部分转移到东南亚国家;智慧海派、与德通讯已经在印度设厂;恒力电池科技已经将产业链完全转移至越南。但必须指出的是,随着国际产业分工和全球产业布局的深度调整,江西制造业已经进入到了转型升级、迈向高质量发展的新阶段,产业链或供应链外迁的企业主要是受要素成本上升的影响或者开拓国际市场的需要,且外迁规模不大,影响总体可控。

(三）国际贸易保护主义不断强化，中美经贸关系将进入结构性磋商新阶段

2018 年，中国遭遇来自 28 个国家和地区的 101 起贸易救济调查，涉案金额 324 亿美元，使我国成为遭受贸易救济调查最严重的国家之一。特别是自 2018 年以来，美国先后对中国输美商品加征四轮关税，前三轮加征关税商品涉及金额 2500 亿美元，第四轮加征关税商品涉及金额 3000 亿美元。尽管中美达成的第一阶段协议，部分取消了已加征的关税，短期内中美经贸摩擦不再升级，但中美经贸摩擦的影响仍在持续。就江西而言，第一阶段经贸协议签署后，中美经贸摩擦所带来的影响会有所缓和，但前三轮 2500 亿美元加税清单和第四轮约 1200 亿美元 A 清单所带来的负面影响仍在进一步显现，对美出口仍将持续下降。2019 年，江西对外出口 362 亿美元，同比增长 6.7%，但对美出口为 51.6 亿美元，同比下降 8.7%，对美出口占全省出口的比重跌至 14.3%。我们应清醒地认识到，中美双方仍有大量问题需要解决，后续分歧如何去解决，还需要继续进行深入谈判和磋商，特别是解决中美经贸关系多年来的结构性问题将是一个艰难的、长期的进程，很难一蹴而就，中美经贸摩擦仍将呈现常态化、复杂化趋势，打打停停将贯穿中美经贸关系的全过程，应对中美经贸摩擦仍将是一项长期而艰巨的任务。

二、国内制造业环境发生重大变化，江西制造业面临加快发展与转型升级双重任务

(一）国内产业转移"两个拓展"新特征凸显江西区位优势

随着经济结构调整和产业转型升级的步伐加快，国内产业转移整体呈

现由三个"三角"(长三角、珠三角、京津冀)向三个"泛三角"(泛长三角、泛珠三角、环渤海周边区域以及沿江、沿交通轴线区域)拓展的新特征,特别是劳动密集型产业加速从沿海向内陆转移和技术密集型产业从内陆向沿海集聚。江西处于两条产业转移路线的中间位置,在承接产业转移上更具优势。江西制造业正逐步实现从生产要素约束型产业到高新技术产业的过渡和升级,在承接产业转移的过程中产业合作和转移模式逐步创新,合作共建园区成为与其他地区之间开展产业转移和区域合作的重要方式。

(二)国内经济下行压力对制造业发展带来不利影响

2019 年 12 月 31 日,中国物流与采购联合会、国家统计局服务业调查中心发布的 2019 年 12 月中国制造业采购经理指数(PMI)为 50.2% 。从13 个分项指数来看,只有 4 个指数略有下降,其余指数或上升或持平,显示外部需求明显改善,市场需求整体扩张,企业采购和生产加快,市场价格回升,就业保持稳定,新动能平稳较快增长,消费品行业对经济支撑作用有所增强。但必须指出的是,中国经济仍然处于结构调整转型过程中,国内外经济环境更加复杂,国内调整转型过程较为艰难,经济下行压力很大。受此经济大环境影响,江西经济下行压力较大,制造业转型升级任务繁重。

(三)国内供给侧结构性改革和高质量发展倒逼制造业转型升级

面对复杂的国内外形势,中国坚定不移深化供给侧结构性改革,在淘汰落后产能方面做出一系列努力,推动中国经济持续向高质量发展转变,着力推进制造强国建设,与德国工业 4.0、美国工业互联网形成了全球"三足鼎立"局面。党的十九大报告明确指出,我国经济已由高速增长阶段转向高质量发展阶段。习近平总书记更是形象地指出,高质量发展就是要从"有没有"到"好不好"的转变。江西正处于工业化发展的中期阶段，制造业的地位举足轻重，必须加快新旧动能转换步伐，促进制造业转型升级。

（四）资源环境和要素成本约束日益趋紧

从"绿水青山就是金山银山"到提出长江经济带的"共抓大保护，不搞大开发"再到黄河流域生态保护上升为重大国家战略，都体现出国家对生态环境保护的重视程度。当前，我国制造业发展的资源能源、生态环境、要素成本等都在发生动态变化。从资源能源看，我国环境承载能力较弱，人均淡水、耕地、森林资源占有量分别仅为世界平均水平的28%、40%和25%，石油、铁矿石、铜等重要矿产资源的人均可采储量分别为世界人均水平的7.7%、17%、17%。从环境压力看，全国有70%左右的城市不能达到新的环境空气质量标准，17个省（区、市）的6亿元左右人口受雾霾天气影响，水体污染较为突出，土壤污染日益凸显。从要素成本看，随着人口红利的消失和要素成本的全面上升，我国制造业原有的比较优势正在逐渐消失。目前我国制造业工资普遍达到6000～7000元，远高于东南亚等国。据波士顿报告，早在2015年，美国低成本地区制造成本已基本和中国持平，到了2018年，美国部分低成本地区制造成本甚至比中国便宜2%～3%。

三、省内制造业发展的有利与不利因素相互叠加

（一）省委、省政府将工业特别是制造业作为工作重心，牢牢把握工业强省战略不动摇

2018年，江西先后制定并实施《关于深入实施工业强省战略推动工业

高质量发展的若干意见》等一系列宏观性战略文件,科学系统地谋划推动全省工业高质量发展的"3大工程"、"6大路径"和"5大行动"。随后,又出台了《江西省"2+6+N"产业高质量跨越式发展行动计划》《江西省航空产业发展意见》《江西中医药产业发展意见》《京九(江西)电子信息产业带发展规划》《江西省5G产业发展规划(2019—2023年)》《加快推进5G发展的若干措施》《江西省虚拟现实产业发展规划(2019—2023年)》等一系列行业性发展文件。工业领域特别是制造业领域系列政策文件的制定和出台,充分表明省委省政府坚定不移实施工业强省特别是制造强省的信心和决心,将为"十四五"时期推进制造强省建设提供坚强保障。

(二)着眼全省发展大局,出台促进开发区改革和创新发展的政策措施

《中共江西省委江西省人民政府关于促进开发区改革和创新发展的实施意见》和《江西省促进开发区改革和创新发展三年攻坚行动计划(2018—2020年)》等一系列文件的出台,将有力地推动全省开发区转型升级、提质增效,实现高质量、跨越式发展,全省开发区的产业集聚效应和产业竞争力更加凸显、经济发展主战场地位更加凸显、高水平营商环境示范带动作用更加凸显。同时,2019年9月,国务院正式批复同意南昌、新余、景德镇、鹰潭、抚州、吉安、赣州7个高新技术产业开发区建设"鄱阳湖国家自主创新示范区",享受国家自主创新示范区相关政策。这为探索适合地区特点的创新道路、创新模式和创新机制,努力建设成为产业技术创新示范区、绿色发展引领区、开放协调发展先行区、创新政策和体制机制改革试验区提供了重要政策机遇。

(三)"三大工程"成为推动工业高质量发展的重要抓手,现代产业体系加快形成

1. 新兴产业倍增工程加快实施

以高端化、集约化、特色化为导向,大力实施了《战略性新兴产业倍

增计划（2018—2022）》，这为培育壮大电子信息及新型光电、航空制造、生物医药及大健康等新兴产业，努力在新兴产业领域实现总体规模倍增、龙头企业倍增和示范基地倍增提供了重要支撑。

2. 传统产业优化升级工程全面实施

立足江西传统产业基础现状和特色优势，以有色金属、石化、钢铁、建材、纺织、食品、家具 7 个产业为重点，大力实施了《江西省传统产业优化升级行动计划（2018—2020 年）》，这为出试点示范和全面推进相结合，推进传统产业优化升级提供了重要支撑。

3. 新经济新动能培育工程大力实施

重点实施了"互联网＋"行动计划，加快建设"物联江西"，着力打造 VR 产业发展高地，这为引进一批技术开发、内容制作、硬件制造和应用平台项目，推进人工智能与制造业融合发展，培育应用一批新技术新产品新模式提供了重要支撑。

（四）劳动力成本优势逐渐丧失，发展中不平衡、不协调、不可持续问题依然突出

江西作为中部欠发达地区，制造业整体发展水平偏低，面临体量不大、层次偏低、投入产出效率不高等诸多问题。随着江西劳动力成本越来越高，即使人口红利未完全消失，但是劳动力早已不再低价。老龄化、原材料成本上升和用地紧张问题等，都导致江西建立在低成本非熟练劳动力、低人力资本投资基础上的比较优势逐步弱化，并面临着国内外竞争加剧、资源环境约束和体制机制障碍等不利因素和挑战。由于要素成本低廉这一比较优势逐步丧失，创新优势尚未形成，转型升级是江西制造业可持续发展的必由之路。

第五章
"十四五"时期江西制造强省建设的
重点突破领域选择

　　江西重点发展的制造业要具备良好的经济效益、社会效益和生态效益，即要具有较强的综合竞争力。因此，本书首先构建综合竞争力评价指标体系，其次使用熵值法对指标赋予客观的权重，最后采用基于熵值法赋权的灰色关联投影综合评价模型对江西制造业综合竞争力进行测度，根据综合竞争力的大小，从制造业 31 个细分行业中选择应该重点突破的领域。

一、研究方法

　　本书使用基于熵值法的灰色关联投影综合评价模型对江西制造业重点突破领域选择进行分析。

（一）熵值法

　　为了使指标权重更具客观性，采用熵值法对江西制造业综合评价指标体系中的各指标进行赋权。熵值法根据指标的熵值来确定权重的大小，而指标的熵值与其无序程度和包含的信息量密切相关，熵值与权重成反比。

江西制造业综合评价指标体系中有 155 个样本，25 个评价指标，则 x_{ij}（i = 1，2，…，155，j = 1，2，…，25）表示第 i 个样本的第 j 个评价指标的属性值。熵值法赋权的具体运算步骤如下：

1. 构建矩阵

设所建立的评价矩阵为 $X = (x_{ij})_{m \times n}$。

2. 属性值标准化

对于正向指标，即该指标越大越优，采用公式（5-1）处理，对于逆向指标，即该指标越小越优，采用公式（5-2）处理，具体公式如下：

$$y_{ij} = \frac{x_{ij} - \min x_{ij}}{\max x_{ij} - \min x_{ij}} + 1 \tag{5-1}$$

$$y_{ij} = \frac{\max x_{ij} - x_{ij}}{\max x_{ij} - \min x_{ij}} + 1 \tag{5-2}$$

其中，$\max x_{ij}$ 为 x_{ij} 的最大值，$\min x_{ij}$ 为 x_{ij} 的最小值。需要指出的是公式（5-1）和公式（5-2）中分别加 1 对标准化后的值进行了平移，这样处理是为了使得标准化后的值均为正值，以便后续步骤中取自然对数有意义。经过标准化和平移处理得到标准化矩阵 $Y = (y_{ij})_{m \times n}$。

3. 属性值归一化

在步骤 2 中得到的标准化矩阵 $Y = (y_{ij})_{m \times n}$ 的基础上，使用公式（5-3）对 25 个指标进行归一化处理，公式如下：

$$p_{ij} = \frac{y_{ij}}{\sum_{i=1}^{m} y_{ij}} \tag{5-3}$$

4. 计算熵值

$$e_j = -k \sum_{i=1}^{m} p_{ij} \ln p_{ij}, k = \frac{1}{\ln m} \tag{5-4}$$

5. 确定权重

$$W_j = \frac{1 - e_j}{\sum_{j=1}^{n} 1 - e_j} \tag{5-5}$$

（二）基于熵值法赋权的灰色关联投影综合评价模型

熵值法赋权的灰色关联投影综合评价模型是在熵值法客观赋权的基础上，对灰色系统进行综合评价和得分排序的一种定量分析方法。灰色系统指该系统中既有已经了解的白色信息，也包含不了解的黑色信息，即对该系统的认识是不全面、不深入的。熵值法赋权的灰色关联投影综合评价模型从几何形状和方向两个维度综合考察了每个样本与最优样本的相似性，使得综合评价结果更具全面性和准确性。因此，本书基于熵值法赋权的灰色关联投影综合评价模型对 2013～2017 年江西制造业 31 个细分行业的综合竞争力进行评价。评价的主要思路是：首先计算 2013～2017 年江西制造业 31 个细分行业的灰色关联投影值，其次根据各产业灰色关联投影值的大小确定其综合竞争力，灰色关联投影值越大，产业综合竞争力越强。其具体运算步骤如下：

1. 构建评价矩阵

本书的评价系统中有 155 个样本，25 个评价指标，y_{ij}（$i=1$，2，…，155，$j=1$，2，…，25）表示样本 U_i 对评价指标 V_j 的属性值，从中找出最优的样本 U_0 的指标值 y_{0j}。其中，当评价指标 V_j 对产业综合竞争力具有正向作用时，即该指标为正向指标时，令 $y_{0j}=\max(y_{1j}, y_{2j}, \cdots, y_{mj})$，当评价指标 V_j 对产业综合竞争力具有负向作用时，即该指标为逆向指标时，令 $y_{0j}=\min(y_{1j}, y_{2j}, \cdots, y_{mj})$。最终，通过增加一个最优样本，建立评价矩阵 $Y=(y_{ij})_{(m+1)\times n}$。

2. 初值化处理

建立初值化评价矩阵 $Z=(z_{ij})_{(m+1)\times n}$，其中，当评价指标 V_j 为正向指标时，

$$z_{ij}=\frac{y_{ij}}{y_{0j}} \tag{5-6}$$

当评价指标 V_j 为正向指标时，

$$z_{ij}=\frac{y_{0j}}{y_{ij}} \tag{5-7}$$

3. 构建灰色关联度判断矩阵

在构建初值化矩阵 $Z = (z_{ij})_{(m+1) \times n}$ 的基础上，使用公式（5-8）计算 z_{ij} 与 z_{0j} 的灰色关联度 r_{ij}，从而可得灰色关联度判断矩阵 $R = (r_{ij})_{(m+1) \times n}$。

$$r_{ij} = \frac{\min\limits_{n} \min\limits_{m} |z_{0j} - z_{ij}| + \xi \max\limits_{n} \max\limits_{m} |z_{0j} - z_{ij}|}{|z_{0j} - z_{ij}| + \xi \max\limits_{n} \max\limits_{m} |z_{0j} - z_{ij}|} \qquad (5-8)$$

其中，分辨系数 $\xi = 0.5$。

4. 灰色关联投影权值确定

通过熵值法可求得各评价指标的组合权重向量为 $W_j = (w_1, w_2, \cdots, w_n)^T$，则灰色关联投影权值可进一步表示为 $\overline{W_j} = (\overline{w_1}, \overline{w_2}, \cdots, \overline{w_n})^T$，其中，

$$\overline{W_j} = \frac{W_j^2}{\sqrt{\sum\limits_{j=1}^{n} W_j^2}} \qquad (5-9)$$

5. 灰色关联投影值计算

在计算灰色关联度判断矩阵和灰色关联投影权值的基础上，可使用公式（5-10）计算 2013~2017 年江西制造业 31 个细分行业的灰色关联投影值。具体公式如下：

$$Z_i = \sum\limits_{j=1}^{n} r_{ij} \overline{W_j} \qquad (5-10)$$

二、评价指标体系构建

本书遵循指标体系建立的系统性、科学性、简明性、可操作性等原则以及对李廉水和程中华等提出的制造业"五维"评价指标体系进行优化的基础上，构建了江西制造业综合竞争力评价指标体系。为了更为客观地评价江西制造业综合竞争力，对已有的指标体系进行如下优化：极大地减少

了绝对量指标,而更多地使用相对量指标(如比重类指标)、变动量指标(如年均增长率)以及平均量指标等指标,以便更加客观地评价江西制造业的综合竞争力。指标体系包含4个一级指标、13个二级指标、25个三级指标。

(一) 在经济创造方面

江西制造业重点突破领域必须具备较强的经济创造能力,以便于对其他相关产业形成示范和带动效应。产业规模、产业效益、技术进步、增长潜力和比较优势5个方面综合反映了江西制造业的经济创造能力。产业规模主要从总资产占比、增加值占比、企业数量占比、主营业务收入占比4个方面进行衡量;利润、市场和经营水平是产业效益的突出体现,因此,产业效益主要从人均实现利润、产品销售率、资产负债率3个方面进行衡量;技术进步采用全员劳动生产率进行表征;增长潜力反映了产业未来的增长前景,采用近3年的年均增加值增速、主营业务收入增速、固定资产投资增速3个指标进行衡量;比较优势主要刻画江西制造业参与全国竞争的能力,主要从区位熵、人均利润系数和市场占有率3个方面进行表征。

(二) 在社会贡献方面

增加社会就业岗位和工人的工资收入是制造业社会效益的突出体现,促进就业和提高工人工资收入在新时代具有重要的社会意义。因此,选取从业人数占比、从业人员增速、平均工资和平均工资增速4个指标从静态和动态两个方面衡量制造业的社会贡献。

(三) 在资源节约方面

制造业的资源消耗主要体现在能源消耗方面。因此,综合考虑制造业的资源消耗特征和数据的可得性,主要利用单位增加值能源消耗量、单位增加值煤炭消耗量、单位增加值电力消耗量3个指标衡量江西制造业的资源节约能力。

（四）在绿色发展方面

环境友好是制造业的发展趋势。以废水、废气和固体废物为代表的"三废"是环境污染物的主体，而制造业是废水、废气和固体废物产生的重要源头。因此，选取单位增加值废水排放量、单位增加值废气排放量、单位增加值固体废物产生量、固体废物综合利用率 4 个指标对江西制造业的绿色发展水平进行表征。

根据构建的指标体系，使用熵值法计算 25 个评价指标的权重，赋权结果如表 5 - 1 所示。总体而言，经济创造领域的权重最大（0.6215），社会贡献领域的权重次之（0.2053），资源节约和绿色发展领域的权重最小，二者之和（0.1731）还小于社会贡献领域。这说明经济创造和社会贡献对江西制造业综合竞争力有较大的影响。

表 5 - 1 江西制造业综合发展水平评价指标体系

一级指标	二级指标	三级指标	代码	指标说明	单位	属性	权重
经济创造	产业规模	总资产占比	A1	行业总资产/全行业总资产	%	正向	0.0795
		增加值占比	A2	行业增加值/全行业增加值	%	正向	0.0943
		企业数量占比	A3	行业企业数/全行业企业数	%	正向	0.0588
		主营业务收入占比	A4	行业主营业务收入/全行业主营业务收入	%	正向	0.0674
	产业效益	人均实现利润	A5	行业利润总额/行业从业人员数	元/人	正向	0.0362
		产品销售率	A6	销售产值/总产值	%	正向	0.0281
		资产负债率	A7	行业负债总额/行业资产总额	%	负向	0.0615
	技术进步	全员劳动生产率	A8	行业增加值/行业从业人员数	元/人	正向	0.0430
	增长潜力	年均增加值增速	A9	近三年行业增加值年均增长率	%	正向	0.0246
		主营业务收入增速	A10	近三年主营业务收入年均增长率	%	正向	0.0201
		固定资产投资增速	A11	近三年固定资产投资年均增长率	%	正向	0.0249

续表

一级指标	二级指标	三级指标	代码	指标说明	单位	属性	权重
经济创造	比较优势	区位商	A12	行业主营业务收入所占全行业比重/全国该行业主营业务收入所占全行业比重	无单位	正向	0.0264
		人均利润系数	A13	行业的人均利润/全国该行业人均利润	无单位	正向	0.0306
		市场占有率	A14	行业主营业务收入/全国该行业主营业务收入	%	正向	0.0261
社会贡献	就业贡献	从业人数占比	B1	行业从业人员数/全行业从业人员数	%	正向	0.1191
		从业人员增速	B2	近三年从业人数年均增长率	%	正向	0.0144
	收入贡献	平均工资	B3	行业工资总额/行业从业人员数	元/人	正向	0.0416
		平均工资增速	B4	近三年平均工资年均增长率	%	正向	0.0302
资源节约	能源消耗	单位增加值能源消耗量	C1	行业能源消耗量/行业增加值	吨标准煤/万元	负向	0.0058
	煤炭消耗	单位增加值煤炭消耗量	C2	行业煤炭消耗量/行业增加值	吨/万元	负向	0.0386
	电力消耗	单位增加值电力消耗量	C3	行业电力消耗量/行业增加值	千瓦时/万元	负向	0.0417
绿色发展	废水排放	单位增加值废水排放量	D1	行业废水排放量/行业增加值	吨/万元	负向	0.0059
	废气排放	单位增加值废气排放量	D2	行业废气排放量/行业增加值	立方米/万元	负向	0.0337
	固体废物	单位增加值固体废物产生量	D3	行业固体废物产生量/行业增加值	吨/万元	负向	0.0201
		固体废物综合利用率	D4	行业固体废物综合利用量/行业固体废物产生量	吨/万元	正向	0.0273

三、数据来源及处理

依据《国民经济行业分类》（GB/T4754—2017），基于熵值法赋权的灰色关联投影综合评价模型对江西31个制造业细分行业在2013～2017年的综合竞争力进行分析。研究数据源自历年的《江西统计年鉴》《中国统计年鉴》和《中国劳动统计年鉴》，测度指标采用的统计口径是规模以上企业数据，但环境保护指标采用的是重点调查工业企业的统计数据。对个别年份的缺失值使用移动平均法和对全国相关数据取平均值进行补充。需特别说明的是，受到数据收集的限制，平均工资计算时采用的是《中国劳动统计年鉴》中城镇单位从业人数这一统计指标，而其他指标的从业人数均采用的是《江西统计年鉴》中全部从业人员年平均人数。相关数据详见附表。江西制造业行业分类标准如表5-2所示。

表5-2 江西制造业行业分类标准

制造业细分行业	农副食品加工业，食品制造业，酒、饮料和精制茶制造业，烟草制品业，纺织业，纺织服装、服饰业，皮革、毛皮、羽毛及其制品和制鞋业，木材加工和木、竹、藤、棕、草制品业，家具制造业，造纸和纸制品业，印刷和记录媒介复制业，文教、工美、体育和娱乐用品制造业，石油、煤炭及其他燃料加工业，化学原料和化学制品制造业，医药制造业，化学纤维制造业，橡胶和塑料制品业，非金属矿物制品业，黑色金属冶炼和压延加工业，有色金属冶炼和压延加工业，金属制品业，通用设备制造业，专用设备制造业，汽车制造业，铁路、船舶、航空航天和其他运输设备制造业，电气机械和器材制造业，计算机、通信和其他电子设备制造业，仪器仪表制造业，其他制造业，废弃资源综合利用业，金属制品、机械和设备修理业

四、综合竞争力评价

在以上研究的基础上,本书采用基于熵值法赋权的灰色关联投影综合评价模型对江西制造业综合竞争力进行评价和分析。由于计算过程较为复杂,只列出计算结果进行分析,具体结果如图5-1和表5-3所示。

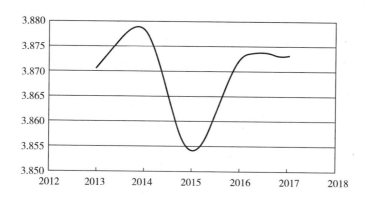

图5-1 2013~2017年江西制造业综合竞争力变化趋势

表5-3 2013~2017年江西制造业综合竞争力水平及排名

制造业行业	行业代码	2013年	2014年	2015年	2016年	2017年
农副食品加工业	1	0.1261 (9)	0.1264 (8)	0.1282 (8)	0.1259 (9)	0.1279 (7)
食品制造业	2	0.1173 (18)	0.1171 (19)	0.1155 (22)	0.1148 (24)	0.1174 (20)
酒、饮料和精制茶制造业	3	0.1139 (25)	0.1133 (27)	0.1200 (13)	0.1197 (17)	0.1137 (25)

续表

制造业行业	行业代码	2013 年	2014 年	2015 年	2016 年	2017 年
烟草制品业	4	0.1259 (10)	0.1256 (11)	0.1182 (16)	0.1220 (12)	0.1232 (12)
纺织业	5	0.1262 (8)	0.1262 (9)	0.1289 (7)	0.1409 (6)	0.1269 (9)
纺织服装、服饰业	6	0.1438 (5)	0.1487 (4)	0.1480 (5)	0.1381 (7)	0.1466 (5)
皮革、毛皮、羽毛及其制品和制鞋业	7	0.1281 (7)	0.1270 (7)	0.1257 (9)	0.1248 (11)	0.1254 (11)
木材加工和木、竹、藤、棕、草制品业	8	0.1171 (19)	0.1166 (23)	0.1155 (23)	0.1170 (22)	0.1171 (21)
家具制造业	9	0.1151 (23)	0.1142 (26)	0.1141 (25)	0.1167 (23)	0.1190 (18)
造纸及纸制品业	10	0.1148 (24)	0.1167 (21)	0.1169 (19)	0.1148 (25)	0.1145 (24)
印刷和记录媒介复制业	11	0.1168 (20)	0.1186 (17)	0.1159 (21)	0.1170 (20)	0.1160 (23)
文教、美工、体育和娱乐用品制造业	12	0.1220 (13)	0.1186 (16)	0.1173 (18)	0.1201 (16)	0.1203 (16)
石油、煤炭及其他燃料加工业	13	0.1120 (28)	0.1123 (28)	0.1118 (27)	0.1123 (28)	0.1125 (27)
化学原料及化学制品制造业	14	0.1512 (3)	0.1497 (3)	0.1485 (4)	0.1464 (4)	0.1446 (6)
医药制造业	15	0.1251 (11)	0.1260 (10)	0.1231 (10)	0.1267 (8)	0.1272 (8)
化学纤维制造业	16	0.1125 (27)	0.1104 (29)	0.1115 (28)	0.1111 (31)	0.1115 (31)
橡胶和塑料制品业	17	0.1216 (14)	0.1219 (13)	0.1188 (15)	0.1215 (13)	0.1213 (14)
非金属矿物制品业	18	0.1752 (1)	0.1781 (1)	0.1725 (1)	0.1713 (1)	0.1694 (1)

制造业行业	行业代码	2013 年	2014 年	2015 年	2016 年	2017 年
黑色金属冶炼及压延加工业	19	0.1210 (15)	0.1198 (14)	0.1196 (14)	0.1179 (18)	0.1216 (13)
有色金属冶炼及压延加工业	20	0.1701 (2)	0.1644 (2)	0.1589 (2)	0.1512 (2)	0.1490 (3)
金属制品业	21	0.1180 (17)	0.1185 (18)	0.1180 (17)	0.1208 (14)	0.1205 (15)
通用设备制造业	22	0.1191 (16)	0.1193 (15)	0.1203 (12)	0.1202 (15)	0.1199 (17)
专用设备制造业	23	0.1166 (21)	0.1167 (22)	0.1161 (20)	0.1174 (19)	0.1174 (19)
汽车制造业	24	0.1237 (12)	0.1229 (12)	0.1230 (11)	0.1250 (10)	0.1258 (10)
铁路、船舶、航空航天和其他运输设备制造业	25	0.1135 (26)	0.1100 (30)	0.1111 (29)	0.1115 (30)	0.1128 (26)
电气机械及器材制造业	26	0.1458 (4)	0.1471 (5)	0.1507 (3)	0.1507 (3)	0.1514 (2)
计算机、通信和其他电子设备制造业	27	0.1323 (6)	0.1355 (6)	0.1387 (6)	0.1411 (5)	0.1484 (4)
仪器仪表制造业	28	0.1157 (22)	0.1159 (24)	0.1127 (26)	0.1170 (21)	0.1166 (22)
其他制造业	29	0.1109 (30)	0.1150 (25)	0.1149 (24)	0.1134 (26)	0.1118 (29)
废弃资源综合利用业	30	0.1109 (29)	0.1168 (20)	0.1110 (30)	0.1127 (27)	0.1119 (28)
金属制品、机械和设备修理业	31	0.1083 (31)	0.1091 (31)	0.1084 (31)	0.1120 (29)	0.1117 (30)

注：括号内为历年综合竞争力排名。

总体来看,2013～2017年江西制造业综合竞争力呈先下降后上升的 V 型变化特征。制造业综合竞争力由2013年的3.8706迅速下降到2015年的3.8541,然后又逐渐上升到2017年的3.8731。呈现 V 型变化特征可能与加强环保监管以及在2015年开始通过去库存、去产能等宏观政策倒逼制造业转型升级有关。首先,强化环保监管会增加企业的排污成本,进而增加了企业产品的生产成本,所以在一定程度上限制企业的生产规模和创新投入,从而对制造业的综合竞争力产生负面影响。但是环保监管的倒逼机制对制造业的负向影响是短期的,因为从长期来看制造业企业会逐渐适应严格的环保监管政策,并通过技术创新进一步寻找新的利润空间,从而进一步提升制造业的发展质量。其次,去库存、去产能等政策限制了一些高耗能、高污染、低附加值制造业产业的发展,在短期内会对制造业的发展产生负面影响,但是从长期来看却为低耗能、低污染、高附加值制造业产业发展腾出了空间,最终也会促进制造业转型升级。因此,2013～2017年江西制造业综合竞争力呈先下降后上升的 V 型变化特征是制造业转型升级过程的体现。从表5-3还可以看出,与综合竞争力下降速度相比,江西制造业综合竞争力的回升速度较慢,说明制造业实现转型升级的过程具有渐进性。通过对江西制造业综合竞争力总体发展态势的分析可知,江西制造业重点产业选择必须要考虑制造业转型升级的客观趋势。

从综合竞争力排名第1的产业看,2013～2017年非金属矿物制品业一直是江西制造业中最具竞争力的产业,这与江西的经济发展阶段相对应,因为江西还没有完全实现工业化和城市化,工业化和城市化的推进对水泥、玻璃以及建筑陶瓷等非金属矿物制品有较大的需求,刺激了非金属矿物制品业的发展。值得注意的是,非金属矿物制品业的综合竞争力指数呈现出下降的趋势(由2013年的0.1752下降到2017年的0.1694),宏观经济政策和经济阶段性发展趋势是造成这种现象的主要原因。一方面,自2015年国家供给侧结构性改革实施后,部分产能过剩产品和企业受去产能等政策影响明显,部分产能过剩企业面临淘汰的风险,从而降低了非金属制品产业的综合竞争力;另一方面,随着工业化和城镇化的快速推进,江西已经步入了工业化中期阶段,产业结构加速向工业化后期演变,非金属制品产业作为低技术、低附加值、高污染、高耗能的产业必须逐步降低其在制造业中的地位,为高技术、高附加值、低污染的新动能腾出增长的空间。尽管非金属矿物制品业具有一定的污染性,而且其综合竞争力呈下降趋势,但是综合考虑其产业地位和江西的发展阶段,还应该将其作为重点发展产业,通过技术改造升级实现创新发展。

从综合竞争力排名前10的产业看,2013～2017年,江西制造业细分产业竞争力较强的产业基本稳定,但产业地位有所变化,呈现出由低级向高级转型升级的趋势,表明产业地位相对变化是江西制造业转型升级的具体实现机制,也充分地印证了上文中关于2013～2017年江西制造业综合竞争力呈先下降后上升的V型变化特征解释的合理性,即研究期内江西制造业综合竞争力呈先下降后上升的确与产业转型升级有关。2013年江西制造业31个细分行业竞争力排名前10的产业以矿物冶炼、化工、纺织服装等低技术、低附加值、高耗能、高污染产业为主。而2017年江西制造业31个细分行业竞争力排名前10的产业中虽然也有矿物冶炼、化工、纺织服装等高耗能、高污染产业,但是这些产业的地位有所下降,而机械制造、计算机和通信设备制造等高技术、高附加值产业的地位有所上升,并且医药制造和汽车制造等产业从2014年开始由弱到强,综合竞争力排名进入了前10,产业综合竞争力不断提升。综合来看,应该考虑将2017年综合竞争力排名前10的产业列为江西制造业重点产业。

从表5-3还可以看出,就其他制造业细分产业而言,江西的家具制造业以及铁路、船舶、航空航天和其他运输设备制造业的综合竞争力排名并不高,但其竞争力呈现出了逐年提升的态势,而且这些中高端制造业在江西未来的制造业中会占据重要地位,所以也应该将其列为重点突破领域。

五、重点突破领域综合选择

从定量评价结果看，江西应将农副食品加工和食品制造业，纺织业和纺织服装、服饰业，家具制造业，非金属矿物制品业，有色金属冶炼及压延加工业，电气机械及器材制造业，计算机、通信和其他电子设备制造业，金属制品业，汽车制造业，医药制造业，化学原料及化学制品制造业，铁路、船舶、航空航天和其他运输设备制造业12个重点产业作为制造强省建设的重点突破领域。

但是，考虑到指标体系的不完整性、定量分析方法的局限性以及部分新兴制造业未纳入定量分析模型中，还应结合江西的发展实际以及未来技术前景对重点产业进行综合选择。特别是移动物联网、VR、半导体照明、新能源、节能环保五大产业虽没有纳入到定量分析中，但在全国具备一定的特色优势，并且呈现良好的发展态势，完全有理由、有必要作为制造业的重点突破领域。首先，江西具备良好的移动物联网产业优势，已形成全国领先的移动物联网公共服务平台体系，传感器和终端产业具有一定的基础，可发展面向移动物联网的智能传感器和终端产业。其次，江西发展VR产业起步早，已经连续两届举办了世界VR产业大会，拥有一批VR产业重点企业，涵盖硬件、软件、内容、行业应用，产业链条持续健全，产业生态体系初步建立。再次，占据并始终保持LED产品生产技术、核心设备制造技术、配套材料制造技术在全国的领先地位，"硅衬底高光效GaN基蓝色发光二极管"项目荣获国家技术发明一等奖，拥有自主知识产权的硅基LED原创技术优势加快转化为产业优势。最后，新能源和节能环保产业是战略性先导产业，符合绿色环保发展潮流，发展前景广阔、潜力巨大，同时江西在这两大产业方面已经形成较大规模和较为明显的产业特色，也应作为制造业重点突破的领域。

综合以上分析结果，考虑到与实际工作的对接，江西应将有色金属、钢铁、石化、建材、家具、纺织服装、食品、航空、汽车、中医药、电子信息、新能源、VR、移动物联网、半导体照明、装备制造和节能环保17个产业作为"十四五"时期制造强省建设的重点突破领域。基于以上选择的17个制造业重点产业，结合江西现有产业基础和具有江西特色的现代工业产业体系，本书认为应根据产业发展方向和重点环节，坚持错位发展、分类指导，分传统制造业、优势制造业和特色制造业三个层次进行统筹推进。其中，传统制造业包括有色金属、钢铁、石化、建材、家具、纺织服装和食品产业，优势制造业包括航空、汽车、中医药、电子信息和新能源产业，特色制造业包括VR、移动物联网、半导体照明、装备制造和节能环保产业。

第六章

"十四五"时期江西制造强省建设的产业路径与企业路径

一、制造强省建设的产业路径

（一）传统制造业提升路径

充分发挥有色金属、钢铁、石化、建材、家具、纺织、食品产业的基础优势，不断调整优化产业结构，加快转型升级步伐，使其在全国的地位明显提升。

1. 有色金属：从"探采选冶"向"精深加工"转变

依托省内丰富的有色矿产资源，江西有色金属行业发展迅猛，规模不断扩大，水平持续提高，已成为江西第一大支柱产业，是江西唯一超5000亿元的传统优势产业，是江西制造业当之无愧的"压舱石"。有色金属产业以铜、稀土、钨产业为代表，形成了较为完整的产业链和产业体系。2018年，铜、稀土、钨三大产业主营业务收入占全省有色金属产业的82.7%。

（1）铜产业。重点推广一步炼铜技术、连续熔炼精炼技术和紫杂铜直接利用工艺等技术，大力发展高纯高导铜材、高强高导铜合金和高性能硬质合金等高端产品，建成铜精深加工及引领全国铜产业科技进步的研发基地及科技成果发布中心，努力把鹰潭"世界铜都"打造成为具有国际影响力的铜基新材料产业聚集区。以铜矿山为资源保障，加强冶炼和尾矿、废渣、再生金属回收利用等新工艺技术研发，以培育发展铜循环利用为发展方向，推动铜产业不断向高端、绿色、集聚和国际方向发展。

（2）稀土产业。围绕建设全国知名的稀土稀有金属产业集聚区，依托赣州及其周边地区的稀土资源，大力推进赣州"中国稀金谷"建设，引导创新要素向"中国稀金谷"集聚，重点发展高性能稀土磁性材料、稀土激光晶体材料、稀土储氢材料、稀土合金材料、稀土合金零部件、稀土永磁电机、稀土尾气净化催化剂等精深加工材料和产品。以中国科学院与江西共建稀土研究院为契机，加大稀土科技创新力度，促进稀土产业绿色可持续发展，积极申报稀土国家重点实验室，从更高层次、更高水平提升稀土产业的竞争力，寻求国家战略科技力量的支持，壮大江西稀土产业。

（3）钨产业。依托全国领先的钨资源储量和全国最大的钨精矿生产基地，在控制钨精矿生产总量和钨冶炼产品能力的基础上，扩大生产品种、提高精加工技术水平、提高产品附加值，重点发展硬质合金涂层刀片、硬质合金整体刀具、钨基新材料、纳米级、超细、超粗级钨粉、碳化铬粉和钨铜合金等精深加工产品，不断提高钨精深加工技术水平。促进钨资源合理有序开采，提高产能利用率，提升资源控制和开发利用能力。

2. 钢铁：工艺技术升级＋品种结构调整

江西钢铁产业已形成以三大龙头企业为主体的发展格局，新钢、萍钢和方大特钢三家重点钢铁企业钢产量占全省比重连续多年超过90％，并拥有一批市场占有率位居全国前列的优势产品，形成了从矿业采选、原燃料加工、钢铁冶炼到压延加工比较完整的产业体系。

（1）大力开发应用先进钢铁工艺技术。围绕高端装备、船舶、航空等领域需求，提高重点领域生产工艺和应用技术的创新能力，努力在新技术、新产品、新材料等关键技术领域取得突破性进展。大力开发高效制造技术、产品升级换代技术和智能化生产技术,重点开发具有自主知识产权的冶炼技术、产品精深加工技术、再生金属清洁生产技术等新工艺和新技术,引导企业研发一批高技术含量、高附加值的钢铁产品,并支持其产业化,促进钢铁产业新产品研制与开发。

(2)加快传统钢铁产业品种结构调整和档次升级。以调整产品结构、拓展产品领域为重点,加快板材精品、优质电工钢、弹簧钢精品和优质特种钢等传统产品档次升级,形成以建筑钢材、板材为主,高强度钢筋、优势产品、粉末冶金、金属制品、钢结构等产品多元发展的产业格局,打造一批在全国有知名度的钢铁优势产品。推动钢铁产品制造向高端化、精品化、智能化和绿色化方向发展,拓展粉末冶金产品、镍基合金和稀土特种钢等金属材料新领域,促进钢材产品向机械制造配套、汽车零部件和绿色建筑延伸。

3. 石化:以炼化一体化开启产业升级

江西拥有九江石化产业园、江西乐平工业园和永修星火工业园等多个年主营业务收入超百亿元的产业集群和 3 个以石化工业为主体的国家级产业基地,拥有有机硅单体、工业硝酸钾、硅烷偶联剂、炭黑、AC 发泡剂和汽油抗爆等一批市场占有率较高、产能和品质领先的优势产品。

(1)大力推进炼油结构调整和烷基化改造。重点发展丙烯、苯乙烯、聚丙烯、溶剂油和润滑油等重要石化原料,鼓励碳四、碳五资源综合利用,推进提质增效转型升级。着力打造聚对苯二甲酸乙二酯下游产品的炼化一体化产业链,形成"小油头、大化工"的产业发展格局,从以生产成品油为主到拉长产业链,朝着"油化并举、油头化尾"方向发展。

(2)多措并举促进石化产业升级。依托九江石化芳烃炼化一体化项目,重点打造以芳烃—PTA(精对苯二甲酸)—PET(聚酯)—PET 为下游产品的产业链,推进九江石化从单一燃料型企业向炼化一体化企业转型升级。进一步延伸石化产业链条,积极延展开发石化下游深加工产品,加强有机硅新材料终端应用和高端聚烯烃等化工新材料的研发生产,大力发展高端专用化学品、新型氟硅化学品、氯碱深加工产品。对标国内外和行业先进水平,开展重点产品技术攻关,突破一批产业发展关键技术,推进有机硅检验检测平台建设,以高标准引领高质量发展,做强做响"蓝星"牌有机硅、"SELON"牌AC发泡剂、"施大壮"牌化肥等一批化工品牌。

4. 建材:构建多元化发展新格局

建材工业是江西主营业务超千亿的十大产业之一,现有近2000家规模以上建材工业企业,从业人员12万余人。近年来,江西建材业规模不断扩大,发展质量明显趋好,传统产业比重不断下降,绿色建材生产比重明显提升,推动了产业整体不断迈向中高端。

(1)满足陶瓷产品个性化消费需求。大力推广应用节能减排、清洁生产、自动控制及智能化控制技术,加快开发利废型、绿色化透水砖、薄型砖以及防静电瓷砖、自洁性瓷砖、蓄热蓄光型建筑陶瓷、健康性瓷砖、仿石仿木类瓷砖等。着力发展纳米碳酸钙,提高碳酸钙产品的附加值和经济效益。积极开发利用黑滑石资源,发展滑石制瓷产业。加速工业陶瓷产品链向成套设备方向发展,不断提高超薄、环保、节能等新型建陶产品规模。

(2)拓展新型建材及墙体材料。支持开发和合理利用石墨资源,加大萤石、硅灰石、粉石英、膨润土、滑石、石墨、纳米粘土等非金属矿物及制品的开发利用。大力发展装配式建筑结构件、建筑墙体、屋面系统材料、新型透水材料和产品,重点发展防水材料、防火保温绝热材料、装饰装修材料、化学建材等多功能一体化的新型建材及墙体材料,加快向节能减排、低碳环保和资源节约方向提升。

(3)发展高端水泥制品。严格执行产能置换政策,坚决彻底淘汰水泥落后产能。继续发展高性能水泥产品,重点发展高标号水泥、纯熟料水泥和专用水泥、特种水泥等新产品及适合海绵城市发展建设的透水混凝土,延伸水泥产业链。

(4)开发玻璃纤维制品及复合材料。加快开发低成本、高性能、特种用途的玻璃纤维制品及复合材料,大力发展电子薄片玻璃、太阳能光伏玻璃、航空玻璃，推广应用低辐射镀膜玻璃板材、真（中）空玻璃、安全玻璃、个性化幕墙、光伏光热一体化玻璃制品，使单位产品综合能耗达到国家能耗限额标准中的先进值，降低粉尘和氮氧化物的排放量。

5. 家具：向中高端、定制、智能、品牌方向发展

江西家具产业主要分布在南康、樟树、南城等地。其中"中国中部家具产业基地"南康的实木床产量占全国同类产品 1/3 以上，"中国金属家具产业基地"樟树的金属家具产量占全国同类产品 1/3 以上。2018 年，江西南康家具行业共有中国驰名商标 5 个、江西名牌产品 48 个，"南康家具"品牌价值达 97.88 亿元。

（1）产品生产方面。结合现代生活理念的转变，积极开发高档家具、健康家具、城市家具和多功能家具，重点发展全屋定制家具、环保家具，满足个性化生活要求，进一步拓宽江西家具销售市场。大力发展多功能、智能化家具，开发应用视觉识别系统，推广使用网络共享设计、智能生产技术，注重新材种木材、新型复合材料和高性能金属材料的使用，拓宽材料市场。规范绿色生产要求，推广自动化裁剪、冲压、激光焊接设备的使用，提高生产效率。

（2）品牌建设方面。加快实施"三品"战略，增加家具品种，促进家具产业多元化发展，走实木、金属、真皮、布艺结合发展的道路。积极开发户外家具、旅游家具、健身家具等多品种、多用途家具，鼓励家具产业多方向发展。进一步加强家具产业标准化建设，提高家具产品质量。借鉴省外优质家具企业创名牌的经验，在做强做响"金虎""远洋"等金属家具品牌的基础上，努力培育江西家具行业的中国驰名商标，通过召开家具博览会、供应商展销会，扩大"南康家具""樟树金属家具"区域品牌影响力，适时开发网络、微信、微博及其他 APP 模式，推广区域品牌。

6. 纺织服装：设计创新与加工制作提升并举

江西纺织服装行业已经形成了共青城羽绒服装、青山湖针织服装、奉新纺织、分宜苎麻纺织、于都服装服饰、南康西服西裤、瑞昌纺织、信州苎麻纺织、德安纺织服装 9 个省级产业基地，其中前 5 个基地已顺利晋级

国家级纺织服装特色产业基地。2018年,江西纺织行业规模位居全国第八,服装行业主营业务收入居全国第六,已建立起较为完整、独具特色的产业体系。

(1)设计创新方面。把握世界流行趋势,按照"品牌全球化、产品定制化"的发展方向,融入文化创意元素,采用量质并举和品牌发展战略,突出特色,重点推动特色产业时尚化、高端化、品质化发展,培育主导产品竞争优势。加快向"面料高端化、品种个性化、产能集聚化、生产绿色化"发展,着力发展中高档服装面料、特色家纺、品牌服装、产业用纺织品、差别化纤维等产品,扶持发展市场潜力大且具有较大成长性的特色家纺及产业用纺织品,培育一批在国内外有较大市场影响力的自主品牌。加强新型纺纱、无纺织布、无水少水印染后整理、服装个性化定制等技术以及数字化、智能化装备的应用,提升服装出口原创设计比重。

(2)加工制作方面。着力引进国内外先进技术装备,加快用高新技术和先进适用技术改造纺织产业步伐,大力推动企业技术中心建设,强化企业自主研发能力。抓紧淘汰落后纺织、印染、化纤产能,不断改造和提升产业层次。加大产学研联合推进力度,努力探索新形势下产学研联合的新途径,强化科技成果转化和知识产权保护,增强行业软实力,加快推进先进技术在企业中的推广应用。

7. 食品:向三大方向优化升级

随着江西食品工业的发展,国内外知名的中粮、统一、汇源、英博等食品企业纷纷落户江西,带动了技术创新和制造业升级,促进了江西食品产业结构的进一步调整,特别是煌上煌、阳光乳业、汪氏蜜蜂园等一批民营、股份制企业逐步成长为江西骨干食品企业。2018年,江西规模以上食品工业企业实现主营业务收入2334.1亿元,实现利润总额182.4亿元,规模以上企业达到900家,其中销售收入突破50亿元的企业达到3家。

(1)改造提升传统优势食品产业。优化肉类产品结构,鼓励发展冷鲜肉、分割肉和低温肉制品,支持传统中式肉禽制品改造升级,开发低温腌制和生物发酵禽制品,加强畜禽骨血脏器等副产物综合利用。推动传统粮油制品升级，支持开发营养强化、粗粮等类型米产品，发展江西米粉、方便米粉等主食产品，积极开发特色油脂、功能性油脂产品。推进白酒产业结构升级，发展特香型白酒产业，促进饮料产业集群集聚，发展果蔬汁饮料、茶饮料、轻型水饮料、运动功能型饮料等产业。

（2）做精做优地方特色食品产业。依托江西优质农副食品资源禀赋，传承提升地方特色食品，重点开发生产赣州脐橙、南丰蜜桔发酵及精深加工产品、江西绿茶和茶食品、野酸枣糕、葛根粉及功能饮品、鄱阳湖淡水休闲食品等传统地方特色食品，培育发展江西特色旅游休闲食品。

（3）聚力发展营养健康食品产业。围绕消费升级，结合资源禀赋，开发均衡营养、增强免疫、食药同源的绿色健康食品。重点支持研发功能性蛋白、功能性膳食纤维、功能性食养产品、益生菌类、食用菌类等健康食品，大力开发优质婴幼儿辅食、蜂产品制品、非浓缩果蔬汁、灵芝系列产品、益生菌果蔬汁、富硒食品等营养保健食品，支持开发山药、莲子、芡实、百合等精深加工特需食品产业。

（二）优势制造业振兴路径

依托航空、汽车、中医药、电子信息、新能源等产业发展的良好基础，着力提升能级水平，推进产业集群化发展，力争在全国占据前沿位置。

1. 航空：整机制造与配套服务协调发展

江西是中国航空工业的摇篮，第一批飞机主机厂在南昌建立，第一架飞机是洪都生产制造并在南昌首飞上天。经过 60 多年的发展，江西已拥有航空企事业单位 90 家，其中航空制造整机及配套单位 39 家，航空运营、服务单位 21 家，航空科研和教育单位 5 家。在省委省政府的高度重视、高位推动下，加快航空产业发展已成为全省上下的共识，航空产业呈现出强劲的发展势头，年均保持 20% 左右的高速增长，从 2010 年全省航空产业营业收入不到百亿元到 2018 年达到 863.2 亿元，不断创造航空产业竞争新优势。

（1）大力发展以整机制造、总装交付为牵引的主干产业。在干支线飞机方面，以中国商飞江西生产试飞中心和国产 C919 大飞机项目试飞基地建设为契机，争取 ARJ21 生产试飞新工作包、C919 完工交付工作包等项目尽快落户江西。在教练机方面，依托洪都集团，瞄准未来飞行训练发展趋势，大力开发 L15 外贸升级型高级教练机、K8 改进型基础教练机和 L7 运动/初级教练飞机，拓展发展运动、训练类教练机，完善教练机产品体系。在直升机方面，依托昌飞公司、中国直升机设计研究所、北京通航江西直升机公司、江西德利直升机公司等，通过传统机型改进改型以及突破重型直升机研制，大力发展 1 吨级、2 吨级、3 吨级、6 吨级、10 吨级、13 吨级、38 吨级等直升机产品，实现多品种、系列化和批量化。在无人机方面，以国家深化低空空域改革为契机，大力开发轻型、中型无人直升机以及固定翼、多旋翼无人机，扶持壮大白龙马航空、华梦达航空、新和莱特、海空行、中航天信等骨干企业，推进无人机产业化快速发展。在通用飞机方面，在 ARJ21 新支线飞机的基础上拓展发展公务机，积极开发适应于高原作业、可满足农林航空作业需求的新型农林飞机，并以"江西快线"运营为契机，争取引进瑞士皮拉图斯 PC–12 公务机总装制造基地项目。

（2）加快发展以零部件、大部件、发动机、机载系统、复合材料为依托的分支产业。在零部件方面，以洪都集团、昌飞公司一般能力产能释放和社会化配套为牵引，从组件、部件、标准件入手，推进本地企业参与多种类型的航空零部件生产，引导安义铝合金、铝型材向航空用铝合金薄板、厚板、挤压材和锻件延伸拓展。在大部件方面，围绕国产 C919 大飞机项目建设，加快推进机身大部件制造由前机身、中后机身向机头、中机身、机翼、垂尾、起落架、机舱门等机体结构大部件拓展，着力形成机身集成制造能力。在发动机方面，加快推进中发天信航空发动机科研生产基地建设，争取引进乌克兰马达西奇公司发动机项目、中国科学院工程热物理研究所小型航空发动机项目，增强和完善航空发动机产业链本地配套能力。在机载系统方面，策应民机国产化发展需要，整合航空、机械、电子产业优势，突破机电、航电系统研制关键技术，推进实施洪都集团与中国航空无线电电子研究所合资的航空器机载座舱系统项目、与西安飞行自动控制研究所合资的机载导航制导与控制系统项目，带动泰豪科技、联创光电、联创电子、联晟电子等本地企业成为配套商和供应商。在复合材料方面，充分利用洪都集团在航空复合材料制造方面的人才、技术、设备优势，加快建设先进复合材料研发中心和阿努瓦复材零部件生产基地，争取引入中航复合材料公司共同参与先进复合材料研发中心建设，紧紧围绕CR929 宽体客机中后机身部件、复材结构件及 C919 大飞机结构件的研制，重点突破大尺寸复合材料结构件的设计、工艺、制造、检测、维修等关键技术。

（3）着力发展以转包生产、维修服务为支撑的配套产业。在转包生产方面，主动承接国内外主流机型零部件、大部件、机载系统、航空复合材料等转包生产任务，扩大转包生产规模，提高在国内外主流机型中的转包生产占比，努力成为国际民机零部件转包生产的核心基地。在维修服务方面，加强与厦门太古飞机工程公司、瑞士 AMAC 宇航集团等的对接合作，推动建立飞机维修基地，引导本地企业参与飞机及飞机部件的维修、改装、拆解及再制造等，提高航材使用效率，促进航空维修业加快发展。

2. 汽车：全面提升产品竞争力和品牌影响力

江西汽车产业基本形成以轻型汽车、微型汽车、客车为主，配套零部件为辅的全面发展格局。拥有包括江铃轻型载货车、江铃全顺轻型客车、昌河北斗星、昌河微型面包车等 10 余个知名品牌。

（1）做大做强传统整车。加大整车企业改革力度，针对国有整车企业推进混合所有制改革，提升企业发展活力；针对民营整车企业加大财政支持力度，扶优扶强；针对效益较差整车企业要 "腾笼换鸟" 引入战略投资者，再谋发展。优化产品结构，巩固轻型商用车、轻型客车优势，大力发展乘用车、大型客车和专用汽车。支持整车企业建设具有国际竞争力的研发中心，加大整车研发投入，完善产品型谱，加快产品升级，提升产品竞争力。

（2）合理控制新能源汽车产能布局。紧跟国家新能源汽车新政策和新标准，合理控制新能源汽车产能布局，指导企业改进升级产品性能。整合新能源汽车生产能力，大力推进南昌、上饶、赣州等新能源汽车基地建设，主攻乘用车，发展客车、专用车等优势产品。进一步完善新能源汽车推广应用财政补助和奖励政策，大力支持具有较强市场竞争力的整车企业和配套"三电"关键零部件企业。

（3）前瞻布局智能网联汽车。加强智能网联汽车技术创新，支持整车企业与互联网、人工智能、信息通信等企业深度合作，引进环境感知、车载操作系统、高精度导航等核心技术，研发具备自动驾驶功能的智能网联汽车。积极开展智能网联整车示范运营，在南昌、上饶、赣江新区等产业基础好的地区开展智能网联汽车试点，建设智能网联汽车测试区与智慧交通应用示范区，建设智能网联汽车与互联网、物联网、智能交通网络、智能电网及智慧城市等的信息交流和协同机制。积极培育智能网联汽车零部件产业，以高级驾驶辅助系统和车载互联终端等为重点，发展"感知系统"、电子集成控制装置、电子执行装置、汽车中控台、车载通信端、车载定位导航等硬件和人机交互等软件，开展智能网联汽车零部件体系建设。

3. 中医药：整合提升与集成创新双向驱动

江西正着力推进中国（南昌）中医药科创城建设，中药国家大科学装置项目落户中医药科创城，江西正逐步形成南昌中医药科创城与宜春、抚州、赣州、吉安等中医药产业集聚区和重点中医药产业集群协同发展，产业布局更优、集聚程度更高、企业规模更大、竞争实力更强的中医药产业发展新格局。

（1）提升中药材供给能力。推进中药材规范化种植，稳定中药材生产质量，选择江西道地和主、特产药用动植物，制定中药材种养和采储技术标准体系，建立完善原产地标记制度。实施优质中药材生产工程，建立大宗优质中药材生产基地，重点发展"三子一壳"（黄栀子、吴茱萸、车前子、枳壳）等赣产道地药材和铁皮石斛等优势大宗药材优化中成药大品种和中药饮片的原料供应，鼓励药材就地加工，提高中药材资源综合利用率。

（2）创新中医药生产工艺和品种。加快现代中药的技术创新和产业化步伐，开展中药提取技术、分离技术、纯化技术、干燥技术及包合技术等中药关键技术的产业化应用研究，开发符合中药特点的黏膜给药等制剂技术，加大质量控制、自动化和在线监测等技术在中药生产中的推广应用，促进中药规模化、智能化生产。突出发展中成药重点品种，实施大品种战略，对江西传统名优中成药进行二次开发，同时推动中药与现代食品、保健品、美容化妆品等融合创新支持食疗科技创新，开拓中医药产品市场，增强产品与服务配套联动效应。

4. 电子信息：整机生产与关键元器件双向协作配套

近年来，江西积极承接长三角、珠三角等电子信息发达地区产业转移，陆续引进众多电子信息企业，产业发展势头良好。以电子信息产业为主导产业的南昌经济技术开发区、赣州经济技术开发区、井冈山经济技术开发区、九江经济技术开发区已进入全国经开区百强，竞争优势逐步增强。江西重点发展京九（江西）电子信息产业带，推动电子信息产业集聚集群，加速形成一批各具特色的电子信息产业基地，推动全省电子信息产业迈向中高端。

（1）移动智能终端产品。依托南昌高新技术产业开发区、赣江新区、吉泰走廊电子信息产业集群等，大力提升新型显示材料、触控屏模组、摄像模组、电声组件、多层电路板等关键环节技术能力，积极探索生物识别、人工智能等前沿领域，壮大手机整机生产规模，力争将江西打造成为全国重要的智能终端生产研发基地。采取整机、关键元器件、软件多向协作、相互配套的策略推动全省移动智能终端产业从初级集聚向高级集聚、从低端制造向高端制造发展，形成"整机＋关键元器件＋软件"带动发展的多极多层产业格局。加大力度引进新的手机整机项目，壮大全省智能手机整机产业，同时以触控屏、摄像头为主，大力引进上下游配套产品生产企业，强化配套能力建设，为巩固和提升移动智能终端产业优势提供坚实基础。

（2）数字视听产品。抓住数字化、网络化、智能化发展新趋势，重点发展智能家电和影音设备，大力推动中大尺寸液晶电视、网络高清视频摄像机、数码相机、电子阅读器、高密度激光视盘机等整机产品扩产上量，加速向智能电视、互联网电视、网络视听设备等智能家用数字视听产品升级换代。不断拓展车载视听产品种类，丰富汽车电子产品体系，推动吉安车载数字视听产业集聚区的发展，壮大鼓励车载北斗导航系统、胎压监测等汽车电子产品发展。支持液晶显示屏和显示模组、LED 液晶电视电源驱动系统、裸眼三维产品、蓝光大容量光盘、耳机、扬声器、音视频线缆等配套产品发展，引导欧菲光电利用生物识别等领先技术将配件规模做成国际领先、国内前列。

5. 新能源：抢占绿色能源制高点

光伏与锂电是江西新能源产业的两根顶梁柱。江西省委省政府出台的《关于加快发展新经济培育新动能的意见》明确提出，以晶科能源等企业为重点，打造具有全球竞争力的光伏产业基地；依托锂资源及深加工技术优势，打造宜春、新余、赣州等锂电产业集聚区。全省光伏产业形成了从硅料、硅片到电池、组件再到系统集成、发电应用的完整产业链，锂盐产能占全球的23%。此外，江西在发展氢能产业方面也具有一定的基础和良好的前景。

（1）光伏产业。以晶科能源等企业为重点，进一步提升高光电转换率晶硅电池、薄膜太阳能电池及关键组件生产工艺和核心技术，大力发展居民住宅、商业楼宇、工业厂房等分布式光伏发电，打造具有全球竞争力的光伏产业基地。扩大硅料生产线效益，探索新型生产工艺，改进产业链各主要环节的制造技术，提升光伏产品制造技术水平，研制具有自主知识产权的光伏产品。积极围绕太阳能电池产品开展预研究，紧跟先进技术发展步伐，着力在光电转换材料制备、相关工艺设计以及基材制造环节取得重大技术突破。

（2）锂电产业。依托锂资源及深加工技术优势，支持赣锋锂业、福斯特新能源、孚能科技等企业在正、负极材料及隔膜、动力电池等领域进行产业化技术创新，打造完整锂电产业链，实现锂电技术的优化升级。引导重点动力电池企业实施标准领航工程，推动新能源汽车及储能等相关产业的联动发展，着力引进比亚迪、万向等动力电池领军企业，打造宜春、新余、赣州等锂电产业集聚区。

（3）氢能产业。以产业培育与重点应用双向突破为主线，在产业体系构建、关键技术攻关、示范运营推广等方面进行布局。围绕产业链缺失薄弱环节，发展新型产氢装置、制氢装置、储氢罐设备、运输装备和现场制氢、储氢、加注一体化系统设备装置。立足南昌、赣州稀土储氢新材料发展基础，开发高容量、高性能稀土储能材料和耐高温耐腐蚀镍基特种合金、稀土特种钢等高新金属材料。围绕氢能及燃料电池产业链延伸与集聚发展，优先在南昌、赣州、九江等地建设氢能特色产业园，有针对性地建立一批国家级和省级科技创新平台。

（三）特色制造业成长路径

抓住 VR、移动物联网、半导体照明、装备制造和节能环保产业发展机遇，找准有效切入点，实现重点技术和重点工艺的突破，积极培育新的增长点。

1. VR：打造研发技术和产品应用新高地

江西 VR 产业正快速发展，优势逐渐凸显。自 2018 年举办首届世界 VR 产业大会以来，江西 VR 产业正快速发展，优势逐渐凸显。特别是南昌打响全球城市级虚拟现实产业布局"第一枪"，共有 VR 企业 100 多家，南昌 VR 产业基地已落户世界 500 强企业 2 家、国内 500 强企业 2 家、行业龙头企业 3 家、国家级重点实验室 1 个。

（1）持续提升 VR 技术创新能力。加强核心关键技术攻关，推动 VR 与人工智能、5G、云计算等技术的集成创新，加快创建国家级制造业创新中心。积极引入北京、上海、深圳等地创新资源，整合省内外重点企业高等院校、科研院所资源，引进一批 VR 产业领域国家级和省级重点（工程）实验室、工程（技术）研究中心，深化 VR 产业技术创新深度和广度。引导 VR 企业、科研机构、行业联盟参与标准化工作,支持建立 VR 技术评价指标体系。鼓励创新主体通过人才引进、技术引进、合作研发、专利交叉许可等方式开展国际创新合作,吸引全球 VR 创新资源落户江西。

(2)加快打造"5G + VR"融合创新应用高地。利用江西良好的 VR 产业基础及"5G + VR"的先发优势,扩大"5G + VR"在文化旅游和赛事直播、演出直播、游戏娱乐等的应用,开发基于 5G 的全景旅游 VR 地图、VR 景区地图、VR 导游导览、历史文化 VR 场景重现等应用场景,打造一批"5G + VR"文化旅游示范样板。开展基于"5G + VR"的工业互联网应用试点,依托基于 5G 的工业互联网平台,推广虚拟三维设计、虚拟制造、虚拟产品展示等新型生产方式,搭建工业互联网与 5G、VR 有机结合的智能制造平台。推动"5G + VR"在教育医疗领域的应用,开展"5G + VR"沉浸式教学,建设"5G + VR"医疗影像辅助诊疗系统,实施基于高清视讯的远程协同教育教学与远程协作手术,构建江西 VR 产业全方位、多领域的应用体系。

2. 移动物联网:以应用促进全产业链发展

作为全国唯一承担"新一代宽带无线移动通信网"国家科技重大专项成果转移转化试点示范的省份,近年来,江西举全省之力推动"03 专项"试点示范落地见效,物联网技术研发和推广应用取得了突破性进展,"物联江西"建设迈出了实质性步伐。

(1)大力推进移动物联网规模化应用。加快移动物联网与行业领域的深度融合,推动移动物联网接入设施、特殊领域传感芯片、数据融合分析等方面技术创新,加强 NB - IoT 通信技术、异构网络融合组网技术研究,研发物联网应用平台互联互通、通用访问解决方案。加强重大关键技术和器件攻关,突破通信模组、高端传感器等一批关键核心技术,支持本土企业开展设计、制造、封装工艺技术研发,从基础技术层面提升产品核心竞争力,积极布局面向未来的传感器前沿技术,逐步构建高水准技术创新体系。

（2）在全国率先打造移动物联网全产业链。加快制定移动物联网产业投资引导目录，面向上海、广州、杭州、无锡等物联网产业集聚区，着力引进一批在全国有影响的芯片、模组、传感器及智能终端企业，尽快补齐江西移动物联网产业链短板。深化与阿里巴巴、华为、中兴、腾讯、百度、浪潮等互联网领军企业的合作，争取在江西设立移动物联网业务分公司、研发基地。采取"赛＋会＋展"的方式，通过持续举办移动物联网博览会、高峰论坛以及创新创业大赛等，不断扩大江西移动物联网的影响力，带动一批优质移动物联网项目在江西落地生根。引导现有物联网企业实施业务拓展、兼并重组和产业链整合，培育一批移动物联网龙头企业，推动企业参与国内、国际行业技术标准制定。

3. 半导体照明：依托黄光技术抢占产品市场

半导体照明主要有三条技术路线，分别是以日本日亚化学为代表的蓝宝石衬底 LED 技术路线、以美国 CREE 为代表的碳化硅衬底 LED 技术路线，以及以南昌大学和晶能光电共同研发的硅衬底 LED 技术路线，即黄光技术。随着 LED 产业关键技术不断实现突破，江西已经形成较为完整的产业链，培育出晶能光电等一批本土成长型明星企业。

（1）产业链建设方面。依托黄光技术和 LED 下游应用技术以及封装产业及相关配套产品，打造基于硅衬底 LED 制造技术的半导体照明完整产业链。依托南昌高新技术产业开发区和吉安电子信息国家新型工业化产业示范基地半导体照明产业基础，大力推动硅衬底发光二极管技术优势转化为产业优势。构建以南昌为核心区，吉安、宜春、萍乡和新余等为重点集聚区，其他地区因地制宜发展配套和应用产品，梯次分布、辐射全国的区域布局。

（2）产品及市场拓展方面。以 LED 应用规模最大、增长最快的 LED 照明市场为主攻方向，推动面向各领域的 LED 照明应用产品发展，做大下游 LED 应用产业规模。发挥黄光技术的独特优势，加快其从实验室走向生产线的进度，重点发展中、高端硅衬底 LED 应用产品，优先发展大尺寸城市道路照明灯具、汽车大灯、探照灯、LED 背光源、手机闪光灯、室内照明灯具、户外装饰照明系统、彩屏幕墙和高端景观照明等特种照明及应用产品。

4. 装备制造：集中布局与技术改造相结合

江西装备制造业已经成为拉动江西工业增长的重要力量，在保持较快增速的同时，装备制造业提质升级也步入"快车道"。2018年，江西装备制造业增加值增长13.8%，比规模以上工业快4.9个百分点，占规模以上工业增加值的26.3%，比上年提高0.8个百分点。

（1）促进装备制造业相对集中发展。立足装备制造业现有技术积累、制造能力和产业组织基础进行布局，促进高端装备制造业相对集中发展，以南昌为重点，以九江、吉安、赣州、萍乡、新余等地为重要支点，打造智能装备（机器人）产业集群，形成集研发、设计、制造、销售、服务等为一体的完整产业体系。坚持发展高端装备制造业与改造提升传统装备制造业相结合，积极促进传统装备制造业的高技术化，实现产业价值链从低端向高端跃升。

（2）大力推进装备制造业技术改造和产品升级。在制造装备方面，大力发展高档数控机床、新型传感器等智能测控装置，伺服驱动装置、精密传动装置、复合切削工具等关键基础零部件，分布式智能微电网中枢配电控制系统等集成智能装备。在农业机械和矿山机械方面，坚持自主研发与技术引进相结合，着力研制果蔬后续加工处理设备、粮食烘干机械、育秧播种设备、新型植保机械，重点发展智能起重机械、高效粉碎选矿机械、矿山巷道采掘成套设备、先进制动系统等。在机器人方面，重点培育焊接、喷涂、装配、搬运、码垛、打磨等工业机器人生产能力，发展工业机器人系统集成和应用服务。依托医院、养老院、社区等服务应用平台，重点发展代步机器人、康复护理机器人、家政服务机器人等产品制造业。

5. 节能环保：推动产品生产向装备和服务拓展

江西节能环保产业呈现快速发展态势，形成了高效节能电机、高效节能锅炉、余热余压利用、大气污染防治、水污染防治、环境监测、污泥和垃圾处理等一批较为成熟的节能环保技术及装备制造能力，环保产业区域特色进一步显现。截至 2018 年底，江西拥有主板上市环保企业 1 家，新三板挂牌环保企业 6 家。

（1）打造节能环保装备制造产业集群。强化南昌在节能锅炉窑炉、高效电机及拖动设备、新能源汽车及零配件等领域的研发、金融和产业优势，将南昌打造为全省节能装备制造的高地。以大南昌都市圈为纽带，依托九江在锅炉配件、抚州在高效输变电设备、上饶在新能源汽车、景德镇在无氟压缩机等领域的产业基础，完善产业链，形成国内具有较强竞争力的节能装备产业集群。

（2）拓展发展环保服务业。以南昌为中心，大力发展大气污染防治技术装备、水污染防治技术装备、土壤污染修复技术装备、固体废物处理处置技术装备和环境监测仪器仪表等环保装备产品。建立节能环保科技服务和产业发展平台，支持江西华赣环境集团加快运营，做强做优做大。大力发展"环保管家"委托服务，加强环保监管，规范企业市场行为，发展辐射全省的环境服务业。

二、制造强省建设的企业路径

江西制造强省建设，必须依靠龙头骨干企业来完成。因此，本书选取一批有代表性的龙头骨干企业作为案例，逐一分析其在江西制造强省建设中的定位与策略。

（一）江铜集团：打造具有全球竞争力的世界一流企业

江铜集团是省属国有企业的标杆，是江西唯一一家世界 500 强企业，在国内乃至世界铜行业具有较强影响力和一定的行业话语权。江铜集团正以"再造一个江铜"为战略目标，努力打造具有全球竞争力的世界一流企业。

为打造具有全球竞争力的世界一流企业,江铜集团应坚持以铜为本,做大做强铜产业主营业务,向上游基础产业环节、技术研发环节和下游市场拓展环节延伸产业链,巩固铜矿冶炼加工地位,发展高精尖端铜材,打造一流产品品牌。以铜矿山为资源保障,提升铜矿山资源的储备能力,做好现有矿山深、边部的资源勘察,高度关注省内外资源的整合,加快实施国际化资源的并购。注重铜资源的循环利用,加强冶炼和尾矿、废渣、再生金属回收利用等新工艺技术研发,依托国家级铜矿资源综合利用示范基地,强化资源综合利用,提高铜矿资源利用效率。继续秉持绿色发展理念,明确对自身资源型企业的定位,以切实有效的措施落实安全生产、环境保护,坚定不移地坚持以最小化的环境代价发掘出矿产资源的最大价值。

(二)江钨集团:打造国内一流的钨及稀有金属集团公司

江钨集团是具有百年历史的省属国有大型工业企业,也是中国最大的以钨为特色的矿业集团,为国内重要的有色金属产品产销商、工业技术服务商和有色金属工业设备、配件、材料的供应商。截至 2018 年底,集团公司拥有国家级企业技术中心、博士后科研工作站等国家级科研创新平台5 个,累计授权专利 820 项,获得国家级科技奖励 15 项,先后获得"国家知识产权战略实施先进单位""国家级知识产权示范企业"等称号。

为打造国内一流的钨及稀有金属集团公司,江钨集团应优先发展钨、钽铌、锂电新材料、机械制造,重点发展钨,适度发展钴镍金属等材料,着力建设以钨为龙头的稀有金属大产业平台,着力打造江西钨及稀有金属千亿元产业。坚持内涵式发展与外延式增长并重,坚持走"两化融合"之路,不断提升资源利用水平,着力提升产业链价值,打造"前端资源优势突出、中端产品质量精良、后端精深加工特色鲜明"的产业体系,为企业可持续跨越式发展打下坚实基础。不断进行产品结构优化工程,对现有产业进行升级改造,延伸产业链,重点发展钨深加工产品和锂、镍钴等新能源材料产品。树立绿色发展和智能制造理念,建设宜春钽铌矿公司数字化矿山和江钨硬质合金智能工厂示范点，实施质量攻关、品牌创建、标准化建设和新工艺装备应用，努力成为国内一流的钨及稀有金属集团公司。

（三）新钢集团：再造一个"新钢"

新钢集团是国有大型钢铁联合企业，绩效居国内钢铁企业第一方阵，2019 年上榜中国企业 500 强和中国制造业企业 500 强。

在国家供给侧结构性改革的浪潮中，新钢集团必须全面推进转型升级、高质量发展，努力走出一条与过去产能扩张不一样的发展路径。一方面，巩固提升钢铁主业，以品种结构调整为重心，侧重钢材延伸加工，大力实施精品战略，优化钢铁产品结构，进行产品结构延伸，根据下游需要制定产品生产计划，对主要生产线进行增强性技术改造，以提高生产效率，降低工序成本，同时发展相关多元非钢产业，除增加企业营业收入和多创效益外，承载部分主业分流人员，大幅提升钢铁主业劳动生产率。另一方面，补齐环保短板，以绿色发展为亮点，对污染较大环节进行改造，着眼于环保升级、品种增效，立足源头治理，实施产业转型工程，推进清洁工厂建设，实现超低排放目标，促进生态效益与经济效益双提升。另外，还要以智能制造为契机，全面提高产品工艺和装备水平，在已有智能化生产线的基础上，继续引进一批工业机器人，打造"无人车间"试点，力争在关键控制性岗位实现智能化，大幅提高主营业务人均劳动生产率，努力再造一个高效率、高收益和高质量的新钢。

（四）九江石化：打造国内一流大型石化企业

九江石化是国家扶持的 512 家重点企业之一，连续 12 年跻身于全国 500 家最大工业企业之列，是江西唯一一家集炼油、化肥、化工为一体的大型石化企业，生产能力和经济技术指标均处于国内同行业领先水平。

为打造国内一流大型石化企业，九江石化应全面提升技术水平，采用第三代芳烃技术，推进九江石化从"单一燃料型企业"向"炼化一体化企业"转型升级，实现高质量、高效益的可持续发展。同时，进一步延伸石化产业链条,积极开发石化下游深加工产品,对标国内外和行业先进企业,完善质量标准体系,以高标准引领高质量发展。围绕核心业务,全力推进智能工厂试点建设,持续提升已上线信息系统的应用效果,进一步发挥智能工厂的核心竞争优势,使企业数字化、网络化、智能化制造日趋成熟,将九江石化打造成为国家级过程工业智能制造示范企业。深入实施"绿色企业行动计划",努力建成清洁、高效、低碳、循环的绿色企业,提升绿色生产水平,提供清洁能源和绿色产品,引领行业绿色发展,将绿色低碳打造成九江石化的核心竞争力。

(五)正邦集团:打造世界 500 强企业

正邦集团是农业产业化国家重点龙头企业,是江西规模最大的农业企业,现已形成以农牧、种植、金融、动物保健、乳品、畜禽加工、农化等为主要产业的大型农牧企业集团。《2019 年中国民营企业 500 强报告》显示,正邦集团以 780.25 亿元的营业收入,位列第 84 位,在全国农业行业排名第二,在江西民营企业中位列第一。

在新经济新农业态势下,正邦集团要紧紧围绕打造世界 500 强企业的目标,以现代农业和食品业为实体,以现代金融和产业资本为两翼,打造正邦饲料、正邦养殖、明星兽药、正邦生化、山林食品、艾丽曼动物营养公司 6 个行业一流的公司,形成养殖业强力支撑、饲料业做强做大和金融业助力推动的生态农业产业化全面发展的格局。以生猪养殖为核心、为龙头、为突破口,壮大产业链,带动饲料、兽药、种猪等上游产业和生猪屠宰、肉食品加工等下游产业的"种养加"全产业链发展,为全国生态养殖树标立杆。以农业产业化带动集团金融资本化发展,通过种养结合、产融结合,发展种植业、金融业,支持筹办裕民银行的开业运营,成立财务公司,使产业与金融互为扶持,促进全产业链模式的成型,打造产融结合的财团式公司。

(六)洪都集团:打造国内一流、国际知名的航空企业

洪都集团是我国唯一"厂所合一"的飞机制造企业,也是我国唯一的

基础教练机生产企业,它创造了中国航空工业史上的"十个第一",是中国教练飞机、强击机、农林飞机的重要生产基地。

为打造国内一流、国际知名的航空企业,洪都集团应坚持"军用航空、民用航空、非航空民品"的"三棱镖"战略,在整机制造、航空复材、机载设备、飞行控制、地空通信、飞机导航等关键核心领域开展研发攻关、成果转化、项目孵化、技术服务等,提供高性能的航空装备,实现航空领域的军民统筹,并通过发展非航空民品实现业务协同,支撑航空产业,促进航空技术民用化和产业化。充分发挥洪都集团在教练机、直升机和国产 C919 大飞机项目研发领域的优势,参与整机及零部件、大部件、发动机、机载系统、复合材料等的研制,尽快掌握关键核心技术,深度融入国产大飞机及支线飞机制造分工体系。通过培训建立起完善的训练管理制度,向世界航空强国的飞行训练体系对标看齐,积极开展对通用航空飞行员批量化培养方法的研究,并形成一套完整的培训体系,打造我国飞行员培训基地。

(七) 昌河飞机:打造中国直升机第一品牌

昌河飞机是我国直升机科研生产基地和航空工业骨干企业,是国内仅有的两家国家重点直升机制造企业之一,具备研制和批量生产多品种、多系列、多型号直升机和航空零部件转包生产的能力。其研制的直 8 型机成功填补了我国大型直升机的空白,使我国跻身于美国、俄罗斯、法国、英国等少数几个能生产大型直升机的国家之列。

为打造中国直升机第一品牌,昌河飞机应利用军机研制生产制造技术和科技能力,以研制生产优质的直升机产品为主业,大力开展直升机产业全价值链提升工程,加大对民用直升机的研发和制造力度,并扶持空、地勤人员培训、维护保障体系建设等,形成研发、制造、销售、维修、培训、客户支持及运营的完整直升机产业链。坚持"一机多型、系列发展""一个平台、多种型号"的系列化发展模式,做好顶层规划,加大对型号研制和技术预研的支持力度,攻克关键技术难关,坚持自主创新和跨越发展,尽快缩短我国直升机技术与国外先进水平的总体差异。重点攻克和掌握民用直升机的安全性、舒适性、经济性和适用性等方面的技术难题,集中力量在高原适用性、减振、降噪、可靠性、适航等技术方面进行有计划的系统攻关,提升民用直升机研制生产、营运服务的整体技术水平,为国民直升机市场发展提供技术示范。注重品牌建设和实现品牌价值,提高现有产品竞争力和直升机产品质量,对标国际,在设计、工艺、质量控制、生产各阶段严格控制,形成新特色,与同质产品相区别,助推直升机产业发展,打造中国直升机第一品牌。

(八) 江铃集团:打造以商用车为核心的一流汽车制造商

江铃集团是以商用车为核心竞争力的中国汽车行业"劲旅",是中国商用车领域最大的企业之一。作为江西较早引入外商投资的企业,江铃集团已经发展成为国家高新技术企业、国家创新型试点企业、国家认定企业技术中心、国家知识产权示范企业和国家整车出口基地,成为中国本地企业与外资合作成功的典范。

为打造以商用车为核心的一流汽车制造商,江铃集团应努力实现三个转型,即从以柴油为动力、以轻型商用车为主的汽车和零部件的制造企业,转型为柴油、汽油动力并举,乘用车和商用车并进,新能源汽车和传统汽车协同发展的综合型的汽车制造商。坚持"商乘并举"策略,利用在商用车方面领先的技术、资源、地位和经验,发展乘务车系列产品,制造生产出适销对路的汽车产品。注重产品质量提升和现有生产设施的改造,特别是促进互联网技术的高度融合,围绕智能网联汽车开发打造语音智能交互、专属娱乐服务和个性内容推荐等核心体验项目,充分发挥技术、产品和服务优势,聚集头部优质内容服务资源,努力打造智能、安全、有情感、有温度的智能网联汽车。

(九) 江中集团:打造全国重要的中医药研发创新基地

江中集团是中国 OTC 行业的领先企业,是国家 520 家国有大中型企业、国家级重点高新技术企业之一。在全国制药企业中，江中集团是唯一拥有4个国家级研发平台的企业，拥有"江中"和"初元"两个中国驰名商标，其中"江中"品牌价值连续10年入选世界品牌实验室"中国品牌价值500强"。

为打造全国重要的中医药研发创新基地，江中集团应重点布局高端智库服务、高端平台研发、成果转化等主要功能区块，将江中药谷打造成为面向国际的中医药高端人才集聚区、国内领先的中医药研发孵化引领区和立足江西的中医药产业创新示范区，形成中医药研发创新高地。同时，以江中药谷为中心，打造文化传承高地、创新研发高地、人才聚焦高地、健康服务高地和高端装备研制高地，致力发展成为国内领先、世界知名的"中医药谷、湾里智城"。立足科技创新，发展引进智能生产流水线车间、全自动智能生产流水线、智能化罐装包装车间和全自动立体产品仓库，建立从提取、灌装、包装、出入库全自动无人化智能车间，实现智能化生产过程管控，打造中药提取智能制造新模式。

（十）合力泰：打造国内一流电子信息企业

合力泰是集开发、设计、生产、销售为一体的液晶显示、触控显示、智能硬件产品制造商和方案提供商，是全球绿色智能终端产业链的持续领跑者。2018年公司年销售收入达到173.17亿元，正逐渐成长为国际触摸屏市场的知名品牌。

为打造国内一流的电子信息企业，合力泰电子应深化全产业链布局，继续向上游延伸，布局背光模组、SMT、FPC、2D/2.5D/3D玻璃盖板、纳米晶等无线充电材料和5G天线的LCP材料及基站用高频复合材料等技术，利用产品线齐全和成本低的优势，打造成为国内领先的智能终端核心部件一站式供应商，提高一体化多产品供应能力。将5G相关材料和产品开发作为重要方向，导入多层LCP柔性线路的生产，加强技术和资本投入，进行核心技术工艺研发，掌握最上游的非晶带材的重要供应环节和多项核心技术，迎接5G时代对高速传输和智能终端设备轻薄化的需求。与三星、华为、OPPO、vivo、小米等客户建立更加紧密的合作关系,从技术壁垒低、低毛利的模组类产品向技术壁垒高、生命周期长、具有核心技能优势的 FPC 类产品及 5G 材料类产品转移,通过产品质量的提升加速后续经营业绩的整体提升。

(十一)晶科能源:打造世界领先的光伏企业

晶科能源是全球最具规模的拥有光伏垂直一体化产业链的光伏产品制造商,也是全球最具规模的光伏电站专业建造运营商,在 70 多个国家和地区拥有超过 1700 多个客户,并建设投产了 3 个海外工厂。2019 年,晶科能源上榜中国战略性新兴产业领军企业 100 强和中国制造业企业 500强,实现了从全球销售到全球制造再到全球投资三级跨越。

为打造世界领先的光伏企业,晶科能源应抓紧从销售导向转为服务导向,抓住光伏智能化的发展方向,将遥控、远程终端管理、云技术和互联网科技等加入到光伏产品的应用中去,扩大光伏产品跟新技术的结合空间,根据不同场景下客户的需求进行最适宜的产品和技术的组合,通过技术的提升、生产环节的进步、成本的优化降低光伏产品及其配套产品的价格。建立全球光伏电站智能管理平台,实现电站全部智能化控制、管理,提高转换效率、降低成本,实现平价上网,为国内外客户提供更好的质量、更高的性价比和更全面的定制服务。依托上饶智能工厂的良好开端,实现全自动化的无人车间、全数字化的智能管理和可追溯的智能平台,并复制和覆盖整体供应链,打通上下链、实现数字化的生态供应圈。积极进行海外布局,带着资本、技术、经验和市场去海外投资建厂,促进"一带一路"沿线国家在新能源上的生产和利用,更好地满足北美和亚太地区客户的需求,进一步巩固晶科能源的全球领先地位。

(十二)赣锋锂业:打造上下游一体化的国际化企业

赣锋锂业是全球第三大锂盐生产企业,是国内锂系列产品品种最齐全、产品加工链最长、工艺技术最全面的专业生产商及全球最大的金属锂生产商，也是唯一同时拥有"卤水提锂"和"矿石提锂"产业化技术的公司，拥有国内最完善的锂系列产品产业链，在锂系列有机化合物的产品开发和生产方面处于国内领先水平。2019年，赣锋锂业上榜2019年全球新能源企业500强，是世界锂行业具有重大影响力的企业品牌。

为打造上下游一体化的国际化企业，赣锋锂业应立足自身传统优势领域，专注于锂系列产品的研究、开发、生产和销售，通过自主研发和不断创新，不断实现产品结构升级及规模扩张。上游积极收购矿山资源，与澳大利亚、智利、加拿大等上游锂资源丰富的国家和企业开展长期合作，逐步获取部分锂矿山和盐湖卤水资源的矿权，稳定上游原料供应，提升资源自给率，加强上游锂资源的稳定供应。中游稳步扩张，通过广泛的国际技术合作，加快相关锂产品生产技术的研发进度，布局锂化合物深加工、金属锂生产，重点发展以氢氧化锂为原料的中游产品，释放产能。下游继续进行海外布局，积极拓展全球锂深加工产品市场，借助国际锂业的平台增发项目，完善产业布局，扩张产品系列，重点在电池领域布局，切入锂电池技术研发和生产中，按照"锂产业链上下游一体化"的发展战略，积极扩展产业链，加速成长为一体化产业龙头。

（十三）孚能科技：打造顶级新能源汽车动力电池供应商

孚能科技专注于新能源车用锂离子动力电池及整车电池系统的研发、生产和销售，并为新能源汽车整车企业提供动力电池整体解决方案。目前，孚能科技已成为全球三元软包动力电池领军企业之一。截至2018年底，孚能科技已为超过10万辆新能源汽车提供产品和服务。在软包动力电池领域，公司产品出货量和装机量2017年、2018年连续两年排名均为全球第三，全国第一。

为打造顶级新能源汽车动力电池供应商，孚能科技应整合全球锂离子动力电池领域的创新资源，提高自主创新能力，将专利技术以及专有技术全部应用于动力电池产品的开发，实现科技成果与产业的深度融合。通过新建生产基地，引进先进设备，充分利用现有技术储备，扩大动力电池产品的生产规模,提高生产能力,突破产能瓶颈,不断满足和匹配下游客户对于动力电池持续增长的需求,有效降低产品生产成本。瞄准汽车市场的纯电动化契机,着力解决续航能力、技术安全标准和产业链整合过程中的重点问题,延长电池使用寿命,创新电池制造发展思路,解决好新能源汽车的核心动力问题,打造顶级新能源汽车电池供应商。以冲刺科创板为契机,继续拓展市场,深化与北汽集团、长城集团等大型汽车企业的合作,逐步在欧洲和美国建立生产基地,完善产业布局,扩大市场份额。

(十四)科骏实业:打造"VR+教育"行业应用标杆

科骏实业是一家以计算机图像系统研发和 VR 教育及行业应用解决方案为主的技术服务企业,是国家高新技术和"双软"认证企业。科骏实业 VR 创新教室已覆盖全国 21 个省、市和地区,教育应用学校超过 1300 所。

为打造"VR+教育"行业应用标杆,科骏实业应基于大数据、云计算、人工智能、AR/VR 等技术,通过对"AI+VR+教育"智慧教育模式的探究与摸索,为基础教育、职业教育、高等教育等各阶段客户提供教育信息化服务,实现"VR+行业"教育应用的创新教学综合改革,努力打造"VR+教育"领域应用高地,成为中国 VR 教育卓越品牌。推动落实"5G+VR"教育产品的推广应用,在成果转化、应用落地、AR/VR 产业化赋能教育领域等方面开展深入研究,加速 5G 在"AR/VR+教育"的推广应用与商业模式创新。与各大高校合作培养"VR+行业"复合型人才,依托企业协作、校企合作、产教融合、协同育人的新模式,打造匹配江西高校教育特色的专业级虚拟仿真教育平台。

(十五)欧菲炬能:打造全国最大的移动物联网模组生产基地

欧菲炬能在触控系统、影像系统、生物识别系统等领域具有国际领先水平,与物联网芯片连接紧密,模组研发和生产方面经验丰富。欧菲炬能年产 5500 万片物联网模组生产项目已获批准,正努力打造成为江西发展的新名片。

为打造全国最大的移动物联网模组生产基地,欧菲炬能应继续以物联网核心产品研发及平台建设为主导,以鹰潭高新区物联网模组制造项目为依托,以高性能、超低功耗的 NB－IoT 集成模组生产为重点,生产集成度高、尺寸小、成本低、焊接可靠性高和抗震能力强的模组产品,满足现代大规模生产自动化的需求。与鹰潭共同建设物联网产业制造基地、物联网云中心、"智慧新城"技术应用中心,联合打造鹰潭智慧新城,构建物联网产业生态,并将助力鹰潭模式在江西业务全省复制,实现江西 NB－IoT业务覆盖,力争打造物联网行业新标杆。进一步拓展物联网领域业务,积极开展移动物联网模组生产及智慧城市系统一体化项目,利用公司在触控屏、摄像头等领域的领先优势推进智慧城市发展,进一步提高公司在业界的技术领先地位。

（十六）晶能光电:打造具有全球竞争力的 LED 生产企业

晶能光电是全球领先的硅衬底 LED 技术主导者,其在移动照明领域市场份额位居全球前列,在手机闪光灯、汽车前照灯领域居国内前列。晶能光电已经实现了硅衬底 LED 技术的突破和产业化应用,率先在全球实现硅衬底 LED 技术的大规模产业化和应用推广。2019 年,晶能光电荣获"2018 中国汽车照明行业十大品牌企业"和"2018 年度江西功勋企业"荣誉称号。

为打造具有全球竞争力的 LED 生产企业,晶能光电应聚焦硅衬底 LED关键技术,采取向中下游发展的垂直一体化思路,联合社会和基金的资源在南昌和全国各地投资,围绕硅衬底 LED 黄光技术,加速形成硅衬底 LED产业链。加速推广硅衬底 LED,建立示范效应,提供高亮度、高可靠性、低热阻、耐大电流等优点的大功率 LED 产品。从国家层面整合资源,迅速扩大硅衬底 LED 应用和产业,形成具有自主知识产权和核心竞争力的硅衬底 LED 产业,壮大硅衬底 LED 产业集群规模,将硅衬底 LED 产业化上升为国家技术予以重点推进,并与国内外领先应用企业建立合作关系,将技术优势转化为商业优势,打造具有全球竞争力的 LED 生产企业。持续关注

LED领域核心技术的创新与突破,以市场为导向,以适应和满足用户需求为基础,以推动科技创新和成果产业化为目标,建立技术研发体系和机制,加强公司领先技术的进一步研发和扩大生产规模。

(十七) 泰豪集团:打造高新技术产业领域专用设备制造企业

泰豪集团是在江西和清华大学"省校合作"大背景下发展起来的一家投资性控股集团公司,自创立以来一直积极实践"技术+资本"的发展模式,致力于信息技术的推广和应用,是国内智能建筑电气产业领域首家上市公司,是一家专用设备制造企业。

为打造高新技术产业领域专用设备制造企业,泰豪集团应依托在设计、制造和安装智能中央空调、智能发电机组、智能电力设备等楼宇智能化电气产品方面的强大综合实力,引领国内智能建筑领域电气产业的发展。依托清华科技的制造技术支持,积极展开技术创新,发展军工电源领域产品,服务我国国防现代化建设。结合现代光学技术、医学技术和信息技术的综合应用,不断在光机电一体化产品领域开发具有国际先进水平的泰豪光电信息产品。此外,重视引进跨国公司先进的工艺技术和发挥军工企业完备的生产能力,围绕智能电力和军工装备两大板块,以能源互联网技术的研究与应用为基础,以能源互联网、电力信息化、智能应急电源产品的研制与服务为核心,拓展国际电力工程总包业务。以军工信息技术的研究与应用为基础,以电站及机电一体化、光电探测、导航和雷达等产品的研制与服务为核心,打造国内领先的创新型国防供应商,成为中国装备制造行业领域影响力的企业。

(十八) 怡杉环保:打造国内全产业链环保公司

怡杉环保是江西环保行业唯一一家同时通过"双高"认证和"双软"认证的企业,也是江西唯一集环境自动监控系统软件平台建设、第三方环境监测、智能环境高端检测分析仪器制造和环境治理工程承接四位于一体的民营环保高科技企业,2017年成功挂牌"新三板"。怡杉环保在环境信息系统、智能高端检测设备、环境治理设备等领域拥有多项技术创新,已获授权专利110余项。

怡杉环保应紧紧围绕环保设备生产、环境服务提供和环境治理三个方面,提高环保设备生产技术,提供以环保管家、运维服务、检测服务为代表的环境服务和以废水治理、废气治理、土壤修复为代表的环境治理方案,形成制造与服务业融合发展的新型产业形态。整合资源,利用同创伟业、南昌航空大学和日本株式会社等公司股东的社会资源,打造一个以环保设备制造、环境治理工程承接以及第三方检测和运营服务为主的全产业链环保公司。以国际化的视野为当前面临的环境热点和难点问题提供解决方案,重点在重金属污染调查、检测及治理、地下水修复等领域推出多项国内领先的技术和装备,为长江大保护等重点环境污染治理项目提供技术服务支持。加大产品研发力度,加快新基地建设,不断完善自身的产业链,提高公司的核心竞争力。

第七章
国内外推动制造业振兴发展的主要举措与经验借鉴

一、发达国家的主要举措

（一）美国：打出振兴本土制造业系列"组合拳"

十几年来，美国制造业竞争力的下降和金融危机使美国意识到"去工业化"带来的弊端。为继续保持美国在制造业价值链上的高端位置，缓解金融危机给国内经济带来的创伤，美国政府瞄准制造业在创造就业、拉动增长等方面的重要性，打出了一系列振兴本土制造业的"组合拳"，如《重振美国制造业框架》《美国制造业促进法案》《先进制造业伙伴计划》《先进制造业国家战略计划》和《加速美国先进制造业》等政策。这些产业政策大多着眼于制造业创新，将以技术创新为核心的产业技术政策纳入国家政策体系，为其"再工业化"提供坚实的政策保障。

同时，将设计相对稳定、要求较低、劳动强度高的产品或组件迁往墨西哥，将高技能工作和先进技术留在教育程度较高的美国，这样美国既能利用当地低成本的劳动力,又能维持与美国研发人才和基地的密切联系,为重振制造业提供了重要支撑。另外,美国还通过改善教育环境,在高等教育中更多地强调制造业相关的职业机遇,允许更多受过良好教育的国外学生留在美国工作。放宽移民政策,方便科学、技术、工程和数学专业的留学生在结束学业后留在美国,通过这些途径获得一批合格的制造业工人。

(二) 英国:"工业2050战略" 推动制造业转型

作为工业革命的发生地、现代工业的摇篮,自20世纪六七十年代开始,英国制造业经历巨大变革,"去工业化" 现象明显,制造业对英国经济产出的贡献率不断下降。由于英国在航空航天和制药等领域仍然拥有一批研发创新能力强且极具竞争力的企业,因此几十年来英国基本满足于以金融服务为中心、制造业退居二线的经济发展定位。直到2008年金融危机引发的经济衰退,使英国制造业在研发、投资、世界出口份额中的指数都出现了令人不安的发展趋向。破裂的金融泡沫、迟缓的经济复苏,让英国重新认识到制造业在维护国家经济韧性方面的重要意义。

2013年,"英国工业2050战略" 应运而生。该战略立足长远,将英国制造业发展提到了战略的高度。该战略有四个特点:一是快速、敏锐地响应消费者需求。生产者将更快地采用新科技,产品定制化趋势加强,制造活动不再局限于工厂,数字技术将极大改变供应链。二是以出口为导向,把握新的市场机遇。高科技、高价值产品是英国出口的强项,虽然金砖国家和 "新钻十一国" 进一步增大全球需求,但英国仍然以欧盟和美国为主要出口对象。三是发展可持续的制造业。全球资源匮乏、气候变化、环保管理完善和消费者消费理念变化等种种因素使可持续的制造业获得更多消费者的青睐,循环经济将成为关注重点。四是大力培养高素质的劳动力。未来制造业将更多依赖技术工人,因此制造业领域人才的培养是实现制造业复兴的重要步骤。

（三）德国：实施以"工业4.0"为代表的高科技战略计划

随着新一轮技术革命兴起，德国为了借助发挥本国制造业的传统优势，提高德国工业的竞争力，在新一轮工业革命中占领先机，于2013年4月举行的汉诺威工业博览会上正式推出"工业4.0"战略。工业4.0侧重借助信息产业将其原有的先进工业模式智能化和虚拟化，重视智能工厂和智慧生产，并把制定和推广新的行业标准放在发展的首要位置，主要包括智能工厂、智能生产、智能物流三大主题。其中，智能工厂包括智能化生产系统及过程、网络化分布式生产设施。智能生产包括企业生产物流管理、人机互动、3D技术应用。智能物流包括整合供应链物流资源。2019年11月，德国联邦经济和能源部正式公布《国家工业战略2030》，内容涉及完善德国作为工业强国的法律框架、加强新技术研发、促进私有资本进行研发投入和在全球范围内维护德国工业的技术主权等方面，旨在有针对性地扶持德国重点工业领域，提高工业产值，保持德国工业在欧洲和全球竞争中的领先地位。

德国提出的工业4.0通过信息化与工业化的融合提升智能制造水平，将实体物理世界与虚拟网络世界的融合，注重提升生产过程对市场的应变能力和定制化程度，在传统技术优势的"刚性"工厂中引入信息技术，通过大数据和虚拟化等工具增强其产品的柔性。"工业4.0"意味着未来工业生产组织方式向定制化、分散化、融合化转变，逐渐突破互联网企业与工业企业的边界，使生产企业与服务企业的边界日益模糊，以产业融合促进服务型经济，在加快传统产业更新换代和科技进步的过程中，实现实体经济的转型和发展（见图7-1和图7-2）。

（四）日本：多措并举推动制造业振兴

早在2015年，日本政府在《制造业白皮书》中就提出"重振制造业"的战略目标。由于日本制造业面临着一线制造技术人才短缺、信息技术渗透缓慢和大批制造业企业向海外转移等问题，国内制造业比率严重下降，制造业从业人数也大幅度下降。

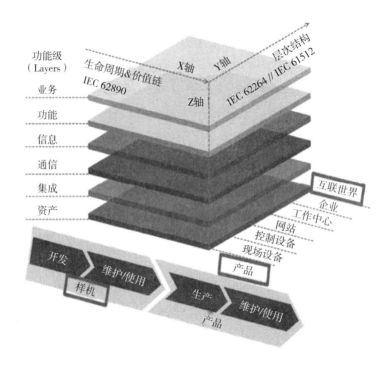

图 7－1 德国工业 4.0

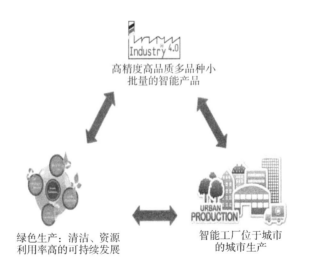

图 7－2 从智慧工厂到智能生产

为应对制造业出现的问题，日本政府推出一系列"重振制造业"措施。一是实行精益管理，提升产品价格优势。保持为客户提供"质高价优"的产品竞争优势，提出了"强化现场力"的措施和方法，强调人机协作，重视数字化（如虚拟现实等）在制造业中扮演的重要角色，利用数字化工具、人才培养和工作方式变革等手段，提高制造现场的效率。二是坚持装备立国，加强在装备设备上的优势，帮助中小企业发展。通过中小企业围绕大型企业发展，形成完整的产业链，在智库成果和核心技术上对中小企业进行常态化支持，在扩大对外输出机器人和自动化装备设备规模上形成独特竞争优势。三是把"互联工业"作为日本制造的追求目标。突出工业的核心地位，通过物与物的连接、人和设备及系统之间的协同、人和技术相互关联、既有经验和知识的传承，以及生产者和消费者之间的关联来创造新的附加值的产业社会。将无人驾驶—移动性服务、智能制造和机器、生物与材料、工厂基础设施安保、智能生活 5 个方面作为重点发展领域（见图 7-3）。

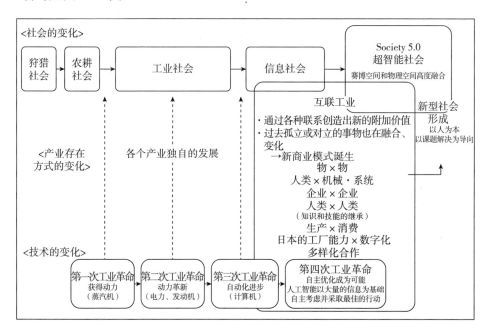

图 7-3　日本"互联工业"理念

（五）韩国：大力实施制造业创新 3.0 战略

2014 年 6 月韩国推出了制造业创新 3.0 战略，2015 年 3 月又公布了《制造业创新 3.0 战略实施方案》，标志着韩国制造业战略的正式确立。制造业创新 3.0 期望以智能制造和培育融合型新产业为主，实现全球新一轮工业革命的"领跑"战略（见图 7-4）。为此，推出了大力推广智能制造、提升重点领域的产业核心力、夯实制造业创新基础三大战略。

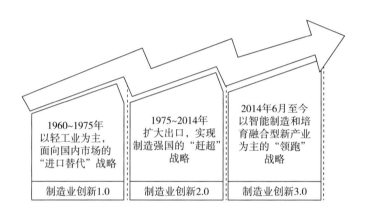

图 7-4　韩国制造业发展史

一是智能工厂的建设与示范。利用云计算、物联网、大数据等新一代信息技术，推动生产全过程的智能化，实现智能工厂，到 2020 年建设一万个智能工厂。由社会组织（商协会）、大企业和中小企业组成"智能工厂推进联盟"，由政府与民间筹集 1 万亿韩元组建制造创新基金，建立产业创新 3.0 推进标准体系，并在中小企业中普及推广。二是提升重点领域的产业核心力。提升新材料、元器件的国际市场主导权。在新材料方面，计划到 2019 年底完成对世界一流水平的十大核心材料的初期研发；在元器件方面，计划到 2025 年研发核心 SoC（系统级芯片）等 100 项未来领先关键元器件。打造元器件、新材料产业园，积极吸引国际原材料、元器件企业入驻，积极促进与国际新材料、元器件实力较强的企业进行合并重组。三是夯实制造业创新基础。培养各领域专业人才，尤其是面向产业融合及不同行业的特殊需求，引导大学和职业教育机构培养复合型人才。成立东北亚研发中心，制定东北亚研发中心战略，构建东北亚技术合作网络，发掘未来经济增长新领域，共同研发气候应对以及能源等国际合作项目。与美国、德国、以色列等创新型国家联合举办高端技术交流会，进一步强化战略合作；推动国家间的产业基金研发项目的合作。此外，注重平衡政府和市场的关系，政府工作的重点在于完善营商环境，对中小企业提供扶持和培训，并充分吸引民间资本的参与，引导企业在战略实施中发挥关键作用。

二、其他省市的经验借鉴

（一）上海："四新经济"引领制造业升级

上海创造性地提出大力培育发展新技术、新产业、新业态、新模式的"四新经济"。一是通过"产业基地＋产业基金＋产业联盟＋产业人才基地"模式，建设"四新"高技能人才实训基地，建立企业、科研机构为一体的创新联盟，推进"四新"企业与投资机构的对接。2016年打造了网络视听、集成电路等8家基地，2017年创建车联网、机器人、卫星导航等12家基地。二是建立产业结构调整、"四新"经济、园区转型、节能减排、生态建设、众创空间"六联动"工作机制，梳理"四新"企业面临的问题，制定有针对性、可操作的政策措施。例如，放宽"互联网＋"等新兴行业市场准入限制，改进对互联网＋金融、医疗保健、教育培训等行业的监管。三是推动联盟招商、平台招商、代理招商、产业链招商，政府回归到"四个服务"，试点推广"四新"服务券，探索从"返税"向"返服务"的转变。目前正在实施1.0版本,将逐步推进2.0和3.0版本。

(二)广东:深化制造业与互联网融合发展

广东高度重视制造业与互联网融合发展工作,在工信部的大力支持下,广东大胆探索,完善顶层设计,出台政策措施,推进试点示范,取得了显著成效。一是以智能制造为主攻方向,推进两化深度融合。组建了国家印刷及柔性显示创新中心,筹建机器人、轻量高分子等6家省级制造业创新中心,重点布局建设了10个智能制造示范基地和21个省级智能制造公共技术支撑平台,培育了160多家智能制造骨干企业和机器人骨干企业,打造了20个国家级、87个省级智能制造试点示范项目,组织实施了26个国家智能制造新模式与综合标准化项目。二是部署发展工业互联网,促进制造业降本提质增效。推动华为、腾讯等龙头企业加速向工业领域渗透,建设了工业云平台。支持美云智数、中设智控、华龙讯达、机智云等一批行业性、功能性平台企业做大做强,引进了阿里工业云总部、树根互联、航天云网等落户广东,形成扎堆发展的良好态势。推动了广州、深圳、佛山、东莞等工业互联网产业示范基地建设,引进了工业互联网平台资源在集群落地,实现了集群企业整体优化升级。三是建立融合发展体制机制和政策体系。出台了《广东省降低制造业企业成本支持实体经济发展的若干政策措施》,大力支持企业开展数字化、网络化、智能化改造,并实施了云计算、"互联网+"、大数据、人工智能、两化融合贯标等配套政策措施,推动2万多家规模以上工业企业实施智能化、信息化改造。

(三)浙江:"四换三名"推动制造业转型升级

在推进制造业转型升级过程中,浙江探索出"四换三名"的新路子,通过加快"腾笼换鸟"、机器换人、空间换地、电商换市的步伐,大力培育名企、名品、名家,推动浙江产业结构朝着"高端、智能、绿色、低碳"方向发展。一是大力推进"腾笼换鸟"和"机器换人"。在坚决淘汰落后产能的同时，依托以"阿里系、浙商系、高校系、海归系"为主的创新创业"新四军"，培育新经济新业态新平台。纵深推进以智能制造为主攻方向的"机器换人"，推广智能制造生产模式，推动传统制造向现代制造特别是智能制造转变。二是深入推进"空间换地"和"电商换市"。通过鼓励企业节地挖潜、建设多层标准厂房、推进城市地下空间开发利用等激励约束政策，科学扩大空间容量，切实提高了空间利用效率。按照"实体市场上网、网上市场落地"的思路，积极推进实体市场与电子商务的深度融合，着力完善了电子商务服务体系。三是着力培育一批引领转型升级的名企、名品、名家。发挥知名企业在促进浙江经济转型升级中的主导作用，支持引进知名企业总部，鼓励知名企业做大总部经济。大力实施了标准强省、质量强省和品牌强省战略，着力培育了一批知名品牌，打造了若干标志性知名产品，让"浙江制造"享誉全球。在实施"四换三名"战略过程中，切实做到依托企业家真正引领创新，鼓励企业家大胆进行商业模式创新，采用"零用地技改"等方式提高土地利用率。

（四）湖南：布局"湖南智造"路线图

湖南以智能制造为主攻方向，全面推进"1274"行动。"12"是重点支持12个产业领域，涵盖先进轨道交通装备、新材料、新一代信息技术产业、航空航天装备、节能与新能源汽车等；"7"是大力实施制造业创新能力建设工程、智能制造工程、工业强基工程、绿色制造工程、高端装备创新工程、中小企业"专精特新"发展工程和制造＋互联网＋服务工程。"4"是着力打造制造强省4大标志性工程，即标志性产业集群、标志性产业基地、标志性领军企业、具有较强国际国内影响力的标志性品牌产品。同时，以大企业为主体，每年突破30项战略性新兴产业重大关键共性技术；以现有省级技术中心的企业为主体，开发100项重点新产品；以小微企业为主体，推进100项重点专利成果产业化。另外，制定发布了湖南太阳能光伏产业、纯电动乘用车产业、锂电池材料产业等三大制造业重点领域产业链技术创新路线图,出台了《"互联网+"三年行动计划》和传统优势制造业+互联网行动方案。湖南建成了门类比较齐全的制造业体系,全国制造业 31 个大类均有布局,装备制造、材料等产业过万亿,形成了高速轨道交通、超级计算机、磁浮技术等引以为傲的湘字号制造"名片"。

第八章

"十四五"时期江西制造强省建设的
总体思路、战略任务及工程行动

一、总体思路

（一）"四大转型"

1. 发展动能从成本依赖型向智能制造型转变

随着新一代信息技术的发展，江西成本优势逐渐降低，加之劳动力价格上涨，生产成本不断攀升。这就要求江西要逐步摆脱生产要素对成本的依赖，加快推进制造业发展由依赖廉价生产要素投入向智能制造转型。将人工智能产品、智能制造装备和智能制造服务等作为智能制造的主攻领域，有计划地发展一批智能制造试点示范项目，打造一批江西智能制造基地项目，促进人工智能和智能制造推广应用。

2. 生产模式从资源消耗型向绿色生产型转变

习近平总书记强调，绿色生态是江西的最大财富、最大优势、最大品牌。随着资源环境约束趋紧，江西应把推进制造业绿色发展作为实施制造业强省战略的硬任务，努力构建高效清洁低碳循环的绿色制造体系。将绿色工厂作为绿色制造的实施主体，以用地集约化、生产洁净化、废物资源化、能源低碳化等为特点，通过采用绿色建筑技术建设和改造厂房、推广绿色设计和绿色采购、开发生产绿色产品、采用先进适用的清洁生产工艺技术和高效末端治理装备、淘汰落后设备和建立资源回收循环利用机制等方式实现制造业绿色发展。

3. 市场定位从平面扩张型向立体递进型转变

即从重视低成本、大规模转变为强调差异性和多元化的市场定位，以品牌化建设和大企业大集团培育为重点，加快构建梯度合理、结构优化、高端优质的立体递进型制造业发展格局，全面打造“江西制造”国际国内市场新形象，构建制造强省建设的关键内核。

4. 竞争策略从红海战略向蓝海战略转变

即从在现有的市场空间中竞争转变为开创无人争抢的新市场空间和新市场需求。从江西制造业的产业基础、技术优势和制度环境出发，不断提升制造业核心竞争力，是实现江西制造业发展由传统的红海战略逐步向蓝海战略提升的关键内容。要以新一代信息技术、高端装备、新材料、生物医药等重点领域和优势行业为突破点，发挥集中力量办大事的制度优势，集聚资源、整合发力，以重点领域突破发展带动制造业整体竞争能力提升。

（二）“四个并重”

1. 新兴产业突破性发展与传统制造业转型升级并重

大力推进战略性新兴产业发展是实现制造业高端化发展的必然要求，但在新旧动能转换的关键时期，传统制造业仍是新兴技术和新兴产业发展的重要平台，特别是在当前传统制造业占比仍较高的形势下，推进新兴产业突破性发展与传统制造业转型升级融合、互动，可有效避免江西制造业“空心化”发展。

2. 内部结构优化与产业融合发展并重

在推进制造业内部结构优化升级的同时，加快推进制造业与信息化、服务业的融合发展是积极应对新一轮科技革命和产业变革的必然选择。既要以供给侧结构性改革为主线,积极推动制造业企业改造提升传统工艺,加快新产品和新工艺技术的研发,促进制造业结构调整优化,又要支持工业设计企业参与制造业全流程协同创新,着力培育制造业与服务业融合发展的新模式、新业态、新产业,推进江西制造业智能化、协同化、服务化发展。

3. 龙头企业引领与中小企业集聚并重

集中各类资源支持龙头企业发展是制造业发展的重要方式,而中小企业则是制造业发展的主力军,必须不断完善江西制造业龙头企业与中小企业互动发展机制,充分发挥龙头企业在协作引领、产品辐射、技术示范、知识输出和营销网络等方面的核心作用,带动越来越多的中小企业朝着规模化、集群化、专业化、高端化方向发展。

4. 招大引强与本地培育并重

以深入开展"三请三回""三企入赣"活动为抓手,聚焦粤港澳大湾区、海西经济区、长三角等重点区域,根据行业发展特性、企业成长规律、项目运营需求,策划一批有针对性、有影响力的重点招引项目,开展科学精准的补链、延链、强链招商,引进一批体量大、技术含量高、潜力足的大企业大项目。同时,鼓励现有地方企业以积极与世界领先企业合作、共同投资设厂的方式推进技术不断进步与企业自身发展壮大。

二、战略任务

(一) 以技术创新为引领,提升"江西制造"核心竞争力

技术创新是核心竞争力和发展原动力。当前制造业发展已进入高成本

时代，随着原材料和人力资源成本的上升，企业如果没有技术优势就难以为继。提高自主创新、集成创新和引进消化吸收再创新能力，掌握一批具有自主知识产权的核心技术，用先进适用技术和高新技术嫁接改造传统产业，促进新兴产业的生成和新产品的开发，是江西推进制造业强省建设的必然要求。

1. 加大制造业核心关键技术研发

瞄准江西制造业转型升级重大战略需求和未来产业发展制高点，制定实施重点领域技术创新路线图，明确阶段性目标、关键技术和路径，建立长期的持续跟踪研究和投入机制。在半导体发光材料、中成药分离提取、通用航空技术、硬质合金、增材制造等领域实现高精尖技术的突破；在光伏发电分布式电站、节能环保装备、汽车关键零部件等领域实现关键技术的突破；在集成电路、新能源汽车、智能装备（机器人）等领域实现共性技术的突破，抢占技术制高点。整合创新资源，加强对关键技术研发的专利布局导航，积极推进由企业牵头、产业目标明确、产学研结合的协同创新联盟建设。围绕重点领域和重大需求，以龙头骨干企业为依托，加强与高校、科研院所合作，开展联合技术攻关。

2. 推动制造业领域科技成果转化和产业化

聚焦制造强省建设，推动形成以企业技术创新需求为导向、以市场化交易平台为载体、以专业化服务机构为支撑、以科技社团为助推的科技成果转移转化新格局，通过示范引领，构筑从专利到产品、从产品到产业的转化通道。培育建设一批省级以上技术转移示范机构（创新驿站）、科技企业孵化器（大学科技园、众创空间）、高新技术产业基地、产业技术创新战略联盟和国际联合研究中心，实现企业、高校和科研院所科技成果转移转化能力显著提高。建设集科技信息服务、技术转移对接、科技投融资和网上技术交易等于一体的科技成果转化服务工作体系，搭建以促进产业化为目标的技术转移平台，提升技术成果管理与推广、技术数据库、项目推荐、产学研合作推进等服务功能，促进项目、资金、人才对接。强化知识产权运用，树立一批以知识产权带动技术创新和生产经营的典型，加强自主知识产权新产品培育,健全知识产权创造、运用和保护机制,激发企业知识产权创造的积极性。通过专利评估、收购、转让交易,促进专利技术的转移转化,稳步推进专利标准化。

3. 加快制造业领域新型研发机构建设

对接国家制造业创新中心建设工程,依托龙头企业或省级产业研究专业院所,围绕重点产业关键技术论证筹建创新中心及工业技术研究基地,力争在铜冶炼及加工、离子型稀土、VR、LED 等领域建设多个国际一流的创新中心,在直升机、触控显示、节能环保装备、矿山机械等领域建设多个国内领先的创新中心。鼓励有条件的企业在境外通过新建、入股、并购等方式建立研发机构、技术中心,培育形成一批国家级企业技术中心、技术创新示范企业和省级企业技术中心。围绕制造业关键领域,深化省、校、院、所产学研用合作,建立产学研用协同创新体,发挥行业骨干企业的主导作用和高等院校、科研院所基础作用,引导高校、科研机构联合企业共同承担国家各类重大科技计划和产业化专项。

(二)以两化深度融合为关键,提高"江西制造"智能化水平

围绕制造业重点领域和关键环节,开展信息技术的集成创新和工程应用,大力发展智能装备和智能产品,进行智能生产和制造,深化信息技术在制造业企业和行业管理领域的应用,全面提升制造业两化深度融合水平。

1. 引导制造方式向智能制造、网络制造转变

编制智能制造发展规划,着力发展智能装备和产品,推进企业研发、生产、管理、服务过程智能化。在重点领域实施智能工厂、数字化车间改造,强化人机智能交互、智能物流管理、增材制造等技术和装备在生产过程中的应用,实现设计与制造、产供销一体、业务和财务衔接等关键环节的智能管控。加快智能交通工具、智能工程机械、工业机器人等智能装备和产品的研发生产,重点建设南昌航空工业城、南昌小蓝汽车及零部件产业基地、景德镇直升机产业基地等智能制造集聚区,打造一批分层、分

级、分类智能制造示范企业。充分依托国内领先的工业云平台的建设经验和资源优势,开展本地化工业云平台建设,推进工业企业研发设计、生产制造、检验检测、计量检测、数据管理、技术标准、工程服务的在线协同。

2. 培育一批两化深度融合的标杆企业和示范园区

围绕装备、石化、船舶、汽车、电子信息、钢铁等重点产业,推进一批"互联网+制造"示范项目,积极探索工业控制软件、信息安全软件、控制系统集成等工业软件在企业中的应用,带动提升制造业企业信息化水平。制定一批支撑两化融合的技术标准规范,积极开展标准的评估、试点、宣贯和推广应用,大力开展企业两化融合管理体系国家标准贯标活动,构建多层次两化融合试点示范体系。着力提升宽带网络与移动通信网络支撑能力,促进大数据、移动互联网、云计算、物联网在制造业中的深入应用,全面提升工业互联网发展水平。依托中国电信江西云计算基地、江西航天云网、中华工业云等服务平台,拓展大数据产业链,提高产业集群信息化应用能力和水平,建设一批两化深度融合的示范园区。

3. 大力开展智能制造试点示范行动

结合智能制造、智能监测监管、工业软件、工业控制、机器到机器通信、信息系统集成、物联网应用等,组织实施智能制造试点示范专项行动,推进智能制造项目建设,打造智能工厂和数字化车间。选择有色金属、钢铁、石化、食品、纺织、建材、汽车及零部件、电子信息等领域开展智能工厂应用示范,组织实施流程制造关键工序智能化、关键岗位机器人替代工程,推广重点行业数字化车间,通过改进生产工艺流程,加强制造过程控制,培育智能制造生产模式。综合利用云计算、物联网、大数据、移动互联等先进信息技术,整合信息资源,为工业企业提供研发设计、数据管理、协同营销、工程服务、现状诊断、教育培训、生产保障资源优化配置等信息化集成服务。

(三)以产业融合为导向,推动"江西制造"业态模式创新

产业融合使得原有产业的产业链与价值链发生迁移,多个产业的产业

链与价值链的各环节进行重新组合。构建和发展融合型的产业体系有利于在产业间形成合理的经济联系,加快推进产业间的融合进程,创新产业模式。

1. 引导战略性新兴产业先进技术向传统制造业渗透

加强先进轨道交通装备、工程机械、节能与新能源汽车等优势产业与新材料、新一代信息技术等新兴产业的对接合作、协同发展,促使优势产业更优、新兴产业加快成长。推动移动互联网、云计算、大数据、物联网等与传统制造业结合,通过战略性新兴产业先进技术带动传统制造业的改造和提升。引导纺织服装、电子终端、智能家居等行业建设客户体验中心、在线设计中心,增强定制设计、定制生产和柔性制造能力,努力发现和培育产城融合、产教融合等跨界融合催生的新产业和新业态,拓展发展空间。实施推进军民融合深度发展专项行动,统筹军民产业资源,开展军民两用技术联合攻关,支持军民技术相互有效利用,完善促进军民融合深度发展的政策措施,重点在信息通信、航空、船舶、新材料等重要领域开展"军技民用"和"民参军"。

2. 推动工业设计与优势制造业融合发展

紧密结合江西制造业优势和特色,发挥江铃集团国家级工业设计中心、洛客创意产业园、江西设计中心等的引领带动作用,大力推广应用创新设计思维,大力发展以制造工业设计、环保工程设计、汽车设计为主的工业设计,探索发展众包设计、用户参与设计、云设计、协同设计等,着力推动工业设计与装备制造业等优势产业融合发展。开发服务重点产业的集成设计技术、绿色设计技术、品牌设计技术等先进设计工具软件,配套发展以广告设计、展示设计、包装设计为主的商业设计,培育一批专业化、开放型的工业设计企业,主动融入国际工业设计服务外包网络。加强工业设计企业与制造企业的对接,支持基于新技术、新工艺、新装备、新材料的设计应用研究,扩大工业设计市场容量,支持设计企业与制造企业建立合作联盟,形成平台化协作关系,实现异地设计、协同生产。

3. 促进生产型制造向服务型制造转型

结合制造业企业实际进行分类指导,对于生产流程中非核心但具有比较优势的服务环节，支持其从原企业中分离出来，设立具有独立法人资格的服务业企业，为行业提供专业化、社会化服务；对于生产环节中不具有比较优势的薄弱服务环节，支持其进行外包，通过签订中长期服务合同的形式，由外部专业化服务企业承接其分离的业务。围绕拓展产品功能和满足用户需求，增加研发设计、物流、营销、售后服务、企业管理、供应链管理、品牌管理等服务环节投入，提升服务价值在企业产值中的比重。鼓励发展定制化生产，支持船舶、航空、纺织服装、家具、玩具等行业积极开展个性化定制，建立快速响应的柔性生产模式，在重点行业推行定制化生产试点，以点带面促进全产业实现定制化生产。推动新一代信息技术在产品营销中的应用，拓展电子商务平台功能，通过大数据、云计算的数据挖掘和分析提高消费类制造企业的市场响应能力。

（四）以质量品牌建设为抓手，扩大"江西制造"知名度和影响力

坚持市场导向，通过营造良好社会环境、加强品牌载体建设、强化企业品牌发展意识、加大政策支持力度，加快培育一批拥有自主知识产权、具有较强市场竞争能力的知名品牌，不断提升制造业品牌附加值和软实力，扩大品牌在市场竞争中的知名度和影响力。

1. 实施制造业产品品牌推进计划

对接"2+6+N"产业高质量发展行动计划，提高现有省级以上制造业中国名牌产品和驰名商标产品质量，扶持一批实物质量高、市场占有率高、用户满意度高的产品争创名牌，努力打造一批国内外知名品牌。以有色金属、钢铁、石化、建材、家具、纺织、食品、航空、汽车、中医药、电子信息、新能源、VR、移动物联网、半导体照明、装备制造和节能环保17个产业为重点，制定中长期品牌发展规划，合理实施品牌扩张和延伸，利用品牌优势，通过收购、兼并、控股、联合、委托加工等方式，扩大品牌产业链和品牌经营规模，培育一批优势明显、发展健康、具有潜力的老字号企业。促进生产要素向优势品牌聚集，推动优势产业品牌在产业结构

优化和规模扩张中发挥更大作用，由区域性品牌向全国性、世界性品牌跃升。

2. 强化制造业品牌梯次培育和载体建设

对已经拥有省级注册商标和品牌的制造业企业，进一步加强品牌规划引导力度，全面提升经营管理水平，培育创建品牌文化，积极争创中国驰名商标等高知名度品牌；对已经获得中国驰名商标等高知名度品牌的企业，在巩固自身品牌价值的同时，指导和帮助企业通过境外商标注册、收购国外企业和品牌、境外投资等方式，加快进入国际市场，加快推进品牌国际化建设进程。对已形成一定集聚优势、在国内外具有一定知名度和市场竞争力的制造业，整合区域优势资源，集中培育自主品牌，推进产业和品牌集聚发展，发展注册集体商标、地理标志商标等区域产业品牌。

3. 推广制造业质量先进管理模式和标准

充分发挥质量管理先进企业示范引领作用以及行业协会和中介服务机构的桥梁纽带作用，推广应用质量诊断、质量改进和效益提升方法，普及卓越绩效、精益生产、质量诊断、数据管理等先进生产管理模式。健全产品质量标准体系，鼓励支持企业制定和实施与国际先进水平接轨的制造业质量、安全、卫生、环保、能耗等有关标准。以保障国防工业、食品、药品等消费品质量安全为重点，实施产品全生命周期的质量管理和质量追溯，推广应用物联网等智能化的生产和物流系统及检测设备。围绕国计民生、健康安全、节能环保等重点领域，建立健全企业产品质量标准体系和质量信用信息收集与发布制度，强化企业质量主体责任。

4. 营造制造业品牌建设的良好环境

严厉打击商标侵权等不正当竞争行为，加快质量诚信体系建设，为品牌发展营造优胜劣汰、公平竞争的市场环境。支持获得省级以上认定的品牌企业对先进工艺设备和关键性技术引进消化和研发创新，形成自主知识产权和核心技术，有关项目优先列入省级相关财政专项资金支持范围，给予技术创新资金补助。鼓励金融机构加强金融产品和服务方式创新，推动扩大商标专用权质押贷款力度，对品牌企业在投资担保、商标质押、融资信贷等方面提供优惠服务。建立公开、公正、科学、规范的省级以上名牌产品评价体系，开展驰名商标和著名商标、地理标志价值评估，为企业品牌管理、提升品牌价值提供服务指导和技术支撑。利用各类交易会、博览会、论坛等载体，加强对驰名商标、地理标志和江西名牌的推介，扩大江西品牌影响力。

（五）以"工业四基"为牵引，夯实"江西制造"发展基础

围绕制造业重点领域的关键技术和产品需求，提升关键基础材料、核心基础零部件（元器件）、先进基础工艺和产业技术基础的发展水平，增强产业基础制造和协作配套能力，夯实江西制造业的发展基础。

1. 加强对工业基础能力提升的引导和支持

为加强对工业基础能力提升的引导和支持，国家自 2013 年开始正式启动实施"工业强基专项行动"，旨在提升关键基础材料、核心基础零部件（元器件）、先进基础工艺和产业技术基础发展水平。大力实施工业强基工程，持续提升包括制造业在内的工业基础能力，这是实施工业强省战略、推进制造强省建设的重要基础。应坚持"问题导向、产需结合、协同创新、重点突破"，围绕"应用牵引、平台支撑、重点突破"，加快研究编制"十四五"工业"四基"发展目录，进一步明确工业基础领域发展的重点和方向。研究出台支持工业"四基"发展的产业政策，引导各类要素向工业"四基"领域倾斜，完善工业基础领域技术标准和计量技术规范，优化工业"四基"产业布局。围绕航空、汽车、电子信息、VR、移动物联网、半导体照明、装备制造、节能环保等领域，通过公开招投标等方式，组织实施一批示范工程，突破"四基"工程化、产业化瓶颈。

2. 推动"四基"企业协同发展和推广应用

依托国家和江西重点工程、重大项目，在航空装备、节能环保装备、智能制造装备等重点领域，发挥整机龙头企业的带动辐射作用，支持整机企业和"四基"企业开展战略合作，加快产业链协作配套，形成优势互补、协调发展的产业格局。对接国家工业强基发展目录，围绕重点领域技

术路线图，明确重点产业未来发展方向，定期发布企业强基产品供求信息，贯彻落实首台（套）、首批次政策，引导财政资金和各类投资基金投向"四基"领域，推动一批关键基础材料、核心基础零部件（元器件）和先进基础工艺工程化、产业化。重点研发稀土、锂电、氢能等关键基础材料，积极开发航天、汽车、VR、移动物联网等重点领域核心基础零部件，大力发展优质特种钢材、触摸屏、高清摄像模组等关键元器件、硅衬底LED原创技术和低耗能硅料技术等先进工艺，建立完善重点领域公共技术创新和服务平台。

（六）以集聚发展为根本，优化"江西制造"发展布局

准确把握制造业产业集群不同发展特征，以制造业重点产业集群为依托，带动提升制造业集群整体优势，全面优化"江西制造"发展布局。

1. 大力提升龙头企业带动型和中小企业集聚型制造业集群发展水平

龙头企业带动型主要以南昌航空、景德镇直升机、鹰潭铜加工、新余钢铁及钢材深加工、南昌中医药、南昌小蓝汽车及零部件、南昌半导体照明等为代表，其典型特征是有一个或几个具有垄断力量的龙头企业在集群分工网络中处于中枢地位，而其他中小企业作为该龙头企业的业务外包和配套服务企业，分布于其生产链的上下游。与沿海发达省份相比，这些龙头带动型产业集群普遍存在龙头企业规模不大、辐射带动能力不强、与其他中小企业的关联度不紧密等突出问题。对于这类产业集群，应加快引进主业突出、核心竞争力强、关联度大的行业龙头企业，巩固提升龙头企业在产业集群中的辐射和示范引领作用，引导现有龙头企业加大技术改造和技术创新力度，强化与其他中小企业间的分工合作，推动形成分工明确、相互支撑、配套服务、协同发展的产业网布局。

中小企业集聚型主要以樟树医药、南康家具、进贤医疗器械、共青城羽绒服装、青山湖区针织服装、上高绿色食品等为代表，其形成的主要原因在于中小企业自身存在规模较小、技术创新和产品开发能力较弱等问题，为获取集聚发展带来的诸如降低成本、刺激创新、提高效率等外部经

济效应，自发产生的同类型或相关联的中小企业抱团发展、集聚发展现象，特别是在劳动密集型产业和返乡创业型产业最为常见。总体来看，这类产业集群存在聚集度高、带动性强的大产业项目缺乏，企业和产业规模偏小，典型的龙头企业缺少，产业链条不长，产业基地建设和产业配套比较薄弱，相关配套服务与产业的发展不适应等诸多问题。对于这类产业集群，应重点培育和支持有实力的企业做大做强，加大承接产业转移力度，完善产业相关配套服务，强化品牌带动，进一步增强产业集聚度。

2. 培育壮大产业链一体化延伸型和价值链整合提升型制造业集群

产业链一体化延伸型主要以鹰潭移动物联网、南昌 VR、景德镇陶瓷、吉安电子信息、上饶经开区光伏等为代表，其典型特征是依靠前端企业的下游产品作为终端企业的原材料，依次承接，不断延伸，最终形成一个一体化的生产体系。产业链一体化延伸型产业集群的主导产品不但不会独立于其他产品发展，相反要利用其具有前向关联产品和后向关联产品的特征，丰富产业链的内涵，延伸产业链，发挥产业链的整合效应和规模效应，促进产业集群规模的扩大。但是，在这些产业集群中，处于产业链低端的企业多、劳动密集型企业多、生产零部件产品的企业多，生产终端产品、高端产品、尖端产品、知名品牌产品少，中介服务机构、公共技术平台建设相对滞后。应加大承接产业转移力度，引进和培育龙头企业，着力发展战略性新兴领域，完善产业相关配套服务，进一步延伸产业链条，快速做大产业规模，促进产业集聚。

价值链整合提升型主要以鹰潭铜合金材料、乐平精细化工、金溪香精香料等为代表，其特点在于布局在价值链各个环节的企业通过"点、线、面"式的工艺升级、产品升级、品牌升级、创新升级等，实现集群整体价值链提升，从而达到和谐共生共赢的目的。生产不同类型产品的企业依附于当地具有优势的原材料或龙头企业，逐步向价值链技术和资本密集环节、逐步向价值链后端的品牌和服务环节延伸，而进行价值再造或物质的重新分配。近年来，这些产业集群发展迅速，但尚未形成由高度分工及协作而形成的生产体系，企业间的横向联系还不够紧密；企业在价值链前端的研发、设计和后端的品牌和服务环节存在短板,生产的产品种类较为单一,高端产品缺乏缺失,集群的品牌影响力较弱。对于这些产业集群,应发挥龙头企业引领示范作用,加速构建产品研发、创新体系,逐步掌握产业核心技术,生产附加值更高、市场竞争力更强的产品,实现价值链的同步提升。

3. 促进资源依附型、布局指向型制造业集群转型升级

资源依附型主要以龙南稀土精深加工、崇义钨、宜春锂电新能源、樟树盐化工、新干盐卤药化、高安建筑陶瓷、湘东工业陶瓷等为代表,其典型特征是依托独特资源优势,以自然资源的开采、加工和消耗实现企业聚集,通过深度专业化分工,形成完整的产业链条和健全的产业配套体系。随着资源的减少、质量下降或枯竭以及市场的变化,资源型产业集群发展受到严重影响,产业可持续发展能力不足,精深加工水平和技术创新能力亟须提升。对于这类产业集群,转型发展迫在眉睫。应避免资源过度开发,提升资源综合开发和深加工水平,引进关键技术和先进管理模式,发展中高端精深加工产品,形成完整、协调、高效的产业链条,提升资源综合开发和深加工水平,实现产业结构转型升级。

布局指向型主要以九江钢铁、九江石化等为代表,自江西省委省政府提出沿江开发以来,九江以港口岸线资源为纽带,不断推进港口基础设施和物流园区建设,省内其他地市的大运量、大耗水项目向沿江转移布局的趋势加快,以钢铁、石油化工为代表的临港重化型产业集群得到快速发展。但同时也要看到,九江沿江地区产业发展依然处于资源、资本驱动阶段,产业链延伸拓展不足,核心环节竞争优势不强,产业转型升级压力较大,并且沿江项目多贴岸布局,对腹地带动性不强。因此,应充分发挥省内独享的岸线资源优势,突出临江产业特点,发展大运量、大用能、大用水以及市场需求大、技术进步空间广、创造就业能力强的基础性、主导性和支柱性产业,通过联合大集团、引进大项目、建设大基地,着力打造若干整体竞争能力强、辐射带动作用大的沿江临港产业集群。

（七）以内联外引为支撑，扩大"江西制造"对内对外开放

坚持"引进来"与"走出去"并举，以更加开放的视野，实行更加主动的开放战略，大力拓展江西制造业对内对外发展的新领域和新空间。

1. 深入推进招大引强

根据产业规划和布局，按照储备一批、引进一批、巩固一批、壮大一批的原则，围绕重点领域中产业链缺失的关键环节，着力引进一批投资强度大、技术水平高、带动能力强的重大项目。以产业链高端产品和关键技术研发作为招商引资重点，引导外资更多地投向高端装备制造、生物医药、新材料、节能环保等新兴产业领域，推动一批世界和国内 500 强企业、跨国公司、行业龙头企业来赣落户。主动对接融入"一带一路"、长江经济带和粤港澳大湾区建设，突出集群招商、产业招商，提升招商引资的针对性，推动产业合作由加工制造环节为主向合作研发、联合设计、市场营销、品牌培育等高端环节延伸，提高开放合作水平。抓住国家制造强国建设机遇，积极争取国家专项和应用示范在江西落地实施，用好国家基础元器件、基础工艺和技术基础等重大成果，不断增强制造业基础能力。以项目落地为抓手，加强对资金、技术、人才的综合引进，引进一批产业发展急需的先进技术装备和关键零部件，增强消化吸收再创新和集成创新能力，提升利用外资的综合效应与溢出效应。

2. 鼓励和支持制造业企业"走出去"

鼓励和引导优势企业"走出去"、富裕产能转出去、技术标准带出去，促进引进外资和对外投资平衡，实现对外投资合理布局和境外有序竞争。大力推动具有比较优势的光伏、中药、铜加工等领域企业率先走出去，引导机械、汽车、纺织、冶金、建材等传统优势产业开展国际产能合作，促进对外承包工程和对外投资带动设备及材料出口。加快推动龙头企业国际化，在电子信息、石化、装备制造、汽车等领域，培育一批具有国际竞争力的本土跨国公司。引导优势制造业企业在境外开展并购和股权投资、创业投资，扩大资源性产品和先进技术设备、关键零部件进口，

提升制造业企业技术、研发、品牌的国际化水平。加快制造业"走出去"支撑服务体系建设,建立制造业对外投资公共服务平台和出口产品技术性贸易服务平台,搭建国际产能和装备制造合作金融服务平台,完善应对贸易摩擦和境外投资重大事项预警协调机制,增强制造业企业抗风险能力。

(八) 以两型化改造为手段,增强"江西制造"持续发展能力

大力推广应用先进节能环保技术,深入推进重点行业能效提升、清洁生产、节水治污、循环利用等专项技术改造,推动制造业走绿色、循环、低碳发展之路。

1. 加快推进制造业两型化

进一步推动全省制造业走资源节约型、环境友好型发展路子,广泛应用先进节能环保技术、工艺和装备,全面推进钢铁、有色、化工、建材等传统制造业两型化改造。大力推广节能与新能源汽车、非电中央空调、高效电机等重大节能技术装备,推进环卫、餐厨垃圾处理、工业厂房内环境治理、脱硝脱硫除尘、废渣废水废气治理及土壤修复等环保技术装备的产业化示范和规模化利用。大力推进装备制造、电子信息、新材料等重点行业全流程绿色化改造,全面实现绿色、循环、低碳发展。在冶金、化工、建材等高耗能、高污染行业开展清洁生产审核,研发推广余热余压回收、水循环利用、重金属污染减量化、有毒有害原料替代、废渣资源化、脱硫脱硝除尘等绿色工艺技术装备,加快应用清洁高效铸造、锻压、焊接、表面处理、切削等加工工艺。推广轻量化、低功耗、易回收等技术工艺,持续提升电机、锅炉、内燃机及电器等终端用能产品能效水平,加快淘汰落后机电产品和技术。逐步将清洁生产审核领域扩展到全部制造业企业,创建清洁生产示范企业和清洁生产示范园区。

2. 大力发展绿色制造业

研发和推广节能环保工艺技术装备,加快推进传统制造业绿色改造升级,积极引领新兴产业高起点绿色发展。持续提高资源产出效率和绿色低

碳能源使用比率，增强绿色精益制造能力。支持企业开发绿色产品，推行生态设计，建设绿色工厂和绿色园区，打造绿色供应链，壮大绿色产业，强化绿色监管，开展绿色评价。重点建设一批绿色工厂、绿色园区、绿色产业集群，加快构建绿色生态经济产业格局。合理控制制造业能源消费总量，建立能源消费总量控制目标分解落实机制和预测预警机制。建立全省重点制造业行业、重点企业能耗排放在线监测管理系统，加强信息化在节能环保管理和行政执法监督等方面的应用，培育发展绿色制造业企业。支持纺织、食品、化工等制造企业开发绿色产品，提升产品节能环保低碳水平，大力倡导绿色消费。在冶金、化工、装备制造等行业开展绿色工厂创建行动，促进厂房集约化、原料无害化、生产洁净化、废物资源化、能源低碳化。制定制造业绿色发展指导意见，大力推进重点行业全流程绿色化改造，努力构建高效、清洁、低碳、循环的绿色制造体系。

3. 推进资源节约高效利用

以尾矿有价金属组分高效分离提取和利用、生产高附加值大宗建筑材料为重点，推进有色金属尾矿综合利用，提高大宗工业废弃物综合利用水平。以电力、冶金、化工、建材等行业为重点，实施钢渣、粉煤灰、电石渣、脱硫石膏等大宗固体废弃物综合利用工程。推动冶金、建材、化工、酿酒等行业余热余压及废气综合利用，重点推进焦炉、高炉、转炉煤气回收利用。推进工程机械、电机等机电设备再制造产业发展，加快再制造关键技术研发与应用。开发推广提高水的重复利用率、废水深度处理和回用、废液回收和资源化利用等技术，促进工业园区污水集中处理和再生利用，积极推进污水、垃圾、固废资源化、无害化收集和处理产业发展。鼓励重点工业园区循环化改造，引导园区内上下游企业间副产物交换利用、能源梯级利用、土地集约利用和水的循环利用。

三、重大工程

（一）实施"高端制造"工程

瞄准江西制造业转型升级重大战略需求和未来产业发展制高点，集中资源和力量突破一批关键技术和重大装备。围绕航空装备、工业机器人、高端数控机床、智能网联汽车、节能环保装备等领域，加快突破关键技术与核心部件，提高新材料支撑能力，推动自主设计水平、系统集成能力快速提升，实现重大装备与系统的工程应用和产业化。特别是随着中国商飞 C919 订单的持续增长，江西将引进更多高端制造业项目，利用在航空自动化装配线领域的优势加速为国产 C919 装配制造服务。吸引一批国内外高新技术和高端产业项目落户临空，提升临空航空装备制造产业化水平，建设临空智能制造产业园，进一步助推临空智能制造产业集聚。

（二）实施"智能制造"工程

围绕传统优势产业和行业龙头企业，推动全省制造业实施智能化技术改造，鼓励龙头骨干企业扩大智能装备投入，建设智能工厂、数字化车间，并在行业内进行示范推广，带动全行业提升智能制造水平。鼓励制造业企业广泛采用数控机床、数控加工中心、数字化自动生产线、工业机器人等智能制造装备，推动工业机器人和智能装备生产企业、系统集成企业、科研院所与智能装备应用企业协同创新，进一步提高制造业劳动生产率和安全生产率。

(三) 实施"精品制造"工程

引导制造业企业加快研究开发高端、智能、健康新产品，开展个性化定制、柔性化生产，针对多样的需求提供个性化的产品，满足消费升级需要。推进内外销消费品"同线同标同质"，开展战略性新材料和关键零部件的研发、生产和应用，增强自给保障能力，提高产品性能和稳定性。推广卓越绩效、精益生产等先进质量管理方法，培育精益求精的工匠精神，加快推动质量在线监测控制和产品全生命周期质量追溯能力建设，提高产品质量。引导企业制定实施质量品牌战略，抓好产业集群区域品牌建设试点，不断提升品牌的质量形象与市场竞争力。创新品牌企业商业模式，与大型电商平台对接，扩大市场覆盖面，提高制造业企业影响力，加快品牌塑造和品牌网络化建设。

(四) 实施"绿色制造"工程

围绕"绿色园区、绿色工厂和绿色产品"，引导制造业企业推进绿色技术创新和智能管理，应用绿色工艺技术，优化用能结构，提高资源能源利用效率，减少污染物的排放，建设绿色工厂。引导制造业企业将全生命周期绿色管理理念贯穿产品生产全过程，在产品设计开发阶段系统考虑原材料选用、生产、销售、使用、回收、处理等各个环节对资源环境造成的影响，开发具有无害化、节能、环保、高可靠性、长寿命和易回收等特性的绿色产品。引导工业园区改造提升绿色服务管理能力，加大生产聚集区绿色新能源使用比率，提高固体废弃物回收、污水处理等综合利用水平，大幅降低资源和能耗水平，积极打造绿色园区。

(五) 实施"服务型制造"工程

按照《江西发展服务型制造专项行动指南》，加快制造业创新设计发展，推广定制化服务，优化供应链管理，推动网络化协同制造服务，支持服务外包发展，实施产品全生命周期管理、总集成总承包、合同能源管理,创新信息增值服务和发展相关金融服务。大力改造提升和发展壮大第三方仓储物流、检验检测、质量认证、电子商务、服务外包、融资租赁、人力资源服务、售后服务等生产性服务平台,提高制造业的配套支撑能力,实现先进制造业和生产性服务业协同发展。

四、行动支撑

(一)推进"品种品质品牌"行动

聚焦制造业龙头骨干企业,适应消费升级需求,进一步丰富产品品种,培育和推广可穿戴智能产品、智能通信终端产品等中高端消费电子产品。进一步提升产品品质,持续推进制造业企业创新能力推进计划,开展智能制造试点示范工作和智能制造服务进企业活动,以技术进步提升产品品质。进一步推进品牌培育,引导消费品企业增强品牌意识,支持消费品企业开展中国驰名商标、国家地理标志产品、江西名牌的申请认证,支持消费品企业开展中华老字号、江西老字号的认定。

(二)推进"强基强企强县"行动

强化核心基础零部件、先进基础工艺、关键基础材料和产业技术基础"四基"能力建设,积极开发大型精密高速数控机床轴承、自动变速箱、高精度智能传感器、高端液压元件等核心基础零部件,大力发展高强度汽车用钢、高性能膜材料、锂离子电池隔膜材料等关键基础材料,积极推广轻量化材料成形制造、电子器件超精密加工、高效及复合加工等先进工艺。加快培育领军企业,推进企业管理创新示范和优秀企业工程,做强主业突出、拥有自主知识产权、具有核心竞争力的骨干企业,积极培育"专精特新"中小企业和科技型小巨人企业,打造一批行业"单打冠军"和"配套专家"。引导建设一批各具特色的制造业强县,加快优势产业、优势企业、优势产品向园区集聚,推进战略性新兴产业集聚发展基地、高新技术产业基地建设,打造一批新型工业化示范基地,建设一批竞争力强的特色产业集群。

(三)推进"创新型企业梯次培育"行动

实施高新技术企业培育行动,支持科技型初创企业加快发展,发挥科技创新对实体经济的支撑作用;支持创新型领军企业做大做强,发挥领军企业的引领、支撑、示范作用;支持高成长科技型企业提质升级,进一步提升核心竞争力。实施"瞪羚"企业、"独角兽"企业培育行动,聚焦新经济以及未来产业,完善"瞪羚"企业、"独角兽"企业成长链条,培育发展一批科技实力突出、创新能力强劲、发展潜力巨大的高成长型企业,构建从中小型科技型企业到"瞪羚"企业再到"独角兽"企业的培育链。实施科技型中小微企业培育行动,构建适应科技型中小微企业发展需要的科技孵化生态环境,建设一批高质量的科技企业孵化载体。

(四)推进"制造+互联网+服务"行动

顺应"互联网+"大趋势,倒逼制造业机制转型,建设中国电信江西云计算基地、中华工业云等服务平台,拓展大数据产业链,积极发展物联网、北斗卫星导航等大数据应用产业。发挥江铃集团、洛客科技、航天云网科技、正邦集团、金格科技等企业的龙头作用,加强互联网在创意设计、系统解决方案、网络化协同制造和供应链管理等方面的应用,着力打造国内外知名的"互联网+"服务型制造企业。鼓励企业发展移动电子商务、在线定制、O2O(线上对线下)、C2B(消费者到企业)、C2M(客对厂)等新模式,通过细分市场或改变消费方式来创造新的需求,创新业务协作流程,对产品设计、品牌推广、营销方式、物流渠道、支付结算、售后服务等环节进行创新,发挥实体店展示、体验功能,以新型业态促进线下生产与销售。

（五）推进"四最"营商环境优化行动

围绕打造"政策最优、成本最低、服务最好、办事最快"的"四最"营商环境，对标世界银行营商环境指标体系，结合中国营商环境评价实施方案，全面对全省 11 个设区市及赣江新区进行营商环境评价，倒逼各地降低企业生产经营成本和制度性交易成本。通过精简行政审批事项，按照"自下而上梳理"和"自上而下统筹审核"模式，统一规范政务服务事项，实现政务服务目录"一单清"。按照政务服务"一站式""只进一扇门"总体要求，推行"窗口综合受理、后台分类审批、统一窗口出件"，使服务窗口从"单科服务"向"全科服务"转变，实现"一窗受理、一站办结"。

第九章
"十四五"时期江西制造强省建设的空间布局与重大基地

一、构筑"一核两轴四组团"的总体布局

根据不同地区现有产业基础和资源环境承载能力,推动产业布局区域化和区域布局产业化,加快构建"一核两轴四组团"的制造业发展格局,辐射带动全省制造业发展。

(一) 强化大南昌都市圈对全省制造业发展的核心支撑作用

围绕创建制造业高质量发展国家级示范都市圈,深入实施新兴产业倍增、传统产业优化升级、新经济新动能培育工程,提升制造业发展能级,激活全省制造业的产业链、价值链、分工链,打造全省制造业发展的核心区。优化提升南昌中心城区和赣江新区核心主导地位,培育壮大电子信息、航空装备、有色金属、VR、LED、中医药、现代轻纺、绿色食品、汽车、智能装备、新能源、新材料等优势特色产业,打造国际先进制造业基地。强化九江战略增长极功能,重点打造石油化工、现代纺织、电子电

器、新材料、新能源五大千亿产业集群,建设跨省区域性重要先进制造业基地、现代临港产业基地。提升抚州骨干带动功能,重点发展生物医药、汽车及零配件、新能源、新材料、现代信息五大主导产业,建设大南昌都市圈重要的新兴产业基地、全国大数据信息产业基地。增强丰樟高、奉靖、鄱余万都组团发展能力,重点发展中医药、建筑陶瓷、绿色食品、机械制造、电子信息、新能源、新材料、纺织服装等产业,培育特色和竞争力,加快产业绿色转型。

(二) 依托京九、沪昆两大通道,打造南北向和东西向两条十字形制造业驱动轴

一方面,以昌吉赣城际铁路建成通车为契机,纵向打造京九线制造业驱动轴。重点支持南昌打造先进制造基地,支持九江构建沿江重化工业带,形成一批千亿产业集群,强力支撑全省制造业发展;重点支持吉安建设电子信息产业基地,支持赣州建设稀有金属产业基地,着力促进赣南等原中央苏区产业振兴。另一方面,依托沪昆高铁通道,横向打造沿沪昆线制造业驱动轴。东翼重点支持鹰潭、上饶、景德镇发展有色金属、新能源、陶瓷、航空制造、特色农产品加工、医药等产业;西翼重点支持新余、宜春、萍乡发展新能源、新材料、锂电、钢铁、特种钢材、金属加工等产业,加快形成一批推动全省经济两翼齐飞的优势特色制造业板块。

(三) 依托重点区域板块,构建制造业发展"四组团"

依托重点交通体系、工业基地、资源聚集区等条件,强化区域分工和经济联系,积极推进重点产业集聚区建设,形成"四组团"的制造业发展格局。江西制造业总体空间布局如图9-1所示。

1. 沿江组团

在严格执行长江经济带"共抓大保护、不搞大开发"政策的前提下,坚持"沿江产业集中布局、岸线港口集约利用"原则,突出产业重点,充分利用长江黄金水道、岸线和水资源优势,重点布局发展大运量、大用

水、大进大出的临港先进制造业，集中打造装备制造、冶金化工、新材料
等若干规模和水平居长江中游前列的先进制造业集群，把九江沿江地区打
造成中部地区先进制造业基地。集中发展城西板块、城东板块、彭湖板
块、赤码板块四大产业板块。其中城西板块重点发展汽车及高端装备制
造、电子电器产业；城东板块重点发展石化及精细化工、纤维新材料、绿
色食品及大宗粮油深加工产业；彭湖板块重点发展冶金材料、精细化工、
电力能源、装备制造产业，配套发展轻工纺织等产业；赤码板块重点发展
装备制造、新材料、轻工纺织产业，配套发展绿色食品等产业。

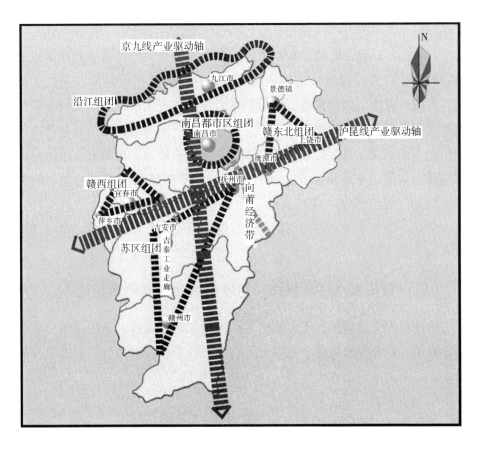

图9-1 江西制造业总体空间布局

2. 赣东北组团

立足上饶、景德镇和鹰潭三地资源优势和产业基础，鼓励区位错位发展，形成"一极两都九板块"制造业发展格局。上饶发挥向东开放桥头堡作用，加快建设光伏、光学、先进装备制造产业基地，培育以上饶为重点的光伏新能源产业板块、光学产业板块、先进装备制造业板块，打造江西东部的"重要增长极"；景德镇建设国家航空高技术产业基地，培育陶瓷产业板块、航空及汽车制造业板块，打造"世界瓷都"。鹰潭依托国家级铜产业基地以及省级智能小镇，培育有色金属新材料产业板块、移动物联网产业板块，打造"世界铜都"和国家移动物联网产业集聚区。深化与沿海地区分工协作，坚持承接产业转移与推进自主创新相结合，规划建设赣浙、赣沪、赣闽等飞地园区，推进沿海产业组团式转移。

3. 赣西组团

强化与南昌大都市圈、长株潭城市群合作对接，积极融入长江中游城市群，重点打造钢铁、光伏新能源、动力储能电池、生物医药、新材料、装备制造、节能环保、绿色食品八大产业板块。其中，新余强化钢铁产业转型升级，提升光伏企业自主创新能力，打造钢铁和光伏新能源两大产业板块；宜春发挥锂云母资源优势，重点发展锂离子动力电池，加快建设动力储能电池生产基地，同时做大做强樟树、袁州、芦溪生物医药产业基地，做大做强以万载、丰城、袁州为重点的有机、富硒食品产业；萍乡大力发展镍基材料、硬质合金、粉末冶金等金属新材料，打造新材料产业板块。

4. 赣南组团

充分利用中央支持赣南原苏区振兴发展的契机，以赣州为主体，以吉泰走廊为支撑，以向莆经济带为纽带，串联赣州、吉安和抚州，形成赣南制造业组团。其中，赣州以赣州经济技术开发区、综合保税区（含出口加工区）以及赣州高新技术产业园区等为龙头，发展钨、稀土、铜铝深加工、机械制造、食品工业、新能源汽车、现代服务业、家具制造、玻纤及新型复合材料等产业；以赣州"三南"至广东河源、瑞金兴国至福建龙岩产业走廊为两翼，"西翼"赣州"三南"至广东河源重点承接发展稀土、钨等有色金属精深加工及应用、电子电器、食品及生物制药、现代轻纺、氟盐及精细化工、机械制造、新型建材等产业,"东翼"瑞金兴国至福建龙岩产业走廊重点发展氟盐化工、新型建材、矿山机械、家用电器、电线电缆、军工配套、新材料、绿色食品、生物制药、信息服务等产业,形成"一核两翼"制造业发展新格局。吉安重点以 105 国道为主线,以吉安中心城区、吉水县、吉安县、泰和县为核心区,加快发展电子信息、医药化工、新能源、绿色食品、冶金建材、机械制造等产业,着力建设国家新型工业化产品(电子信息产业)示范基地和全国有影响的绿色农产品基地。抚州重点以向莆高速铁路为主线,向北融入省会,向南对接海西,加快发展汽车及零部件、机械制造、有色金属等优势产业,错位发展生物医药、绿色食品、现代信息等特色产业。

二、推进十大制造业重点基地建设

(一)世界级高精铜材产业基地

依托中国(鹰潭)铜产业基地、国家铜冶炼加工中心等发展平台以及江铜集团等龙头企业,大力发展铜材精深加工,大力推进"世界铜都"建设,重点发展高性能铜板带和引线框架、电子铜箔和覆铜板特种漆包线、精密铜管等高精铜材,倾力打造全国最大的铜冶炼基地、铜废旧原料再生利用基地、铜产品加工基地,把江西建成在世界具有重要影响的高精铜材产业基地。

(二)世界级稀土和钨深加工产业基地

围绕国家稀土资源发展战略,以共建中国科学院稀土研究院为契机,构建稀土勘探、开采、提取、利用以及生态保护的全链条集成创新体系，大力发展稀土永磁材料、稀土发光材料、稀土储氢材料、中重稀土合金和稀土新材料和其他稀土功能材料等产品，努力把赣州打造成为世界知名的稀土深加工产业基地，并致力促使该基地成为全球该类产品的最大制造和供应基地。依托江钨集团章源钨业、华茂钨材等骨干企业，大力发展亚微超细硬质合金、高冲击韧性高耐磨性硬质合金采掘工具、硬质合金涂层加工工具、硬质合金硬面材料、钨及钨合金材料等深加工产品，努力打造世界知名的钨深加工产业基地。

（三）世界级中医药产业基地

立足传统中药产业优势以及国家中医药综合改革试验区的政策优势，发挥南昌、宜春、抚州、赣州、吉安等中医药产业集聚区的联动效应，大力发展现代中药提取、现代中药饮片开发、良中药品种产品二次大开发、新型中药制剂等，扩大中药饮片生产和有效成分提取产能规模，加快推进中国（南昌）中医药科创城建设，推动樟树发挥"中国药都"品牌效应，建设中药制造基地和中药材储备基地，努力把江西建设成为国内领先、世界知名的中医药强省。

（四）世界级建筑陶瓷新材料产业基地

以景德镇国家陶瓷文化传承创新试验区建设为契机，以景德镇艺术陶瓷产业基地、萍乡工业陶瓷和工程玻璃产业基地、高安和丰城建筑陶瓷产业基地等发展平台为依托，发挥传统陶瓷、碳酸钙等生产技术工艺优势，大力发展结构陶瓷材料、电子陶瓷材料、复合陶瓷材料、梯度功能材料和中低温高档日用细瓷、纳米抗菌和远红外陶瓷粉体无公害陶瓷装饰材料等高技术陶瓷产品以及重质碳酸钙、轻质碳酸钙、超细重质碳酸钙、亚纳米碳酸钙等纳米碳酸钙产品，努力把江西建设成为世界知名的高技术陶瓷产业基地、纳米碳酸钙及其深加工产业基地。

（五）世界级半导体照明产业基地

以硅衬底等自主创新技术为动力，以南昌国家半导体照明工程产业化基地为依托，充分发挥上游产品研发优势以及中游芯片研发及产业化的领先地位，重点发展 LED 产业前端外延材料和芯片、后端应用产品，大力推动硅衬底发光二极管技术优势转化为产业优势，构建基于硅衬底 LED 制造技术的半导体照明完整产业链，努力把江西建设成为技术水平高、产业规模大、配套能力强、区域特色明显、具有全球竞争力的半导体照明产业基地。

（六）世界级 VR 产业基地

发挥世界 VR 产业大会的品牌效应，以构建"硬件 + 软件 + 专业服务"的产业链为目标，大力推进 VR 特色小镇、VR 产业基地、VR 应用示范基地、VR 创新孵化基地建设，争创国家级制造业创新中心，重点发展 VR 硬件设备、专用软件和 VR 集成、测试等专业服务发展，积极发展传感器、新型显示、电子材料等与 VR 核心业态紧密联系的电子信息配套产业，率先开展 5G 在 VR 领域的应用，着力推动 VR + 制造、VR + 教育、VR + 文娱、VR + 医疗、VR + 旅游、VR + 智慧城市融合发展，努力把江西打造成为在世界具有一定知名度和影响力的 VR 产业基地。

（七）国家级航空制造产业基地

依托南昌航空城，建设大型商用客机大部件研发与制造厂区，教练机、通用飞机等研发与制造厂区，中国商飞江西生产试飞中心、国产 C919 大飞机项目试飞基地以及航空转包生产区，努力打造全国教练机研制生产的核心基地，全国领先的民机生产试飞、民机大部件和航空配套设备生产的重要基地，国际知名的干支线飞机、直升机、通用飞机的机体零部件供应商。依托景德镇航空小镇，在现有直升机系列产品的基础上，突破发展重型直升机，巩固提升直升机产业的研发制造的优势地位，带动通用飞机、无人机、航空零部件等产业发展,努力打造全国知名的现代直升机总装集成及配套承载区、全国重要的通用航空产业综合示范区。

(八) 国家级移动物联网产业高地

发挥鹰潭移动物联网先行示范区的引领作用,抢抓移动物联网产业布局先机,大力打造基础元器件或传感器、移动物联网终端等产业,进一步深化与中国移动、中国电信、中国联通等运营商,华为、中兴等设备厂商,中国铁塔、国网电力等基础设施运营商的合作,培育移动物联网应用研发和运营企业,探索可复制、可推广的移动物联网应用方案,努力把江西建设成为网络领先、平台领先、应用领先、产业领先的国家级移动物联网产业集聚区。

(九) 国家级锂离子动力电池生产基地

依托赣锋锂业、江锂和孚能科技等骨干企业,以磷酸铁锂、锰酸锂动力电池为重点,通过引进国际先进技术与自主研发技术相结合,大力研发生产富锂锰基、三元正极材料、贮氢合金粉等动力电池的原材料产品,加快建设动力模块生产体系,大力支持创建国家级锂电池工程技术研究中心,把宜春建成中国最大的动力锂电池生产基地及亚洲锂都,把新余建成国内最大的动力与储能电池产业基地,把赣州建成国内先进的稀土永磁电机生产基地,把江西建成全国最大的锂离子动力电池生产基地。

(十) 国家级有机硅和有机氟生产基地

依托星火有机硅工业园和赣州氟化工基地等发展平台,以星火有机硅厂中化环保化工、华星氟化、九二盐业等企业为骨干,大力发展有机硅单体及其下游系列产品,大力发展氟树脂、甲烷氯化物、制冷剂、离子膜烧碱、氟橡胶等产品,努力把星火有机硅工业园打造成全国最大的有机硅产业中心和"世界硅都",将赣州氟化工基地打造成全国重要的有机氟生产基地。

第十章
"十四五"时期江西制造强省
建设的政策建议

一、强化理念创新，推动"江西制造"高质量发展

（一）以创新理念打造制造业新动能

一要完善制造业技术创新体系。以企业为主体、市场为导向构建具有可持续性的技术创新体系，同时加强产学研用相结合，形成全社会技术创新的合力，着力突破一批具有全局性影响、带动性强的关键共性技术。二要强化战略性新兴产业领域的创新。加强新兴产业领域在产品技术研发、产品生产和产业化运用等方面的创新，努力培育发展航空、新能源汽车、中医药、VR、移动物联网、高端装备制造和节能环保等战略性新兴产业，完善制造业产业供给体系。三要加强制造业基础创新能力建设。针对重点领域的关键技术和产品急需，着力突破在核心基础零部件、先进基础工艺、关键基础材料和产业技术基础等领域长期制约产业发展的瓶颈，提升产业基础制造和协作配套能力。四要促进跨领域、跨行业的协同创新。利

用良好的信息化基础,采取"互联网+制造""制造+服务"等方式,大力推进传统制造业智能化改造,促进制造业智能化、网络化、服务化和数字化方向发展。

(二) 以协调理念助推制造业结构优化

一要通过兼并重组、淘汰落后和严控新增产能等综合手段,积极化解钢铁、水泥等制造业过剩产能的问题,加快传统制造业去产能和改造提升。同时,鼓励传统制造业企业在关键环节的技术改造升级,积极打造传统制造业改造提升和新兴产业协调发展的产业结构。二要在发挥大型企业支柱引领作用的同时,积极鼓励中小型民营企业做大做强,加大对中小企业在行业准入、税收优惠、技术服务和融资支持等方面的扶持力度,促进大中小型企业协调发展。

(三) 以绿色理念引领制造业可持续发展

一要积极发展绿色制造。重点推进钢铁、有色金属、化工、建材、纺织等"两高"行业进行绿色改造,加强重点行业节能环保工艺装备的应用与监测,淘汰高污染、高能耗的落后产能,促进重点行业单位工业增加值能耗、物耗及污染物排放达到先进水平。二要加强绿色产品研发应用。一方面,大力发展环保设备,研发推广脱硫脱硝除尘、重金属污染减量化等绿色工艺装备;另一方面,大力发展新型节能终端设备,降低制造业终端产品的能耗和排放。三要提升制造业资源综合利用效率。积极推进资源再生利用的产业规模化发展,提升重工业废水或余热资源的循环再利用,大力发展汽车、工程机械等领域再制造产业,积极促进制造业的低碳化、循环化和集约化发展。

(四) 以开放理念提升制造业国际化水平

一要推进制造业企业"走出去",参与全球竞争与合作。支持省内大型跨国企业在境外开展投资合作,开展境外并购和投资活动,提升全球产业链整合能力,实施全球化产业布局。挖掘江西制造潜在优势,通过提质降本增效等措施,扩大出口市场份额,提高国际贸易竞争力。二要完善"引进来"发展策略,加快技术引进吸收。在当前形势下,应强化引资与引智相结合的"引进来"策略,重点吸引境外优质跨国企业在省内投资航空、VR、移动物联网、新能源、节能环保、装备制造等高端制造业,鼓励境外企业和研发机构在江西设立全球研发中心,加大国外关键核心技术的引进力度,做好先进技术的消化吸收和创新推广。

(五) 以共享理念筑牢制造业发展基础

制造业在转型升级过程中应使全体参与者有更多获得感,以增强推进改革的动力。一要完善制造业就业创业的政策。在制造业领域实施更加积极的就业政策,建立制造业宽松的创业环境,健全制造业多层次人才培养体系,打造专业技能人才队伍。二要营造制造业公平竞争市场环境。统一完善各类经营主体的市场准入,加强知识产权的保护力度,为制造业营造公平竞争的市场环境。三要完善相关企业社会保障政策。重点做好职工分流、安置和转岗工作,为制造业推进供给侧结构性改革筑牢基础。

二、强化科技创新,夯实"江西制造"振兴根基

(一) 制定重点制造业技术路线图

一要定期研究制定和发布重点领域技术创新路线和导向目录,引导制造业企业瞄准国内外产业发展趋势,整合省内外创新资源,加强基础性、前沿性技术研究,集中力量突破一批支撑产业发展的关键共性技术,抢占产业技术制高点。二要深化对全省重点制造业技术现状和发展方向的分析

研判,开展制造业技术预见研究,推进以创新骨干企业为基点的产业技术创新评估研究,前瞻布局发展规划。三要围绕有色金属、航空、汽车、中医药、电子信息、新能源、VR、移动物联网、半导体照明、装备制造和节能环保等领域,找准摸清关键共性技术,针对与关键共性技术相关的各项战略,确保对关键共性技术的供给进程,给予稳定、持续的管理和支持。

(二) 对接国家制造业创新中心建设工程

一要依托龙头企业或科研院所,整合科研院所、重点客户等资源,采取政府支持、股权合作、成果分享的市场化运作新机制、新模式,加大区域、地方、企业等多层次创新中心建设,建设跨地区、跨领域、面向行业的制造业创新中心。二要选择 VR、半导体照明、中医药等有市场发展潜力、能赶超国际先进水平、具备产业基础和科研力量的产业前沿领域作为培育重点,积极创建国家制造业创新中心。三要围绕重点产业关键技术论证,健全以技术交易市场为核心的技术转移和产业化服务体系,筹建一批创新中心及工业技术研究基地。

(三) 支持制造业企业建立创新孵化平台和载体

一要推动大企业孵化平台建设。在孵化育成体系建设中充分发挥大企业的引领作用,支持制造业龙头企业围绕主营业务方向,积极开展大企业孵化,为主导产业上下游的小微企业或研发人员提供平台,形成与自身核心业务相互依托、共生共赢的大企业孵化平台。二要将孵化触角延伸到全国甚至国外。开启"全球孵化"模式,利用发达地区的技术主动在海外建立孵化器,推进双创服务平台建设,形成覆盖本地、海外,遍及亚欧美的全球孵化网络。三要大力推广全链条创业孵化服务模式。大力实施"泛孵化器"建设工程,全力打造"众创空间 + 孵化器 + 加速器 + 产业园"的全链条孵化体系,并运用"资本换股本""租金换股金""产权换股权"等多样化、灵活的孵化方式,提升创新创业孵化服务能力。

（四）围绕制造业关键领域开展产学研用协同创新

一要以企业为主体精准对接制造业关键领域，形成"企业出题、政府立项、高校接单、协同攻关"方式，鼓励企业与高校、科研机构围绕市场需求开展联合研发，增进基础研究、应用研究、技术开发、成果转化及产业化等环节协同融通。二要加强多层次、多节点的高水平创新平台网络建设，联结企业、高校、科研机构、中介组织、孵化空间等网络节点，引导龙头企业与高校和科研机构共建研发实体或工程技术研究中心，依托重大科技计划和专项等，协同攻关与解决制造业发展的关键技术瓶颈。三要开展开放式协同创新，引导高校、科研机构的实验室向制造业企业有序开放，依托实验室已有科研成果、科技设施和科研力量，共创、共建、共享科技创新资源，建设重点领域制造业工程数据中心，为企业提供创新知识和工程数据的开放共享服务。四要面向制造业关键共性技术，建设一批促进制造业协同创新的公共服务平台，开展技术研发、检验检测、技术评价、技术交易、质量认证、人才培训等专业化服务，提高核心企业系统集成能力，促进科技成果转化和推广应用。

三、强化模式创新，集聚"江西制造"发展新动能

（一）大力推动制造业服务化

一要加速制造业服务化转型。积极发展大规模定制化生产，鼓励纺织服装、新材料等企业围绕客户需求开展个性化产品设计、众包设计、众筹设计等网络制造新模式，拓展产品价值空间，实现从制造向"制造＋服务"的转型升级。二要大力发展生产性服务业。加快发展研发设计、技术

转移、创业孵化、知识产权、科技咨询等科技服务业,发展壮大检验检测认证、电子商务、服务外包、人力资源服务等生产性服务业,提高对制造业转型升级的支撑能力。三要提升"互联网+协同制造"水平。推动互联网信息技术在企业管理、生产、销售等领域得到广泛应用,重点推广企业电子商务销售平台的建设和发展,推动制造业企业通过自主研发或者与现有平台合作的方式,将企业产品和服务信息应用于"互联网+"平台的交互,不断提升为客户提供服务的水平。

(二)引导制造业企业拓展新业务

一要推进网络化协同制造。依托"工业云"、航天云网等工业互联网平台,提供线监控诊断、融资租赁等全产业链环节业务的云端信息化业务平台及应用服务,实现企业能力与需求快速对接、生产运营云端管理。二要开展产品全生命周期管理。重点支持汽车、电子信息、装备制造企业建立面向客户的智能产品远程服务平台,提供远程监控、故障诊断、远程维护等在线支持。三要提升行业系统解决方案能力。支持猪八戒网江西区域总部、金格科技等提供专业化、系统化、集成化的系统解决方案,引导江联国际、江西建工、中国瑞林等有工程承包向交钥匙工程、系统解决方案方向发展。

(三)以新型业态促进线下生产与销售

一要以互联网重新定义制造业的研发设计、生产制造、经营管理、销售服务等全生命周期,以生产者、产品和技术为中心的制造模式加速向社会化和用户深度参与转变。二要发挥产业集群、品牌、专业市场等线下资源优势,引导企业利用移动互联网和信息技术,突破外部资源利用的时空界限,大力发展境内外电子商务、在线定制、O2O、C2B、C2M 等新模式,通过细分市场或改变消费方式来创造新的需求,再创竞争新优势。三要鼓励企业为适应电子商务特点和消费新风尚,创新业务协作流程,对产品设计、品牌推广、营销方式、渠道物流、支付结算、售后服务等环节进行革新，发挥实体店展示、体验功能，以新型业态促进线下生产与销售。

（四） 以需求为导向延伸制造业产业链

一要推动制造业延伸产业链，在最终产品中增加更多的服务元素，实现产业链服务化。不断强化研发设计、工程设计、运营管理、客户服务、维护维修、售后服务、金融租赁等高端服务环节，提升产品附加值。二要聚焦有色金属、钢铁、航空、汽车、中医药、电子信息、装备制造、节能环保等产业，瞄准大企业大集团、行业龙头骨干企业，梳理制造业主辅分离重点领域，建立主辅分离重点企业名录，引导江铃集团、正邦集团、晶能光电、江中集团、江联重工等有条件的制造业企业推进主辅分离。三要结合制造业企业实际进行分类指导。对于生产流程中非核心但具有比较优势的服务环节，如研发设计、系统集成、检测检验、技术服务、能源管理等，支持其从原企业中分离出来，设立具有独立法人资格的服务业企业，为行业提供专业化、社会化服务；对于生产流程中不具有比较优势的薄弱服务环节，支持其进行外包，通过签订中长期服务合同的形式，由外部专业化服务企业承接其分离的业务。

四、强化人才创新，助推"江西制造"发展

（一） 大力培养赣鄱工匠

一要以提升劳动者技能、服务制造强省建设为目标，大力实施"技兴赣鄱"专项行动，强化学生工匠精神的培养、技能水平的锤炼，将技工院校办成赣鄱工人的摇篮、赣鄱工匠的摇篮，造就一支数量充足、梯次合理、技艺精湛、素质优良的技能人才队伍。二要打造江西"振兴杯"职业

技能竞赛品牌，积极参加世界技能大赛，承办和参加国家级技能竞赛，推进设区市和行业（企业）竞赛的职业技能竞赛体系，为全省技能劳动者搭建层级合理、纵向衔接的"比武台"。三要完善省级、国家级技能大师工作室建设，形成技能人才培养、评价、使用、激励相结合的机制，进一步激发劳动者学技术、比贡献的动力。

（二）打造"工匠摇篮"示范性品牌专业

一要把职业教育作为弘扬工匠精神的基石，由政府部门统筹协调，实行职业教育与经济社会同步规划、同步发展，重点支持一批能够发挥引领辐射作用的特色专业、品牌专业、民族文化传承创新专业，将其打造成在全省乃至全国具有引领和示范作用的弘扬工匠精神的典范。二要围绕有色金属、钢铁、石化、建材、家具、纺织、食品、航空、汽车、中医药、电子信息、新能源、VR、移动物联网、半导体照明、装备制造、节能环保等制造业重点产业发展需要，在相关特色院校和新兴专业中，实施"赣鄱工匠培育工程"，打造一批工匠精神培育示范基地和示范学校，形成江西特色和江西品牌。

（三）培育追求完美的"匠心理念"

一要鼓励技术自主创新、注重产品质量、培育高端人才、塑造制造品牌，制定产品生产标准、质量检测标准，严厉监督处罚制度，加大支持奖励措施，形成以"工匠精神"为代表的制造文化。二要从不同层面营造工匠精神培育的体制机制。政府层面要运用制度手段创造有利于工匠精神形成的体制与机制；行业层面需重点发挥联盟、协会、同盟等载体与桥梁作用，提高质量标准、增强行业自律、提升精品价值；企业层面要追求产品精致化、工艺精细化、流程精密化、价值品牌化，深耕细作，提升质量。三要努力形成制造技术精湛化、社会精品化、质量价值化的行业环境，从而打造生产前精心设计，生产中一丝不苟、精雕细琢的生产氛围。

(四) 建立一支优秀高级管理人才队伍

一要实施企业家素质提升计划、职业经理人培养计划,对职业经理人培训内容、培训教材、培训机构、培训师、培训组织、培训评估、培训管理等方面的内容进行规定和要求,打造一支优秀高级管理人才队伍。二要在职业经理人培训工作中,以职业经理人国家标准为依据、以企业实际需求为导向,建立适合职业经理人的课程内容体系,对参加培训的职业经理人原有的专业知识和管理能力进行提炼、补充和提升,突出职业道德、专业知识和核心管理技能方面的培训,切实提高职业经理人能力和素质,推进企业经营管理人才职业化、市场化、专业化和国际化,保证培训质量。

五、强化载体创新,提升"江西制造"综合承载力

(一) 推动开发区整合优化

一要按照"一县一区、一区多园"要求,开展开发区整合优化试点,重点对同一县域内存在的多个开发主体、未纳入国家开发区公告目录的开发园区进行整合。将未列入《中国开发区审核公告目录》的产业基地、工业小区、产业区等规模较小、布局分散的开发板块进行清理、整合、撤销,由列入《中国开发区审核公告目录》的开发区实行统一管理。二要鼓励以国家级开发区和发展水平较高的省级开发区为主体,整合或托管区位相邻、产业相近的开发区,优先对小而散的各类开发区进行清理、整合、撤销。推进开发区空间整合和体制融合,按照"一个主体、一套班子、多块牌子"的管理体制和统一规划、统一招商、统一协调的管理机制,建立统一机构,实行集中管理。三要将被整合开发区地区生产总值、财政收入

等经济统计数据,按属地原则分别计算,并根据开发区发展阶段、区位条件和城市化进程需要,将位于中心城区、工业化比重低的开发区向城市综合功能区转型。

(二) 加快开发区市场化建设和运营步伐

一要推行"市场化运作、企业化经营"机制。引入社会资本主导,参与开发区或"区中园"的设计、投资、建设、招商、运营和维护,采取市场化运作机制破解资金筹措难题。二要培育市场运营主体。改组、组建、引进若干专业运营公司或服务公司,承担产业培育、运营等专业化服务等职能,与管委会实行政企分开、政资分开,管理机构与开发运营企业分离。支持将开发区有关资源注入运营公司,增强公司运营能力,以整体外包、特许经营形式,开展政企合作,确定收益回报和风险分担机制。三要鼓励企业运营开发区。建立收益回报和风险分担机制,划定收益分配比例,明确风险分担责任,支持开发区有实力的企业,通过组建企业联盟、理事会等方式,对开发区实行整体化建设运营或建设管理运营"区中园"。四要支持市场化合作共建开发区。鼓励发展水平高的开发区通过市场化方式,整合或托管其他开发区,协议分享被整合或托管园区的税收、土地等收益。

(三) 推动产业园合作或共建

一要坚持"引进来"和"走出去"并重,遵循共商共建共享原则,鼓励具备条件的开发区和企业在建设境外合作产业园的同时,在省内建设"两国双园"产业园,促进开发区和企业在"引进来"和"走出去"中转型发展。二要继续深化赣京、赣港、赣粤、赣闽等区域交流合作,探索双方或多方在江西开发区合作共建外贸出口生产加工基地等产业园区,共同开拓境外市场。三要深化赣鄂、赣湘等沿江沿线区域合作与交流,采取飞地经济、联合共建、委托管理等形式,建设跨区域合作产业园区,建立健全合作共建、产业共育和利益共享的合作机制。四要支持开发区邀请国内外知名咨询机构策划重大概念性招商项目，引进一批团组式战略投资商，规划建设一批各具特色的中外合作产业园。

（四）提高开发区亩均效益和投资强度

一要以提高亩均效益为目标，通过项目嫁接、兼并重组、"腾笼换鸟"等方式深入开展产业链招商，积极引导上下游重大优质项目、知名公司入驻江西，增强产业集聚能力。二要全面推进企业对标竞价"标准地"改革，带着环境承载、要素匹配、投资强度、亩均贡献等一系列标准出让工业用地，紧扣"事先定标准、事前做评价、事中做承诺、事后强监管"四大环节，全面提升新引进项目的质量和效益。三要大力支持制造业企业开展"零增地"技术改造。对于开发较为成熟、土地集约利用水平较高的工业园区，大力支持企业在原有生产设施的基础上，实施设备改造和更新。鼓励省内优势企业通过兼并重组等方式盘活现有低效闲置用地，或者采用转租、出让、二次招商等方式，引进新企业、新项目。引导企业通过压缩辅助设施用地，增建生产设施，或者在原有建设用地上通过加层、翻建等方式，同步开展软硬件设施的升级改造。

六、强化品牌创新,持续扩大"江西制造"影响力

（一）扩大"江西制造"的品牌影响力

一要坚持"引进来"和"走出去"并重的品牌战略，组织开展国际对标行动，通过推动优质产品"走出去"带动品牌"走出去"，培育一批产品质量达到国际先进水平的"江西制造"精品，向全球消费者传递江西产品价值和品牌价值，增强国际市场对江西品牌的认可度。二要采取海外并

购、合资等合作形式，与国内外企业加强品牌合作，建立互利共赢的品牌联盟，充分整合品牌、技术、渠道、文化等国际资源，在研发、生产和品牌规划设计中注入更多国际化元素，促进低端品牌向中高端发展的战略转型，不断扩大江西品牌的国际影响力。三要构建具有国际影响力的品牌评价机构，增强江西品牌在国际评价中的话语权，推动形成一批具有区域影响力和国际影响力的知名品牌。

（二）提高制造业产品技术标准水平

一要支持和引导制造业企业参与国际标准、国家标准和行业标准制（修）订，加强对江西特色优势制造业重点产品特别是重点出口产品标准与国际标准、国外先进标准以及进口国家和地区的标准要求的关联度研究，鼓励和支持高新技术企业、名牌企业率先采用国际标准和国外先进标准，增强制造业企业在国际国内标准领域的话语权。二要在集聚效应显著的产业区域，鼓励龙头企业或行业协会建立采标联盟，引导企业通过自主研发、消化吸收再创新、技术改造等方式采用国际标准和国外先进标准。在块状经济或产业链长、辐射面广的行业，培育和建立以龙头企业和技术机构为骨干的国家级、省级专业标准化技术委员会，指导和推动企业技术标准工作。

（三）重视媒体对江西品牌的传播作用

一要讲好江西品牌故事，为江西制造业品牌发展营造良好的舆论氛围，提升公众品牌认知。二要发挥媒体功能，聚焦热点难点，加强问题研讨，破解发展困境，为品牌发展把脉问诊，寻药开方。特别是要利用好新媒体进行品牌传播，注重挖掘品牌内涵和背后的故事，加强制造业企业与消费者的沟通和互动。三要加强融合传播、国际传播，推进全媒体传播、分众化传播、精准化传播，宣传品牌，呵护品牌，助力品牌，深化社会公众对品牌的认知，提升品牌影响力和美誉度，营造品牌发展的良好环境。

七、强化体制机制创新,增强"江西制造"发展动力

(一) 进一步深化"放管服"改革

一要继续简化审批程序,规范审批行为,充分利用政务服务网,提高行政审批效率,继续清理行政审批事项,最大限度取消、下放行政审批事项,最大限度减少对企业生产经营和投资活动的干预。二要进一步落实企业生产经营和投资自主权,在法律法规框架内,由企业根据市场需求自主生产、自主决定提供的商品和服务。三要深入推进"降成本优环境"专项行动,清理不当收费,整顿违规收费行为,进一步降低制造业企业用地、用人、用能、物流成本,进一步降低生产要素成本。

(二) 全面实施市场准入负面清单制度

一要清理废除妨碍统一市场和公平竞争的各种规定和做法,完善机会平等、权利平等、规则平等的市场环境,保障各类市场主体依法平等进入负面清单以外的行业、领域和业务,打造稳定公平透明、可预期的营商环境。二要建立市场准入负面清单动态调整机制和信息公开机制,持续压缩负面清单事项,破除歧视性限制和各种隐性障碍,最大程度实现准入环节便利化,提高市场准入透明度和可预期性。三要健全与市场准入负面清单制度相适应的准入机制和审批体制。政府不再审批清单外的事项,真正松开手、放到位,由市场主体依法自主决定。对清单内的事项,规范审批权责和标准,优化审批流程,加快建立统一的网上联合审批监管平台,探索实行承诺式准入等方式。四要坚持放管结合,优化对准入后市场行为的监

管，确保清单以外的事项放得开、管得住。全面实行准入前国民待遇加负面清单管理制度，大幅度放宽市场准入条件，保护外商投资合法权益。

（三）着力深化国有企业改革

一要突出问题导向，形成倒逼机制，通过"一企一策"扎实深化国企改革。以江铜集团等大型国有企业为试点，将应由企业自主经营决策的事项全部归位于企业，下放投资决策等多项权力，由政府进行事后评价考核和激励约束。二要推进国有企业股份制改革，推动国有企业引入各类投资者实现股权多元化，逐步调整国有股权比例，形成股权结构合理、股东行为规范、内部制衡有效、运行高效灵活、协同效应明显的经营机制。三要积极稳妥发展混合所有制经济，充分放大国有资本功能，通过引进战略投资者进行混合所有制改革，引入非国有资本参与国有企业改革，鼓励非国有资本投资主体通过出资入股、收购股权、认购可转债、股权置换等多种方式，参与国有企业改制重组或国有控股上市公司增资扩股以及企业经营管理，构建全新的法人治理结构和市场化经营机制，探索出一套符合江西实际的混改模式。

（四）推进社会信用体系建设

一要推进中小企业信用体系建设，促进中小企业信用信息在相关部门间的交换共享，逐步建立广覆盖的中小企业信用记录，整合分散的中小企业信息，建立中小企业的信用档案，使中小企业的信用行为有案可查。二要以推动企业授信为目的，对中小企业的经营信息、信贷信息、资质信息、信用信息等数据进行分析评估，对信用良好、有发展潜力者进行重点培育。三要进一步建立健全随机抽查系统，适当增加对高风险企业的抽查概率和频次，及时公开企业违法违规信息和检查执法结果，确保监管公平公正、不留死角。四要增强企业履行社会责任的自觉性，鼓励企业依法诚信经营，推动经济社会发展倾力回报社会，积极参与社会公益。

八、强化政策创新,优化"江西制造"发展环境

(一) 研究建立制造强省建设重点投资项目库

积极对接制造强国建设重大工程和重点领域、国家重大工程包、专项建设基金等,制定制造业重点投资方向、技术改造投资导向目录和工业"四基"发展目录,建立健全多层次项目体系,并整合各类资源,积极争取国家项目、资金支持,促进制造强省建设重点投资项目库落地实施。

(二) 统筹使用省发展升级引导基金和工业转型升级转型资金

一要对接江西"2+6+N"产业高质量跨越式发展行动计划,创新财政支持方式,积极运作发展升级引导基金,采用母子基金"1+N"运作模式,按照一定杠杆比例向江西省内外社会资本募集资金,形成母基金,并发起投向不同产业、不同发展阶段企业的子基金,以二次杠杆形成更大规模的政府投资基金集群。二要每年从省级工业转型升级转型资金中安排一定的资金,重点支持试点的市、县(区)实施战略性新兴产业倍增、传统产业优化升级和新经济新动能培育三大工程。三要全面落实技改贴息补助、设备补助、购买诊断服务、研发费用加计扣除、固定资产加速折旧、进口设备免税等优惠政策,完善首台(套)重大技术装备保险补偿机制。四要运用政府和社会资本合作(PPP)模式,引导社会资本参与制造业重大项目建设和企业技术改造。

(三) 创新制造业企业融资方式

一要大力推进企业上市"映山红行动"。进一步发挥天风证券、太平

洋证券、长城国瑞证券等省内证券中介机构作用,建立完善制造业企业上市的"绿色通道",采取"一事一议""一企一策"等直通式、定制化的方式帮助企业协调解决股改上市过程中的相关问题,推动更多的制造业企业上市融资。二要大力开展中小企业商业价值信用贷款改革试点,建立全省统一的中小企业商业价值信用贷款试点运行平台,通过发掘中小企业的商业价值,探索依靠对中小企业商业价值的信用评价,实现不需要抵押、质押和担保的纯信用贷款。三要探索开展科技型企业知识价值信用贷款改革试点,组建知识价值信用贷款担保基金,由政府对科技型企业的知识价值信用贷款进行担保和对合作银行进行贷款风险补偿,探索轻资化、信用化、便利化的债权融资新模式。

附表 2013～2017年江西制造业原始数据

2013 年江西制造业原始数据

制造业细分行业	增加值（万元）	企业单位数（个）	主营业务收入（万元）	资产合计（万元）	利润总额（万元）	资产负债率（%）	产品销售率（%）	全部从业人员年平均人数（人）	城镇单位就业人员年末人数（人）	城镇单位就业人员工资总额（千元）
农副食品加工业	2770901	348	14278078	4333373	801931	49.86	99.01	71860	40613	1540967
食品制造业	1084091	147	4237471	1653514	365103	38.07	99.17	40743	24783	849768
酒、饮料和精制茶制造业	779062	103	2635087	2128459	230379	60.65	98.44	28890	22102	772478
烟草制品业	1238596	3	1556489	1372903	275004	22.34	96.96	5348	7173	418954
纺织业	1788725	368	7885986	2719146	563711	49.27	98.88	93150	47120	1648343
纺织服装、服饰业	2303589	585	9779217	2631145	664506	35.76	98.37	151472	99403	3316672
皮革、毛皮、羽毛及其制品和制鞋业	1291170	168	4177168	1312375	375676	32.11	100.04	118203	85915	2765174

续表

制造业细分行业	增加值（万元）	企业单位数（个）	主营业务收入（万元）	资产合计（万元）	利润总额（万元）	资产负债率（%）	产品销售率（%）	全部从业人员年平均人数（人）	城镇单位就业人员年末人数（人）	城镇单位就业人员工资总额（千元）
木材加工和木、竹、藤、棕、草制品业	794876	201	3605929	1603653	281324	44.44	99.22	41719	18678	629066
家具制造业	349962	103	1303860	477199	91144	49.47	99.12	20475	10371	486036
造纸和纸制品业	792563	131	2726409	1668896	207913	50.08	98.79	24433	12915	502565
印刷和记录媒介复制业	525793	119	2368707	1255265	214632	31.05	98.74	24464	15381	548375
文教、工美、体育和娱乐用品制造业	950973	176	4305291	1460219	390229	33.69	99.01	59657	40900	1375865
石油、煤炭及其他燃料加工业	712278	21	5525575	2986650	54085	72.01	99.67	21170	20718	843712
化学原料和化学制品制造业	4836170	750	19334414	12545415	1396743	57.53	98.56	146847	72884	2474489
医药制造业	2091776	273	8754435	4125979	633226	45.59	98.84	81989	44505	1988747
化学纤维制造业	140190	10	754155	793368	57233	72.90	97.92	4713	3677	161278
橡胶和塑料制品业	1116835	261	4830526	1374204	373612	35.87	99.25	44009	24442	829155
非金属矿物制品业	5432965	872	20718670	11014144	2116310	47.73	99.28	208406	103525	3676131
黑色金属冶炼和压延加工业	1771958	111	13919931	7964370	495134	67.59	99.95	71487	61795	3077162
有色金属冶炼和压延加工业	7934524	517	55892656	23312939	2566214	51.49	98.70	139388	81934	4251322
金属制品业	1072733	214	5156774	1733190	330297	37.56	98.77	38064	20495	822081
通用设备制造业	1240747	207	5673262	2854152	419958	52.83	99.45	58799	40623	1522336

续表

制造业细分行业	增加值(万元)	企业单位数(个)	主营业务收入(万元)	资产合计(万元)	利润总额(万元)	资产负债率(%)	产品销售率(%)	全部从业人员年平均人数(人)	城镇单位就业人员年末人数(人)	城镇单位就业人员工资总额(千元)
专用设备制造业	898359	159	3814761	1628030	294963	45.06	98.37	43301	28176	1137912
汽车制造业	2018431	176	8911514	6180225	587991	58.10	101.35	75746	58904	3071701
铁路、船舶、航空航天和其他运输设备制造业	716349	43	2982188	4339858	119781	75.68	97.48	29991	24636	1090015
电气机械和器材制造业	3600035	412	19952490	8394647	1481670	50.83	99.13	175206	126908	5031838
计算机、通信和其他电子设备制造业	2316065	262	9044366	4270689	585035	48.78	98.30	139676	96419	3552147
仪器仪表制造业	298202	60	885665	649974	85261	41.63	100.71	13806	16074	668596
其他制造业	128572	33	448693	138509	32880	44.70	99.71	7696	5125	183872
废弃资源综合利用业	150228	30	803473	319458	45965	45.19	99.99	4176	1726	49639
金属制品、机械和设备修理业	23058	1	7764	4117	14	60.89	100.00	345	577	22102

制造业细分行业	城镇单位就业人员平均工资(元)	人均实现利润(元)	固定资产投资(万元)	能源消耗量(万吨标准煤)	煤炭消耗量(万吨)	电力消耗量(亿千瓦小时)	工业废水排放量(万吨)	工业废气排放量(亿立方米)	一般固体废物产生量(万吨)	一般工业固体废物综合利用量(万吨)
农副食品加工业	38955	111596	3292519	60.11	21.22	12.99	1281.51	96.76	16.07	15.50
食品制造业	34650	89611	1285988	45.06	44.38	6.74	833.50	39.91	14.44	14.18

续表

制造业细分行业	城镇单位就业人员平均工资（元）	人均实现利润（元）	固定资产投资（万元）	能源消耗量（万吨标准煤）	煤炭消耗量（万吨）	电力消耗量（亿千瓦小时）	工业废水排放量（万吨）	工业废气排放量（亿立方米）	一般固体废物产生量（万吨）	一般工业固体废物综合利用量（万吨）
酒、饮料和精制茶制造业	34027	79744	1216333	25.38	11.53	4.52	1440.30	26.73	10.51	10.49
烟草制品业	58172	514217	241301	4.12	1.38	0.64	27.20	12.03	1.39	1.10
纺织业	35248	60516	2184981	81.84	7.13	23.07	1846.12	44.56	4.23	3.90
纺织服装、服饰业	33620	43870	3884235	35.99	2.04	8.37	60.90	2.97	0.08	0.06
皮革、毛皮、羽毛及其制品和制鞋业	32294	31782	1736500	19.26	1.77	5.46	429.77	2.83	0.73	0.68
木材加工和木、竹、藤、棕、草制品业	33570	67433	1241385	37.60	0.78	9.38	267.70	144.55	18.82	18.64
家具制造业	46258	44515	1130730	6.79	0.24	1.93	0.02	3.38	0.01	0.01
造纸和纸制品业	39685	85095	1224565	90.80	61.52	17.59	12865.98	116.12	64.52	59.48
印刷和记录媒介复制业	36271	87734	869327	18.60	1.26	2.87	49.48	3.73	0.06	0.04
文教、工美、体育和娱乐用品制造业	33590	65412	1202147	20.28	2.53	5.78	86.05	2.50	0.22	0.10
石油、煤炭及其他燃料加工业	41149	25548	624122	198.71	599.52	6.76	1078.70	115.59	7.98	7.92
化学原料和化学制品制造业	34332	95116	5981911	290.02	183.20	40.94	6880.86	383.16	207.70	184.85
医药制造业	42071	77233	2175582	65.16	21.29	11.01	2627.07	70.97	10.73	9.67

续表

制造业细分行业	城镇单位就业人员平均工资（元）	人均实现利润（元）	固定资产投资（万元）	能源消耗量（万吨标准煤）	煤炭消耗量（万吨）	电力消耗量（亿千瓦小时）	工业废水排放量（万吨）	工业废气排放量（亿立方米）	一般固体废物产生量（万吨）	一般工业固体废物综合利用量（万吨）
化学纤维制造业	43695	121437	452876	52.16	62.70	4.98	2636.13	268.23	16.90	14.34
橡胶和塑料制品业	34031	84894	1738173	49.27	5.78	12.85	297.44	12.82	2.55	2.41
非金属矿物制品业	35864	101547	7111664	1468.56	1513.90	60.45	2282.57	6477.32	256.36	253.35
黑色金属冶炼和压延加工业	49100	69262	1069112	1487.29	1207.91	51.72	5976.14	3898.45	1357.82	1287.77
有色金属冶炼和压延加工业	52381	184106	4082849	389.75	45.65	80.84	4052.49	369.84	268.64	204.17
金属制品业	40475	86774	2937263	32.01	2.91	9.22	389.51	69.44	11.64	10.66
通用设备制造业	37546	71423	2583983	35.09	3.30	6.89	204.33	18.02	0.62	0.58
专用设备制造业	39958	68119	2587849	20.51	1.61	5.64	62.14	5.20	0.43	0.40
汽车制造业	53331	77627	2212863	90.90	7.51	13.24	577.60	23.12	9.44	9.31
铁路、船舶、航空航天和其他运输设备制造业	44622	39939	720114	11.99	1.04	3.24	272.52	5.63	1.01	0.76
电气机械和器材制造业	40289	84567	5076443	115.97	7.57	34.14	679.44	75.84	1.57	1.24
计算机、通信和其他电子设备制造业	37001	41885	4100743	43.28	0.82	13.49	1479.88	56.57	4.40	2.97
仪器仪表制造业	41644	61757	909904	4.49	0.02	1.42	63.63	0.80	0.15	0.15
其他制造业	35023	42723	866891	2.40	0.41	0.59	54.12	10.61	0.23	0.13
废弃资源综合利用业	30176	110068	735310	4.83	1.81	0.89	92.71	173.42	7.46	6.76
金属制品、机械和设备修理业	38107	394	111530	2.13	0.43	0.39	18.26	0.15	0.04	0.04

2014 年江西制造业原始数据

制造业细分行业	增加值（万元）	企业单位数（个）	主营业务收入（万元）	资产合计（万元）	利润总额（万元）	资产负债率（%）	产品销售率（%）	全部从业人员年平均人数（人）	城镇单位就业人员年末人数（人）	城镇单位就业人员工资总额（千元）
农副食品加工业	3421090	387	17093572	5283553	990593	49.86	99.01	83793	43101	1797631
食品制造业	1338486	156	4937742	1782799	433259	38.07	99.17	44912	24388	925142
酒、饮料和精制茶制造业	910509	99	3103721	2290760	256524	60.65	98.44	29570	21796	860433
烟草制品业	1487852	3	1785923	1673877	303988	22.34	96.96	6158	5848	342740
纺织业	2416926	404	9936534	3468986	733455	49.27	98.88	102237	50318	1980622
纺织服装、服饰业	2936490	676	12335071	4189580	880718	35.76	98.37	190407	109669	4146706
皮革、毛皮、羽毛及其制品和制鞋业	1527521	192	5069845	1670310	478706	32.11	100.04	128917	105014	3818987
木材加工和木、竹、藤、棕、草制品业	905813	205	3908413	1687720	306849	44.44	99.22	44326	18505	674056
家具制造业	482749	117	1772999	591489	134138	49.47	99.12	29610	11773	493691
造纸和纸制品业	936172	150	3076800	2062553	208649	49.58	9830.00	29977	14691	619417
印刷和记录媒介复制业	644570	128	2994643	1525111	239989	31.05	9864.00	26198	16247	663837
文教、工美、体育和娱乐用品制造业	185018	166	4687640	1533078	426235	33.69	98.61	60463	44005	1544188
石油、煤炭及其他燃料加工业	846521	22	5452601	3624214	32828	72.73	99.37	21171	20372	931911

续表

制造业细分行业	增加值（万元）	企业单位数（个）	主营业务收入（万元）	资产合计（万元）	利润总额（万元）	资产负债率（%）	产品销售率（%）	全部从业人员年平均人数（人）	城镇单位就业人员年末人数（人）	城镇单位就业人员工资总额（千元）
化学原料和化学制品制造业	6098539	788	22195482	13393031	1701994	56.95	98.36	161328	77343	3111470
医药制造业	2427207	293	10203940	5031014	813525	45.13	98.64	89393	44014	2088142
化学纤维制造业	179727	11	775237	823382	48768	72.17	97.63	4637	3282	141074
橡胶和塑料制品业	1367501	282	5749971	1889548	416991	36.23	98.95	52471	28378	1082571
非金属矿物制品业	6386486	996	24696215	13602742	2386972	47.73	98.78	236733	109990	4367986
黑色金属冶炼和压延加工业	2012060	111	14188026	7851898	489310	68.94	99.85	69351	51941	2928676
有色金属冶炼和压延加工业	9234784	546	61595846	26774341	2738011	52.00	98.60	156957	89992	5012354
金属制品业	1377755	245	6661207	2129506	442218	38.31	98.47	46886	22414	1059207
通用设备制造业	1518149	237	6525773	3331119	506050	52.83	99.25	62479	41462	1701113
专用设备制造业	1094024	173	4508680	2009559	362987	45.51	97.98	48105	29087	1237153
汽车制造业	2348278	196	10858761	7940900	747347	59.26	101.25	81210	68321	3758003
铁路、船舶、航空航天和其他运输设备制造业	351653	39	1509667	879542	91880	77.19	97.09	14537	14884	663058
电气机械和器材制造业	4416082	454	23776629	10366465	1721397	51.34	98.83	200673	130139	5659271
计算机、通信和其他电子设备制造业	3308293	308	11533781	6378611	738370	48.78	98.01	169138	109501	4317148
仪器仪表制造业	327805	61	10207854	7153856	946729	42.46	100.51	14148	19039	782854

续表

制造业细分行业	增加值（万元）	企业单位数（个）	主营业务收入（万元）	资产合计（万元）	利润总额（万元）	资产负债率（%）	产品销售率（%）	全部从业人员年平均人数（人）	城镇单位就业人员年末人数（人）	城镇单位就业人员工资总额（千元）
其他制造业	156214	35	6114470	2001681	507743	45.15	99.21	8256	7072	295583
废弃资源综合利用业	197553	37	12138251	3795249	790636	45.64	99.79	5571	2175	75720
金属制品、机械和设备修理业	33495	1	72149	38423	42	61.50	99.90	340	383	10512

制造业细分行业	城镇单位就业人员平均工资（元）	人均实现利润（元）	固定资产投资（万元）	能源消耗量（万吨标准煤）	煤炭消耗量（万吨）	电力消耗量（亿千瓦小时）	工业废水排放量（万吨）	工业废气排放量（亿立方米）	一般固体废物产生量（万吨）	一般工业固体废物综合利用量（万吨）
农副食品加工业	41822	111596	3576653	6059.00	17.91	13.72	1923.29	57.61	13.80	12.80
食品制造业	38064	89611	1888473	46.48	43.05	6.75	893.14	47.66	15.07	14.89
酒、饮料和精制茶制造业	38891	79744	1314115	23.54	9.27	4.33	1335.29	34.24	13.24	13.07
烟草制品业	60214	514217	43450	4.11	0.68	0.73	27.69	13.66	1.63	1.34
纺织业	39601	60516	2186264	78.61	6.28	21.82	1592.39	35.76	3.66	3.60
纺织服装、服饰业	37959	43870	3527139	36.68	1.46	8.76	99.69	4.09	0.11	0.09
皮革、毛皮、羽毛及其制品和制鞋业	36024	31782	1883165	21.00	1.73	6.08	436.01	480.00	0.95	0.95
木材加工和木、竹、藤、棕、草制品业	36924	67433	1375106	35.33	0.53	9.04	417.24	228.99	16.82	16.69

续表

制造业细分行业	城镇单位就业人员平均工资（元）	人均实现利润（元）	固定资产投资（万元）	能源消耗量（万吨标准煤）	煤炭消耗量（万吨）	电力消耗量（亿千瓦小时）	工业废水排放量（万吨）	工业废气排放量（亿立方米）	一般固体废物产生量（万吨）	一般工业固体废物综合利用量（万吨）
家具制造业	41613	44515	1129983	7.73	0.19	2.32	10.91	4.14	0.17	0.17
造纸和纸制品业	42982	69603	1367220	105.45	85.10	18.23	10211.86	96.56	50.52	49.59
印刷和记录媒介复制业	40473	91606	911318	18.93	1.35	3.26	51.73	4.03	0.12	0.10
文教、工美、体育和娱乐用品制造业	35263	70495	899018	17.53	2.24	5.05	81.57	2.51	0.25	0.13
石油、煤炭和其他燃料加工业	45254	15506	417545	224.02	674.34	8.31	1330.39	163.08	17.82	17.57
化学原料和化学制品制造业	40909	105499	5820821	355.24	177.97	68.56	6854.10	516.34	266.41	241.69
医药制造业	47238	91005	2525795	66.11	21.98	11.04	2565.82	96.37	10.08	949.00
化学纤维制造业	42685	105171	399093	6211.00	56.59	5.48	2434.08	133.36	17.55	14.82
橡胶和塑料制品业	38768	79471	2017202	52.10	6.19	13.75	270.38	29.12	3.40	3.29
非金属矿物制品业	39846	100830	8167788	1551.50	1608.50	83.71	3256.47	6252.38	363.21	355.31
黑色金属冶炼和压延加工业	55570	70556	976444	1462.33	1276.33	61.04	498754.00	4102.02	1396.40	1326.46
有色金属冶炼和压延加工业	55756	174443	4080573	405.96	75.46	73.36	3546.42	530.69	243.21	224.09
金属制品业	47485	94318	2928590	43.48	3.11	9.78	295.47	11.79	0.88	0.82
通用设备制造业	41078	80995	3329635	28.71	2.07	7.88	197.63	31.70	0.79	0.74
专用设备制造业	42539	75457	3547589	22.38	1.46	6.01	121.01	30.96	1.08	0.58
汽车制造业	56419	92026	3310965	76.35	6.74	14.22	642.12	109.36	8.62	8.24

续表

制造业细分行业	城镇单位就业人员平均工资（元）	人均实现利润（元）	固定资产投资（万元）	能源消耗量（万吨标准煤）	煤炭消耗量（万吨）	电力消耗量（亿千瓦小时）	工业废水排放量（万吨）	工业废气排放量（亿立方米）	一般固体废物产生量（万吨）	一般工业固体废物综合利用量（万吨）
铁路、船舶、航空航天和其他运输设备制造业	45371	63204	1232994	11.92	0.15	3.61	220.52	6.89	0.52	0.39
电气机械和器材制造业	43810	84567	5875299	113.33	7.12	25.90	391.50	37.01	1.22	1.09
计算机、通信和其他电子设备制造业	40154	41885	4774868	57.68	0.98	18.15	1709.35	45.57	2.37	1.70
仪器仪表制造业	41606	62374	941651	4.81	0.03	1.54	90.02	0.70	0.15	0.15
其他制造业	42022	43150	804010	2.90	0.49	0.74	163.49	11.69	0.46	44.00
废弃资源综合利用业	36040	112270	943347	6.94	2.88	1.22	128.21	158.14	9.65	7.98
金属制品、机械和设备修理业	27446	390	104387	1.76	0.17	0.34	8.14	0.04	0.01	0.01

2015年江西制造业原始数据

制造业细分行业	增加值（万元）	企业单位数（个）	主营业务收入（万元）	资产合计（万元）	利润总额（万元）	资产负债率（%）	产品销售率（%）	全部从业人员年平均人数（人）	城镇单位就业人员年末人数（人）	城镇单位就业人员工资总额（千元）
农副食品加工业	3954800	452	19407526	7091181	1133808	38.60	99.90	87346	42648	1926176
食品制造业	1461404	162	5364327	2492809	441798	61.20	99.00	46360	25669	1062855

续表

制造业细分行业	增加值（万元）	企业单位数（个）	主营业务收入（万元）	资产合计（万元）	利润总额（万元）	资产负债率（%）	产品销售率（%）	全部从业人员年平均人数（人）	城镇单位就业人员年末人数（人）	城镇单位就业人员工资总额（千元）
酒、饮料和精制茶制造业	918886	113	3262505	2842443	308310	22.60	98.30	30224	22684	892512
烟草制品业	1361772	3	1969662	1952471	271578	50.20	100.70	6072	6732	471260
纺织业	2629530	500	11191451	5114869	844523	36.40	99.80	110410	50363	2221055
纺织服装、服饰业	3272171	763	13499002	5516698	1001456	32.50	101.70	198678	119239	4909062
皮革、毛皮、羽毛及其制品和制鞋业	1623203	216	5551915	2147542	531854	45.00	100.80	137125	110514	4249235
木材加工和木、竹、藤、棕、草制品业	934929	214	4007971	2040572	307380	49.90	99.20	43696	16659	668413
家具制造业	622546	128	2316725	1065307	165528	50.10	99.60	33103	12317	571715
造纸和纸制品业	1035298	160	3362541	2375993	239164	31.50	98.50	30152	13296	600690
印刷和记录媒介复制业	654844	137	3262141	2037595	247647	34.00	100.20	26803	15866	717347
文教、工美、体育和娱乐用品制造业	1271417	198	5366001	2275265	467783	74.00	100.20	64877	48690	1825232
石油、煤炭及其他燃料加工业	833216	21	4869383	3891679	60451	57.70	99.40	21171	18915	923637
化学原料和化学制品制造业	6321787	840	23131106	15104736	1833862	45.30	99.70	168382	79296	3529678
医药制造业	2797651	310	11352211	6098109	925906	73.50	99.80	94592	47217	2396600
化学纤维制造业	172160	13	859413	983546	45650	37.00	100.20	5320	3925	164180

续表

制造业细分行业	增加值（万元）	企业单位数（个）	主营业务收入（万元）	资产合计（万元）	利润总额（万元）	资产负债率（%）	产品销售率（%）	全部从业人员年平均人数（人）	城镇单位就业人员年末人数（人）	城镇单位就业人员工资总额（千元）
橡胶和塑料制品业	1577543	312	6570898	2497565	461942	48.50	98.70	57671	29747	1278580
非金属矿物制品业	6760204	1102	26531588	17244032	2375419	69.60	99.90	242501	112172	4734033
黑色金属冶炼和压延加工业	2009907	120	12549454	7611446	286125	53.00	100.20	64611	55752	3319931
有色金属冶炼和压延加工业	8894974	567	60798697	29615493	2397937	38.70	100.80	154710	80053	4646068
金属制品业	1498067	279	7120687	2712278	473809	53.30	99.40	51891	25781	1257192
通用设备制造业	1750087	281	7441920	4237196	577083	45.70	100.30	70650	43107	1975920
专用设备制造业	1211749	200	5093089	2631081	398836	59.40	99.40	50241	29294	1323446
汽车制造业	2566185	238	11916894	9556197	781614	77.50	99.10	93104	77242	4616357
铁路、船舶、航空航天和其他运输设备制造业	288462	39	1264482	1050377	79956	51.60	102.70	14080	13680	673973
电气机械和器材制造业	4957167	534	27171832	14710245	1928889	49.30	98.40	221856	130547	5916876
计算机、通信和其他电子设备制造业	3835946	371	13507835	8775520	775827	43.00	99.80	190094	121867	5170920
仪器仪表制造业	408808	70	1289345	1304363	138526	45.70	98.20	18235	20690	884289
其他制造业	158092	37	659986	236900	45357	46.10	99.20	8354	5471	212975
废弃资源综合利用业	245191	51	1399905	611258	86308	61.70	100.80	6233	2543	107455
金属制品、机械和设备修理业	35862	1	7503	3600	3	78.10	100.30	309	394	13297

续表

制造业细分行业	城镇单位就业人员平均工资（元）	人均实现利润（元）	固定资产投资（万元）	能源消耗量（万吨标准煤）	煤炭消耗量（万吨）	电力消耗量（亿千瓦小时）	工业废水排放量（万吨）	工业废气排放量（亿立方米）	一般固体废物产生量（万吨）	一般工业固体废物综合利用量（万吨）
农副食品加工业	45357	129807	4097580	67.60	19.56	15.84	2231.50	105.70	27.68	26.09
食品制造业	41609	95297	1909701	52.94	50.19	7.54	1208.11	48.27	13.88	12.81
酒、饮料和精制茶制造业	38781	102008	1118907	22.44	9.76	4.53	1299.77	38.45	19.11	17.29
烟草制品业	70984	447263	66875	4.32	0.53	0.77	21.96	20.78	0.92	0.91
纺织业	43838	76490	2734027	80.75	11.39	22.36	1620.07	47.32	4.91	4.67
纺织服装、服饰业	41593	50406	4531244	39.70	2.23	9.62	243.07	7.17	0.40	0.23
皮革、毛皮、羽毛及其制品和制鞋业	38153	38786	2212728	24.24	1.78	6.47	457.94	4.69	1.11	1.05
木材加工和木、竹、藤、棕、草制品业	40493	70345	1553247	31.98	1.54	8.35	467.56	273.61	18.23	17.83
家具制造业	46564	50004	1430745	9.74	0.22	2.96	57.61	14.14	0.96	0.88
造纸和纸制品业	46055	79319	1748168	113.82	117.98	19.69	11577.39	125.19	61.35	60.57
印刷和记录媒介复制业	44720	92395	1454395	21.01	2.83	3.41	88.40	11.67	0.40	0.32
文教、工美、体育和娱乐用品制造业	38166	72103	1196320	20.66	2.67	5.92	111.08	3.01	0.40	0.23
石油、煤炭及其他燃料加工业	46554	28554	168002	229.37	623.10	10.35	1366.18	182.02	21.67	21.43
化学原料和化学制品制造业	45223	108911	7064435	381.85	216.53	69.06	6925.67	1104.23	245.22	231.34

续表

制造业细分行业	城镇单位就业人员平均工资（元）	人均实现利润（元）	固定资产投资（万元）	能源消耗量（万吨标准煤）	煤炭消耗量（万吨）	电力消耗量（亿千瓦小时）	工业废水排放量（万吨）	工业废气排放量（亿立方米）	一般固体废物产生量（万吨）	一般工业固体废物综合利用量（万吨）
医药制造业	51565	97884	3372283	94.88	18.29	20.34	2386.95	68.62	8.58	7.33
化学纤维制造业	41840	85808	493388	65.14	72.98	5.84	2223.14	76.25	17.39	14.05
橡胶和塑料制品业	43131	80100	2432046	55.29	8.95	14.73	397.28	25.92	4.22	4.10
非金属矿物制品业	42631	97955	9378825	1655.10	1704.93	87.65	3500.50	5876.19	328.63	320.49
黑色金属冶炼和压延加工业	58113	44284	555648	1470.91	1170.94	58.87	10598.31	4061.01	1262.35	1200.71
有色金属冶炼和压延加工业	57916	154996	4054707	413.52	159.17	68.75	3768.90	798.79	234.54	221.50
金属制品业	49251	91309	3499602	57.95	5.07	9.91	602.02	80.84	3.72	2.46
通用设备制造业	45474	81682	4139287	26.80	2.86	7.10	218.16	23.62	1.18	1.06
专用设备制造业	45439	79385	3554959	25.89	2.89	6.56	155.28	33.98	1.09	0.53
汽车制造业	61168	83951	3525310	79.10	3.31	15.22	627.54	13.10	10.25	9.50
铁路、船舶、航空航天和其他运输设备制造业	50383	56787	1415138	11.29	0.56	3.25	258.94	2.87	0.62	0.44
电气机械和器材制造业	45410	86943	6352869	120.17	6.75	29.22	566.07	105.02	1.27	1.11
计算机、通信和其他电子设备制造业	43596	40813	4379004	59.52	2.71	18.23	2594.36	117.20	3.37	1.24
仪器仪表制造业	43000	75967	908241	6.60	0.06	2.10	161.64	1.83	0.16	0.16
其他制造业	38464	54294	787525	12.31	4.40	0.02	311.77	9.64	1.63	1.57
废弃资源综合利用业	42422	138469	785264	8.52	3.00	1.34	271.20	32.51	14.65	10.26
金属制品、机械和设备修理业	32751	97	75277	1.69	0.16	0.32	37.05	0.64	0.08	0.08

2016年江西制造业原始数据

制造业细分行业	增加值（万元）	企业单位数（个）	主营业务收入（万元）	资产合计（万元）	利润总额（万元）	资产负债率（%）	产品销售率（%）	全部从业人员年平均人数（人）	城镇单位就业人员年末人数（人）	城镇单位就业人员工资总额（千元）
农副食品加工业	4443561	490	21517237	8541385	496143	34.50	98.40	48225	42497	2137610
食品制造业	1559214	179	5966404	2862381	318389	53.40	98.30	28863	26808	1180895
酒、饮料和精制茶制造业	976866	119	3333099	2788597	194022	25.80	103.00	6055	19028	784134
烟草制品业	1378602	4	1810405	1866800	881914	44.90	98.30	116643	6070	467054
纺织业	2698637	589	12067688	6001711	1060369	31.90	98.40	206349	48419	2105340
纺织服装、服饰业	3529379	886	14290244	5909267	564887	33.10	99.40	135957	120867	5443232
皮革、毛皮、羽毛及其制品和制鞋业	1825138	251	6098807	2542625	534326	39.00	100.35	131674	111762	4699773
木材加工和木、竹、藤、棕、草制品业	1018851	226	4355422	2374872	352205	34.60	99.20	43275	17908	731485
家具制造业	846345	166	3296577	1418531	249344	35.20	98.10	43404	12696	611248
造纸和纸制品业	1106888	169	3690356	2645709	269130	46.30	99.10	31413	13441	638992
印刷和记录媒介复制业	619129	143	3380229	2325114	284932	28.90	98.30	29543	16953	802819
文教、工美、体育和娱乐用品制造业	1398274	231	6260659	2704907	524525	33.10	98.60	69755	49727	2071014
石油、煤炭及其他燃料加工业	1238373	23	5529700	4041355	261875	69.90	99.60	19415	18359	885026
化学原料和化学制品制造业	6832385	878	25049941	16616265	2101287	48.90	98.80	175414	76655	3637854

续表

制造业细分行业	增加值（万元）	企业单位数（个）	主营业务收入（万元）	资产合计（万元）	利润总额（万元）	资产负债率（%）	产品销售率（%）	全部从业人员年平均人数（人）	城镇单位就业人员年末人数（人）	城镇单位就业人员工资总额（千元）
医药制造业	2998062	356	12425933	8988354	1051019	33.50	98.20	103615	52340	2873349
化学纤维制造业	157073	14	874489	819189	54298	51.40	100.80	4486	3254	180078
橡胶和塑料制品业	1828206	342	7525324	3592227	535314	30.90	98.70	60587	31996	1492681
非金属矿物制品业	7074197	1223	29404603	19113599	2687941	42.70	99.10	251491	116768	5203736
黑色金属冶炼和压延加工业	2065385	120	13239059	7438305	575103	64.10	100.10	62630	54528	3275641
有色金属冶炼和压延加工业	8503472	578	63896367	30059728	2697250	49.60	98.50	154728	79519	4964058
金属制品业	1642815	315	8194285	3656020	566296	31.60	98.50	56860	27241	1334102
通用设备制造业	1863486	321	8209729	5121047	648922	47.70	99.70	72166	43083	2199845
专用设备制造业	1379502	224	5514527	3105207	410738	41.10	98.40	54585	29858	1385838
汽车制造业	3084894	265	14366793	12891129	837056	61.20	98.50	105237	82122	5375024
铁路、船舶、航空航天和其他运输设备制造业	319667	47	1436548	1088442	85355	48.50	93.50	14942	14034	733779
电气机械和器材制造业	5661106	598	30678800	16737164	2265347	47.40	98.20	233796	145205	6820030
计算机、通信和其他电子设备制造业	4766154	424	17780522	12947544	1087329	59.80	99.00	212166	135939	6268467
仪器仪表制造业	487369	82	1539511	1292725	152193	41.50	101.90	20474	10920	550510

续表

制造业细分行业	增加值（万元）	企业单位数（个）	主营业务收入（万元）	资产合计（万元）	利润总额（万元）	资产负债率（%）	产品销售率（%）	全部从业人员年平均人数（人）	城镇单位就业人员年末人数（人）	城镇单位就业人员工资总额（千元）
其他制造业	166156	49	767081	285101	53039	30.60	98.10	9082	5723	245694
废弃资源综合利用业	269466	64	1619926	765876	110346	39.50	98.60	7309	3483	154491
金属制品、机械和设备修理业	51344	4	29586	14878	1585	53.00	100.00	520	335	13495

制造业细分行业	城镇单位就业人员平均工资（元）	人均实现利润（元）	固定资产投资（万元）	能源消耗量（万吨标准煤）	煤炭消耗量（万吨）	电力消耗量（亿千瓦小时）	工业废水排放量（万吨）	工业废气排放量（亿立方米）	一般固体废物产生量（万吨）	一般工业固体废物综合利用量（万吨）
农副食品加工业	51053	102881	3954103	70.51	18.57	16.52	1827.73	67.68	14.43	11.33
食品制造业	45243	110311	1750912	46.85	43.55	7.56	902.13	58.12	10.44	7.98
酒、饮料和精制茶制造业	40908	320433	1281206	22.63	7.05	4.61	932.07	24.59	18.78	18.51
烟草制品业	75968	75608	109423	3.78	0.37	0.74	24.37	20.94	0.96	0.96
纺织业	44264	51387	3303527	83.38	6.39	24.07	1283.63	35.60	4.14	2.88
纺织服装、服饰业	45017	41549	4949631	42.02	1.16	9.76	239.16	6.44	0.57	0.41
皮革、毛皮、羽毛及其制品和制鞋业	42612	40657	2313119	23.22	1.79	6.68	392.51	7.00	1.14	1.03
木材加工和木、竹、藤、棕、草制品业	41192	81388	1653647	39.77	0.47	9.77	349.05	401.16	22.87	22.50

续表

制造业细分行业	城镇单位就业人员平均工资（元）	人均实现利润（元）	固定资产投资（万元）	能源消耗量（万吨标准煤）	煤炭消耗量（万吨）	电力消耗量（亿千瓦小时）	工业废水排放量（万吨）	工业废气排放量（亿立方米）	一般固体废物产生量（万吨）	一般工业固体废物综合利用量（万吨）
家具制造业	48682	57447	1727303	11.40	0.17	3.34	57.27	13.97	0.90	0.87
造纸和纸制品业	48001	85675	2385962	134.59	139.77	20.57	11429.90	120.66	61.06	59.49
印刷和记录媒介复制业	47744	96446	1072597	20.50	1.46	3.63	89.11	12.08	0.36	0.27
文教、工美、体育和娱乐用品制造业	42362	75195	1367546	30.93	1.22	9.41	89.71	6.81	0.71	0.55
石油、煤炭及其他燃料加工业	50369	134883	244189	298.43	649.45	13.57	745.24	143.63	17.01	16.90
化学原料和化学制品制造业	47813	119790	7464204	404.82	256.34	67.65	4400.86	532.92	222.63	211.40
医药制造业	56163	101435	3828646	76.70	26.39	13.62	1943.92	73.80	8.76	6.82
化学纤维制造业	54818	121040	1045226	87.16	111.07	5.80	2150.38	82.59	16.68	13.42
橡胶和塑料制品业	47146	88355	2724719	52.25	5.91	14.30	374.47	47.64	4.67	3.21
非金属矿物制品业	45228	106880	10394649	1703.52	1742.85	82.08	1578.88	5391.45	588.74	359.35
黑色金属冶炼和压延加工业	59615	91825	937467	1337.34	1023.33	65.13	31219.89	3873.14	1059.14	1010.48
有色金属冶炼和压延加工业	63605	174322	4046529	395.51	145.56	66.53	2669.42	486.38	233.45	214.04
金属制品业	50701	99595	3899207	50.08	3.26	10.88	416.86	27.16	4.88	3.49
通用设备制造业	51016	89921	3970539	35.84	1.77	10.17	188.27	20.91	1.84	1.31
专用设备制造业	46338	75247	4458470	25.89	1.46	6.40	81.23	30.77	0.81	0.67
汽车制造业	68159	79540	4024113	84.17	1.35	16.07	422.67	18.29	11.22	10.86

续表

制造业细分行业	城镇单位就业人员平均工资（元）	人均实现利润（元）	固定资产投资（万元）	能源消耗量（万吨标准煤）	煤炭消耗量（万吨）	电力消耗量（亿千瓦小时）	工业废水排放量（万吨）	工业废气排放量（亿立方米）	一般固体废物产生量（万吨）	一般工业固体废物综合利用量（万吨）
铁路、船舶、航空航天和其他运输设备制造业	53223	57124	1007231	4.34	0.12	1.30	287.42	15.89	0.61	0.35
电气机械和器材制造业	47491	96894	8763303	153.85	5.63	39.45	608.54	111.43	1.80	1.50
计算机、通信和其他电子设备制造业	47246	51249	5750847	69.03	0.50	21.82	2612.90	210.42	5.41	3.52
仪器仪表制造业	51876	74335	882283	8.30	0.01	2.51	60.91	1.17	0.18	0.18
其他制造业	43679	58400	1564161	15.24	3.42	0.97	156.86	7.01	0.33	0.29
废弃资源综合利用业	44394	150972	966585	8.59	1.58	1.63	268.84	203.28	14.41	10.09
金属制品、机械和设备修理业	39230	30471	66137	1.67	0.12	0.34	10.21	1.35	0.02	0.02

2017年江西制造业原始数据

制造业细分行业	增加值（万元）	企业单位数（个）	主营业务收入（万元）	资产合计（万元）	利润总额（万元）	资产负债率（%）	产品销售率（%）	全部从业人员年平均人数（人）	城镇单位就业人员年末人数（人）	城镇单位就业人员工资总额（千元）
农副食品加工业	4861256	552	20137413	9373809	1422848	46.80	99.70	95777	40755	1942843
食品制造业	1694866	213	5329515	2910017	443867	37.20	98.50	49916	24482	1144692

续表

制造业细分行业	增加值（万元）	企业单位数（个）	主营业务收入（万元）	资产合计（万元）	利润总额（万元）	资产负债率（%）	产品销售率（%）	全部从业人员年平均人数（人）	城镇单位就业人员年末人数（人）	城镇单位就业人员工资总额（千元）
酒、饮料和精制茶制造业	1044270	130	3116237	2776459	391639	48.90	105.70	28260	16385	717996
烟草制品业	1581256	4	1970711	2141613	178010	29.00	97.10	5957	5960	546359
纺织业	2925323	661	11265553	5936219	843635	48.70	99.70	111328	40859	1702500
纺织服装、服饰业	3762318	999	11730106	5018175	857827	37.70	98.90	192832	100596	4657157
皮革、毛皮、羽毛及其制品和制鞋业	2018603	307	6071648	2745136	536797	33.00	99.90	126223	89634	3423226
木材加工和木、竹、藤、棕、草制品业	1136019	271	4230270	2424029	308215	34.80	98.80	44256	11472	479875
家具制造业	1025770	332	4461974	2167673	325851	38.00	99.00	58042	9686	474353
造纸和纸制品业	1198760	178	3827452	2663371	288130	46.70	99.00	32150	13233	626252
印刷和记录媒介复制业	647609	154	3019514	2064094	252803	32.20	98.00	27246	15404	756372
文教、工美、体育和娱乐用品制造业	1469586	267	5763014	2814447	489690	36.50	100.30	66527	46228	2055156
石油、煤炭及其他燃料加工业	1268094	28	5937943	4056308	261822	69.40	99.60	17465	15730	880917
化学原料和化学制品制造业	7057854	963	23070211	17603055	1955997	47.80	99.00	170009	71370	3593032
医药制造业	3321853	391	13121615	9589776	1301835	34.80	98.10	105367	46654	2985596
化学纤维制造业	176393	16	949400	1111359	68449	44.30	99.10	5164	3885	202140

续表

制造业细分行业	增加值(万元)	企业单位数(个)	主营业务收入(万元)	资产合计(万元)	利润总额(万元)	资产负债率(%)	产品销售率(%)	全部从业人员年平均人数(人)	城镇单位就业人员年末人数(人)	城镇单位就业人员工资总额(千元)
橡胶和塑料制品业	2162768	385	7624548	3639172	578551	32.10	98.70	59770	29640	1355362
非金属矿物制品业	7689652	1392	27851465	19103142	2458756	43.50	98.80	244252	110039	5206055
黑色金属冶炼和压延加工业	1970377	131	14520676	7598158	1617052	49.60	100.20	57693	49874	4403481
有色金属冶炼和压延加工业	8699052	654	63269310	29776453	2715676	52.00	99.20	144248	68812	4883147
金属制品业	1728241	380	8159326	3866285	573087	34.60	101.20	59423	22925	1119952
通用设备制造业	1988340	361	8281197	5032144	618208	49.40	100.10	70431	39592	2062093
专用设备制造业	1511934	277	5403600	3170585	403277	44.40	98.70	53769	27741	1419103
汽车制造业	3596986	307	16252295	15369170	864532	63.80	98.20	104155	82764	5899416
铁路、船舶、航空航天和其他运输设备制造业	357068	58	1191366	1177310	58653	39.50	100.20	15069	20607	1250024
电气机械和器材制造业	6464983	693	31083897	18431191	2184952	52.40	100.30	230483	136386	6889561
计算机、通信和其他电子设备制造业	5671723	537	21067359	16761344	1278537	58.60	99.00	233585	146397	7053842
仪器仪表制造业	509301	104	1564092	1496937	145729	40.70	99.70	22829	12892	722581
其他制造业	218329	82	1033719	527561	63791	43.30	99.70	9760	5232	237040
废弃资源综合利用业	312311	98	2956976	1091716	104064	52.50	100.40	9918	4152	201346
金属制品、机械和设备修理业	34709	3	10224	10159	-76	57.90	97.40	347	324	22749

续表

制造业细分行业	城镇单位就业人员平均工资（元）	人均实现利润（元）	固定资产投资（万元）	能源消耗量（万吨标准煤）	煤炭消耗量（万吨）	电力消耗量（亿千瓦小时）	工业废水排放量（万吨）	工业废气排放量（亿立方米）	一般固体废物产生量（万吨）	一般工业固体废物综合利用量（万吨）
农副食品加工业	48420	148558	5501420	69.82	20.10	16.26	1283.68	114.45	8.50	6.92
食品制造业	47155	88923	2690045	50.75	50.12	8.78	650.22	89.98	28.14	22.64
酒、饮料和精制茶制造业	43568	138584	1453860	21.71	7.52	4.23	681.08	11.06	34.13	29.10
烟草制品业	89847	298824	92055	3.57	0.36	0.76	21.72	19.27	0.26	0.14
纺织业	42130	75779	3371097	84.20	6.39	24.63	1184.39	26.02	5.65	3.97
纺织服装、服饰业	46760	44486	5225510	42.47	1.11	9.16	113.58	2.96	0.22	0.08
皮革、毛皮、羽毛及其制品和制鞋业	38499	42528	2351812	21.78	1.76	6.49	254.57	8.25	1.28	0.85
木材加工和木、竹、藤、棕、草制品业	42637	69644	1779493	38.75	0.35	10.21	167.26	187.45	14.67	14.46
家具制造业	50635	56141	2264251	12.74	0.16	3.72	30.25	7.46	0.85	0.82
造纸和纸制品业	48240	89620	1465883	135.77	142.38	21.09	4912.89	126.04	60.18	51.02
印刷和记录媒介复制业	49833	92785	1049863	25.50	1.78	3.79	51.80	3.20	0.31	0.25
文教、工美、体育和娱乐用品制造业	44322	73608	1367950	28.78	1.73	8.63	34.53	6.12	0.50	0.14
石油、煤炭及其他燃料加工业	54388	149912	297748	210.24	457.78	12.06	1703.82	141.65	12.20	10.00
化学原料和化学制品制造业	50574	115053	9360117	436.10	273.26	79.80	3285.21	401.07	256.28	214.27

续表

制造业细分行业	城镇单位就业人员平均工资（元）	人均实现利润（元）	固定资产投资（万元）	能源消耗量（万吨标准煤）	煤炭消耗量（万吨）	电力消耗量（亿千瓦小时）	工业废水排放量（万吨）	工业废气排放量（亿立方米）	一般固体废物产生量（万吨）	一般工业固体废物综合利用量（万吨）
医药制造业	64461	123552	3902231	78.04	26.39	13.41	1605.46	296.96	9.38	6.25
化学纤维制造业	52861	132551	763426	50.91	60.18	5.96	2057.70	65.62	16.63	14.92
橡胶和塑料制品业	46179	96796	3206415	56.19	5.84	15.64	202.60	34.90	4.44	4.18
非金属矿物制品业	47617	100665	11622135	1680.29	1779.32	86.53	936.30	4577.33	355.74	336.86
黑色金属冶炼和压延加工业	87976	280286	1517535	1356.27	998.82	61.82	2321.00	4424.64	1234.47	828.03
有色金属冶炼和压延加工业	71238	188264	4796972	464.59	146.16	86.99	2290.42	550.11	238.57	203.30
金属制品业	50638	96442	5198579	50.34	2.10	10.68	422.74	37.47	2.41	1.32
通用设备制造业	51914	87775	4057236	31.07	1.18	9.06	116.89	12.23	1.96	1.52
专用设备制造业	51043	75002	4818672	22.75	0.80	6.37	73.43	32.09	0.83	0.50
汽车制造业	72507	83004	4950716	90.63	1.44	18.07	339.74	50.98	116.57	114.79
铁路、船舶、航空航天和其他运输设备制造业	61342	38923	1021618	3.53	0.15	1.08	252.28	16.31	0.34	0.18
电气机械和器材制造业	51613	94799	9170211	149.83	3.97	37.91	736.98	148.95	2.90	2.26
计算机、通信和其他电子设备制造业	51397	54735	10135203	77.09	0.50	24.47	3004.21	260.97	6.86	2.51
仪器仪表制造业	56700	63835	1316823	9.35	0.02	2.86	36.88	0.50	0.03	0.03
其他制造业	45611	65359	1898225	25.84	3.57	1.33	107.08	14.74	1.87	1.68
废弃资源综合利用业	49789	104924	1144906	11.00	0.48	2.62	92.31	122.61	20.94	12.43
金属制品、机械和设备修理业	73148	-2182	120608	1.81	0.22	0.35	2.58	0.60	0.78	0.57

专题1　江西全力打造国产民机
创新发展示范省研究

民用飞机（以下简称民机）是指非军事用途的飞机，主要用于客货运输、农林作业、低空旅游、地质勘探、气象监测、应急救援等领域。按照用途的不同，具体可分为用于民航运输的商业飞机和用于通用航空的通用飞机。其中，商业飞机主要包括民用大型运输机、支线飞机等，通用飞机具体包括民用直升机、教练机、通勤飞机、无人机、特种飞机等。而国产民机是指具有自主知识产权的民用飞机，比如 C919 大型客机、AG600 大型水陆两栖飞机、ARJ 系列支线飞机、"新舟"系列飞机、运 – 12 系列轻型多用途飞机、AC 系列民用直升机等。为贯彻落实习近平总书记视察江西时提出的"在加快革命老区高质量发展上作示范、在推动中部地区崛起上勇争先"重要指示，主动策应国产民机发展的时代需要和重大机遇，江西有必要全力打造国产民机创新发展示范省，助推江西由航空产业大省迈向航空经济强省。

一、江西打造国产民机示范省的重要意义

江西作为中部欠发达省份和航空产业大省，全力打造国产民机创新发展示范省，具有重要的战略和现实意义。

（一）有利于贯彻落实习近平总书记重要指示精神，走出一条革命老区高质量跨越式发展之路

2019 年 5 月 20～22 日，习近平总书记到江西视察指导，并明确提出江西要"在加快革命老区高质量发展上作示范、在推动中部地区崛起上勇争先"的目标定位，这是对新时代江西发展的把脉定向，是做好江西一切

工作的行动指南和根本遵循。航空产业是江西战略性新兴产业的首位产业，是助推江西高质量跨越式发展的主力军。打造国产民机创新发展示范省，就是贯彻落实习近平总书记的重要指示精神，立足产业基础，发挥特色优势，着力做优做强做大航空产业，努力走出一条符合江西实际、具有江西特色的高质量跨越式发展之路。

（二）有利于策应国产民机发展的时代需要，加快推进民机国产化进程

经过几十年的努力，我国国产民机事业取得长足进步，国产民机自主研发及产业化发展水平不断提升，但是国内民机市场仍然被外企所垄断，干线飞机基本来自美国波音公司和欧洲空客公司，支线飞机以巴西航空公司和加拿大庞巴迪公司为主，民机国产化进程亟待加快。与此同时，随着国内民航市场的蓬勃发展，对民用飞机的需求量日益增长，大力发展国产民机的迫切性不断提升。打造国产民机创新发展示范省，就是江西主动策应国产民机发展的时代需要，积极探索国产民机发展的新模式、新路径，为进一步推动国产民机事业发展积累经验、贡献力量。

（三）有利于对接中国航空工业、中国商飞布局调整，主动融入国产民机产业分工体系

近年来，中国航空工业、中国商飞着眼于民机产业实现规模化，大力推动国产民机制造产能向全国范围拓展，提升民机的异地生产试飞能力，构建面向全国的民机产业体系。特别是在 C919 大型客机项目的引领带动下，一批民用航空产业园得以建成，形成了全国一盘棋的局面，也带动了地方经济的发展。打造国产民机创新发展示范省，有利于江西深化与中国航空工业、中国商飞在民用航空研发、制造、技术等方面的优势互补，加大干支线飞机、民用教练机、直升机、通用飞机、无人机等领域重大产业项目的合作，更好地融入国产民机化和国产大飞机战略，打造国产民机产业发展新平台，助力国产民机项目在江西落地生根。

（四）有利于塑造航空产业竞争新优势，助推江西由航空产业大省迈向航空经济强省

作为中国航空工业的摇篮，江西是航空产业大省，航空制造规模位居

全国前列，但是航空产业呈现"军用产品强、民用产品弱"的格局，航空产品以军机为主，军机制造位列全国前四，而民机尚处于发展初期，民机制造在全国处于中游水平。打造国产民机创新发展示范省，既有利于江西发挥军工资源优势，通过军转民、民参军，打通军民深度融合发展通道，显著提升民机产业研发与制造的整体水平，又有利于江西突破传统军机模式，构建完善的民机产业体系，塑造航空产业竞争新优势，加快实现从航空产业大省向航空经济强省的跨越。

二、江西打造国产民机创新发展示范省的基础条件

江西是中国航空事业的发源地之一，是我国航空产业大省，既具有深厚的航空产业基础，又具有打造国产民机创新发展示范省的现实条件。

（一）产业底蕴深厚，发展环境优越

江西是中国航空工业的摇篮，中国第一批飞机主机厂在南昌建立，中国第一架飞机是洪都生产制造并在南昌首飞上天。江西也是全国唯一同时拥有旋翼机和固定翼飞机研发生产能力的省份，是直升机、教练机研制生产的核心基地，是我国民机大部件制造和转包生产的重要基地。经过60多年的发展，江西已拥有航空企事业单位90家，其中航空制造整机及配套单位39家，航空运营、服务单位21家，航空科研和教育单位5家，职工3万余人。洪都集团拥有飞机维修项目中国集训基地、人才培养基地、飞行员队伍和飞行训效中心，每年培养了大量航空专业技术、技能人才和飞行人才。江西省委省政府始终把航空产业摆在突出位置，明确提出举全省之力，共圆"航空产业大起来、航空研发强起来、江西飞机飞起来、航空小镇兴起来、航空市场旺起来"的江西"航空梦"。在省委省政府的高度重视、高位推动下，加快航空产业发展已成为全省上下的共识，航空产业呈现出强劲的发展势头，年均保持20%左右的高速增长，从2010年全省航空产业营业收入不到百亿元到2018年达到863.2亿元，不断创造航空产业竞争新优势。

（二）研发实力强劲，平台支撑有力

江西拥有2个飞机设计研究所，3所航空类大学和职业学院，2个国

家级企业技术中心，12 个省部级国家重点实验室和工程中心，3 个航空专业博士后科研工作站、70 个硕士点。全省航空工业系统有专业技术人员8728 人，先后诞生了 2 位中国工程院院士，洪都厂所一体、景德镇直升机厂所结合的研发优势在全国独一无二。同时，以"一城一小镇"为载体，江西航空产业集聚效应日益凸显。"一城"即南昌航空城，位于南昌国家高新技术产业开发区，项目总投资 300 亿元，规划面积 50 平方公里，按功能分区分为 6 个片区：包括 11.6 平方公里的航空产业区、4.3 平方公里的机场试飞区、10 平方公里的军民融合产业区、5.4 平方公里的综合配套区、12.6 平方公里的航空特色小镇和 6.1 平方公里的滨湖生态区；"一小镇"指景德镇航空小镇，位于景德镇国家国家高新技术产业开发区，以昌飞公司和中国直升机设计研究所为主体开发建设，规划面积 11.97 平方公里，包括航空研发制造集成区 3.18 平方公里、航空零部件配套区 2.29 平方公里、航空文化旅游区 2.73 平方公里、综合服务区 1.31 平方公里。另外，南昌、景德镇分别入选全国首批通航产业综合示范区，南昌航空科创城、景德镇直升机研发中心、江西先进复合材料研发中心、阿努瓦复材生产研制基地等生产研发平台建设稳步推进，北航江西研究院揭牌成立，南昌航空大学与昌飞公司共建了通航学院，江西飞行学院筹建工作加快推进。

（三）制造体系健全，产品结构完善

江西航空制造具备较强的航空产品总体设计、试验验证、先进制造和总装总成能力，初步形成军民融合、一机多型、系列发展、有人机与无人机协调发展格局。教练机形成了初、中、高级教练机系列化产品格局，直升机形成了大、中、轻型直升机系列化产品。生产的主要产品有运 5、农5A/B 飞机，强 5 系列飞机，初教 6、K8、L7、L15 等教练机；Z8、Z10、Z11、AC310、AC311、AC313、A109、S-76、AC352、SW-4 等。特别是由洪都集团自主研制的 K8 基础教练机占据全球 70% 的同类教练机市场，猎鹰 L15 高级教练机已具备参与国际市场竞争的能力；由昌飞公司和中国直升机设计研究所联合研制的国产大型民用直升机 AC313，是我国第一个完全按照适航条例规定的要求和程序进行研制的大型民用运输直升机，也是我国自行研制生产的唯一一种大型直升机；由中国直升机设计研究所研制的 AV500 无人直升机创海拔 5000 米升限新纪录，北京通航江西直升机公司研制的"小青龙"军民两用无人机自动化总装线正式投产，白龙马公司研制的系列无人机已批量投放市场。2018 年，江西共销售民机近 100 架，销售市场范围从传统的警务领域拓展到地质勘探、航空遥感等新兴领域，洪都集团高级教练机成功批量销售海外。

（四）项目推进有力，特色亮点纷呈

在国家有关部委、中央企业的大力支持下，一系列与民机相关的重大平台、重大项目落户江西，为开展国产民机创新发展示范省建设打下了坚实基础。中国商飞江西生产试飞中心顺利落户，主要承担国产 ARJ21 新支线飞机的内饰安装、喷漆、生产试飞支持、客户交付支持、维修维护、运营保障等；洪都集团成为国产 C919 大飞机项目的前机身、中后机身唯一供应商，约占机体份额的 25%；C919 大飞机在瑶湖机场成功完成转场试飞，成为中国商飞大飞机重要的试飞基地；中国民用航空江西航空器适航审定中心挂牌设立，成为继北京、上海、沈阳、西安之后设立的第 5 家适航审定中心；"江西快线"获得 135 部载客类经营许可和运行许可证，开通了南昌—赣州短途航线，并成功执飞内蒙古航线；江西获得民航华东地区管理局颁发的国内首张无人机航空运营（试点）许可证，率先步入无人机运输新蓝海；由省、市、区共同投资组建了专业从事航空产业投资的平台公司——江西华赣航空产业投资有限公司。另外，中国 AOPA 适航技术服务中心、中国国际飞行器交易中心、华东第二区域管制中心、航空应急救援体系等项目也在稳步推进或实施。

但是，江西民机产业整体发展处于发展初期，仍有很大提升空间。从研发环节看，省内军机、旋翼机研发能力较强，而民机尤其是商用飞机制造技术研发能力较弱；从制造环节看，民机产业链尚不完善，整机生产较为薄弱，系统件生产也刚刚起步；从试飞环节看，民用飞机试飞测试正在推进，南昌瑶湖机场相关试飞保障经验仍需进一步积累；从运营环节看，国产民机在民用航空、通用航空、航空应急救援中的运营服务水平有待于进一步提升。

三、江西打造国产民机创新发展示范省面临的发展形势

（一）国际形势

1. 干线飞机方面

市场基本处于美国波音公司和欧洲空客公司垄断的格局，2018年波音公司共交付了806架商用飞机（其中波音737系列580架），空客公司共交付了800架商用飞机（其中空客A320系列626架）。俄罗斯也在加快布局和发展MC－21大飞机，第三架MC－21－300试验客机已经于2019年3月完成首飞。

2. 支线飞机方面

尽管加拿大庞巴迪公司的CRJ系列飞机和巴西航空公司的E系列飞机一直占据市场主导地位，但俄罗斯苏霍伊公司推出了SSJ100支线客机，日本三菱公司推出了MRJ支线客机，乌克兰安东诺夫公司研制的安－148支线飞机也已投入批量生产。

3. 民用直升机方面

欧洲空客直升机公司占全球市场份额的47%，意大利莱昂纳多公司占21%，美国贝尔直升机公司和西科斯基公司分别占18%和5%，世界其他直升机公司占9%。

4. 通用飞机方面

北美地区通航飞机交付量占全球的70%以上，美国制造商的交付量占全球的60%以上，特别是高端公务机市场基本被加拿大庞巴迪公司、美国塞斯纳公司和湾流宇航公司所垄断。

（二）国内形势

1. 国产大飞机方面

自主研发的C919大型客机共有3架完成首飞，第4架C919即将进行总装，试飞工作全面提速，C919的批量生产工作也在加紧进行；由中俄

联合研发的 CR929 远程宽体客机，第一段全复材全尺寸机身桶段成功下线，已经正式进入组装阶段；自主研发的大型水陆两栖飞机 AG600 成功实现水上首飞起降，进入全面水上试飞阶段。

2. 国产支线飞机方面

由西安飞机工业（集团）有限责任公司研制生产的"新舟"系列支线飞机，已经形成新舟 60、新舟 600、新舟 700 系列化发展格局，累计向全球 30 余家用户交付超过 100 架；由中国商飞研制生产的 ARJ21 新支线飞机，自 2016 年 6 月正式投入航线运营，累计订单数超 520 架。

3. 国产轻型多用途通用飞机方面

中航通用飞机公司已批量生产 A2C 超轻型水上飞机、小鹰 500 轻型多用途飞机等，正在研制领世 AG300 单发轻型涡桨公务机、海鸥 300 轻型水陆两栖飞机、Y15-2000 多用途飞机等。

4. 国产民用直升机方面

由中航工业直升机公司自主研发或合作研发的 AC310、AC301、AC312、AC313、AC352 等形成了全谱系化发展。国产小型无人机方面，大疆公司的无人机产品服务超过 100 个国家和地区，已占据全球无人机市场份额的 70%。

但是，与进口机型相比，国产民机在性能上仍存在较大差距，国内市场占有率较小，未来国产化替代空间巨大。截至 2018 年底，国内航空公司共运营 408 架宽体客机，其中空客 A330 客机 236 架，占比 57.8%；共运营 2871 架窄体客机，其中波音 737、空客 A320 分别达 1441 架和 1430架，各占半壁江山；共运营 178 架支线客机，其中巴西航空公司的 E190及 E195 客机 105 架，加拿大庞巴迪公司的 CRJ900 客机 38 架，而西安飞机工业（集团）有限责任公司的新舟 60 客机仅为 25 架，中国商飞的 ARJ21 客机仅为 10 架；民用直升机仍然以欧美国家的进口机型为主，美国罗宾逊公司、贝尔直升机公司、西科斯基公司、欧洲空客直升机公司、意大利阿古斯塔公司占据国内 80% 以上的市场份额。

四、江西打造国产民机创新发展示范省的总体思路

（一）指导思想

以习近平新时代中国特色社会主义思想为引领，牢固树立创新、协调、绿色、开放、共享的发展理念，围绕"在加快革命老区高质量发展上作示范、在推动中部地区崛起上勇争先"的目标定位，紧紧抓住国家支持国产民机发展、加快低空空域管理改革的重大机遇，立足自身比较优势和产业基础，顺应世界航空产业发展趋势，全面对接中国航空工业、中国商飞分工布局调整，以市场需求为牵引，以技术创新为动力，以重大项目为载体，着力推动研发、制造、维修、运营全链条发展，着力推动干支线飞机、民用教练机、直升机、通用飞机、无人机全领域拓展，着力推动适航审定、试飞验证、飞行培训全方位配套，全面提升国产民机产业核心竞争力和市场影响力，努力把江西打造成为国产民机创新发展示范省，为国产民机创新发展积累经验、探索路径、提供示范。

（二）基本原则

1. 市场主体，政府引导

充分发挥市场在资源配置中的决定性作用，引导国产民机企业根据市场需求不断改进技术、升级产品、拓展业务，促进国产民机产业持续壮大。更好地发挥政府规划引导、政策支持和产业扶持作用，探索符合江西实际情况的政策、管理、服务新模式，引导各类示范项目、配套设施、服务平台等要素的集聚。

2. 创新引领，示范带动

营造良好的创新发展环境，推动本地国产民机企业通过技术创新提高自身竞争力，加快具有自主知识产权的民用飞机研制，以科技创新、产品创新、模式创新驱动国产民机创新发展。充分发挥先行先试优势，创新人才、技术、资金等要素供给方式，推进国产民机新产品新服务的开发和应用推广。

3. 重点突破，集聚发展

依托现有资源与产业优势，深度参与国产大飞机及支线飞机制造，大

力提升民用教练机、直升机、通用飞机、无人机的研发制造水平，构建国产民机产业及关联产业协调发展新业态。支持本地国产民机企业做大做强，引进一批研发、制造、维修、运营企业，培育一批有特色、有市场、有优势的国产民机产业基地。

4. 军民融合，协同推进

强力推进军民深度融合发展，切实突破军民融合发展瓶颈，全力协调军地资源开放共享，以军工资源优势助推民机产业发展。通过构建产学研联盟、异地协同创新联盟等方式，提升军机、民机产业协同发展能力，打造协同高效的军民融合发展共同体。

（三）战略定位

立足江西的比较优势和产业基础，聚焦研发、制造、运营等环节，重点打造"四大示范基地"。

1. 国产民机研发制造示范基地

以南昌航空城、景德镇航空小镇为依托，巩固提升在民用教练机、直升机、无人机等方面的技术及制造优势，大力开发中高端公务机、新型农林飞机，全面融入国产大飞机、支线飞机产业链，着力打造在全国具有较大知名度和影响力的国产民机研发制造示范基地。

2. 国产民机协同创新示范基地

聚焦干支线飞机、民用教练机、直升机、通用飞机、无人机，以提高民机自主创新能力为核心，以创新型民机企业为主体，强化政策扶持，集聚创新资源，构建一批协同创新平台，创新产学研用深度融合模式，着力打造特色鲜明、功能完备、合作紧密的国产民机产学研用协同创新示范基地。

3. 国产民机国际化合作示范基地

在做大做强本地民机龙头企业的同时，大力引进国际先进的民机研发机构和制造企业，主动承接国际主流机型零部件、大部件、机载系统、航空复合材料等转包生产任务，在巩固国内市场的基础上，大力开拓国际市场，扩大国产民机产品出口，着力打造国产民机国际化合作示范基地。

4. 国产民机商业化运营示范基地

围绕民用航空、通用航空、航空应急救援，通过激发资本活力、提升运营水平、创新管理方式，积极探索国产民机商业化运营模式，建立国产民机商业化运营保障平台，着力打造具有江西特色的国产民机商业化运营示范基地。

（四）空间布局

依托现有基础，发挥各地优势，构建"双轮驱动、多点支撑"的国产民机产业发展格局。

1. 双轮驱动

即以南昌航空城、景德镇航空小镇为重点，打造国产民机产业集聚区。其中，依托南昌航空城，建设大型商用客机大部件研发与制造厂区，教练机、通用飞机等研发与制造厂区，中国商飞江西生产试飞中心、国产C919大飞机项目试飞基地以及航空转包生产区，努力打造全国教练机研制生产的核心基地，全国领先的民机生产试飞、民机大部件和航空配套设备生产的重要基地，国际知名的干支线飞机、直升机、通用飞机的机体零部件供应商；依托景德镇航空小镇，在现有直升机系列产品的基础上，突破发展重型直升机，巩固提升直升机产业的研发制造的优势地位，带动通用飞机、无人机、航空零部件、通航运营、通航服务等产业发展，努力打造全国知名的现代直升机总装集成及配套承载区、全国重要的通用航空产业综合示范区。

2. 多点支撑

即布局建设一批通航制造、通航运营、通航服务、航空文化教育、航空零部件配套基地。依托吉安桐坪、九江共青城等航空小镇以及赣州南康、上饶鄱阳等无人机试飞基地，培育壮大通用飞机、无人机、航空零部件以及通航运营服务、航空教育产业，与南昌航空城、景德镇航空小镇互为补充，协同发展。

（五）主要目标

到2022年，基本建成以研发制造为核心、以飞行运营为驱动、以保

障服务为牵引的国产民机创新发展示范省，力争民机产业经济规模达到
1000 亿元，成为江西航空产业发展的重要引擎和建设航空经济强省的重要
支撑。

1. 民机研发目标

到 2022 年，在民机整机制造、关键配套、运营服务等领域，经认定
的高新技术企业总数超过 20 家，科技型中小企业超过 50 家；引进国内外
10 家以上知名企业、高校、研发机构在江西设立研发机构或技术转移平
台，新增省级以上工程研究中心、重点实验室、企业技术中心、院士（博
士后）工作站 20 个以上；突破 15 项以上民机前沿、共性关键技术，开发
5 个以上标志性、带动性强的重点民机产品和核心部件。

2. 民机制造目标

到 2022 年，民机整机制造企业数量达到 12 家以上，关键配套企业数
量达到 50 家以上，其中引进民机整机制造企业超过 4 家，引进民机零部
件、大部件、发动机、机载系统、复合材料企业超过 15 家，引进航空维
修企业 2 家以上；"江西造"民用飞机产品在国内外市场具有较强竞争力
和美誉度，ARJ21 新支线飞机年完工交付数量达 30 架以上，教练机年产
架数达 200 架以上，直升机年产架数达 400 架以上，通用飞机年产架数达
500 架以上，工业级无人机年产架数达 1000 架以上；稳步推进洪都集团、
昌飞公司一般能力社会化工作，对于核心能力重点支持、强力提升，重要
能力根据实际订单情况动态维持，一般能力逐步退出，后续逐步向维修保
障、训效服务等产业链延伸领域拓展，同步实现一般能力社会化配套率超
过 75%。

3. 民机运营目标

到 2022 年，引进 2~3 家航空公司设立基地公司，民航运营企业超过
20 家；引入 10 架以上国产 C919 大飞机和 ARJ21 新支线飞机在江西开展
商业化运营；获得许可的通航运营单位达到 15 家以上，省内通用航空飞
行器超过 300 架，打造 6~8 个精品空中游览项目，4~5 条低空观光示范
航线，建设一批短途运输和飞行营地示范项目。

4. 设施载体目标

南昌航空城、景德镇航空小镇在全国的影响力日益扩大，中国商飞江西生产试飞中心和国产 C919 大飞机项目试飞基地建设取得突破性进展，吉安桐坪、九江共青城等航空小镇以及赣州南康、上饶鄱阳等无人机试飞基地集聚效应初显；中国民航江西航空器适航审定中心形成较大规模的适航审定能力；"一干八支"机场格局基本形成，机场基础设施及地面保障服务设施能力基础完备，建成一批通用机场、固定运营基地、直升机临时起降点和飞行服务站。

五、江西打造国产民机示范省的主要任务

（一）着力构建产学研用协同创新、军民深度融合的国产民机研发体系

以提高民机自主创新能力为目标，以南昌航空城、景德镇航空小镇为依托，整合航空企业、科研院所等资源，创新产学研用深度融合模式，巩固提升在民用教练机、直升机、无人机等方面的研发优势，大力突破干支线飞机、通用飞机、发动机、机载系统、航空复材等关键核心技术，着力打造特色鲜明、功能完备、合作紧密的国产民机产学研用协同创新示范基地。利用军机研发制造优势，打通"军转民""民参军"通道，探索军民融合创新模式，促进军民通用研发设计、制造、适航验证、应用等先进工业技术、产品的合作开发、双向服务，努力创建国家军民融合创新示范区。

1. 大力培育创新型民机企业

以洪都集团、昌飞公司、北京通航江西直升机公司等整机制造企业和洪都商飞公司、景航锻铸公司等配套企业为重点，加大民机研发投入及科技创新力度，提升干支线飞机、民用教练机、直升机、通用飞机、无人机及相关设备系统的技术水平。以南昌航空城、景德镇航空小镇为依托，围绕 C919 大飞机、CR929 宽体客机、ARJ 系列支线飞机、民用直升机、中高端公务机等，积极争取参与研制工作的国内外企业落户江西，引导本地企业参与整机及零部件、大部件、发动机、机载系统、复合材料等的研

制，尽快掌握关键核心技术，深度融入国产大飞机及支线飞机制造分工体系。面向通用飞机、无人机等企业，集聚各类创新资源，加大"独角兽"企业、"瞪羚"企业、科技型中小企业的培育扶持力度。

2. 打造一批民机研发创新平台

围绕民用飞机研究、开发、集成、试验、试飞等，挖掘中国直升机设计研究所、洪都飞机设计研究所、南昌航空大学、北航江西研究院以及航空骨干企业等的科技资源，加快建设一批高水平的国家级和省级工程研究中心、重点实验室、企业技术中心、院士（博士后）工作站等。加强与中国商飞上海飞机设计研究所、中国航空工业西安飞行自动控制研究所、中国航空无线电电子研究所、中国航空研究院等知名航空研发机构的对接合作，建设一批核心技术研发和转化平台，在整机制造、航空复材、机载设备、飞行控制、地空通信、飞机导航等关键核心领域，开展研发攻关、成果转化、项目孵化、技术服务等，促进航空技术民用化和产业化。

3. 着力突破民机关键核心技术

发挥整机制造企业的引领带动作用，充分利用南昌航空城、景德镇航空小镇的集聚资源，联合高校、科研院所、配套企业等，突破一批前沿、共性关键技术，开发一批标志性、带动性强的重点民机产品和核心部件。重点围绕干支线飞机、民用教练机、直升机、通用飞机、无人机等领域重大产业项目，加强关键工艺技术和设备制造技术攻关，提高民机设计与集成验证能力，建设具有自主知识产权的航空复合材料、航空电子行业标准和体系，推进相关仪器设备、试验环境、研究成果的共享应用，开展民机新材料新技术应用、系统集成、产品验证，提升适应航空制造业发展需求的试验验证能力。

4. 充分发挥军民融合创新的推动作用

以创建国家（昌景）军民融合创新示范区为引领，利用军机研发制造优势，大力开展军民融合科技创新及军工企业军转民科技创新，加大对军工技术转化产品的示范和推广应用。重点引导洪都集团、昌飞公司制定专项实施计划，编制产能释放清单和承接企业清单，带动军转民科技型中小企业发展。在确保国家秘密安全和完成自身科研任务的前提下，分类推进航空科技重点实验室、重大试验设施、大型科研仪器等国防科技资源向民用领域开放，鼓励有条件的地方和企业建设航空军民融合协同创新中心。挖掘和吸收民口先进技术，允许军机企事业单位试行军品科研生产领域采用先进适用的民用标准，推进军民产品和技术标准通用化。

（二）着力构建主干、分支、配套产业一体化发展的国产民机制造体系

以洪都集团、昌飞公司等整机制造企业为重点，立足江西的比较优势和产业基础，大力开发民用教练机、直升机、通用飞机、无人机整机产品，积极开发民用重型直升机、中高端公务机等，全力推进中国商飞江西生产试飞中心和国产 C919 大飞机项目试飞基地建设，努力成为全国有较大知名度和影响力的国产民机研发制造示范基地。以洪都商飞公司、景航锻铸公司等配套企业为重点，大力发展民机零部件、大部件、发动机、机载系统、航空复合材料等，主动承接国内外主流机型关键零部件转包生产任务，努力成为国际民机零部件转包生产的核心基地。

1. 大力发展以整机制造、总装交付为牵引的主干产业

在干支线飞机方面，以中国商飞江西生产试飞中心和国产 C919 大飞机项目试飞基地建设为契机，争取 ARJ21 生产试飞新工作包、C919 完工交付工作包等项目尽快落户江西。在民用教练机方面，依托洪都集团，瞄准未来飞行训练发展趋势，大力开发 L15 外贸升级型高级教练机、K8 改进型基础教练机和 L7 运动/初级教练飞机，拓展发展运动、训练类民用教练机，完善民用教练机产品体系。在民用直升机方面，依托昌飞公司、中国直升机设计研究所、北京通航江西直升机公司、江西德利直升机公司等，通过传统机型改进改型以及突破民用重型直升机研制，大力发展 1 吨级、2 吨级、3 吨级、6 吨级、10 吨级、13 吨级、42 吨级等民用直升机产品，实现多品种、系列化和批量化。在民用无人机方面，以国家深化低空空域改革为契机，大力开发轻型、中型无人直升机以及固定翼、多旋翼无人机，扶持壮大白龙马航空、华梦达航空、新和莱特、海空行、中航天信等骨干企业，推进无人机产业化快速发展。在通用飞机方面，在 ARJ21 新

支线飞机的基础上拓展发展公务机，积极开发适应于高原作业、可满足农林航空作业需求的新型农林飞机，并以"江西快线"运营为契机，争取引进瑞士皮拉图斯 PC－12 公务机总装制造基地项目。

2. 加快发展以零部件、大部件、发动机、机载系统、复合材料为依托的分支产业

在零部件方面，以洪都集团、昌飞公司一般能力产能释放和社会化配套为牵引，从组件、部件、标准件入手，推进本地企业参与多种类型的航空零部件生产，引导安义铝合金、铝型材向航空用铝合金薄板、厚板、挤压材和锻件延伸拓展。在大部件方面，围绕国产 C919 大飞机项目建设，加快推进机身大部件制造由前机身、中后机身向机头、中机身、机翼、垂尾、起落架、机舱门等机体结构大部件拓展，着力形成机身集成制造能力。在发动机方面，加快推进中发天信航空发动机科研生产基地建设，争取引进乌克兰马达西奇公司发动机项目、中国科学院工程热物理研究所小型航空发动机项目，增强和完善航空发动机产业链本地配套能力。在机载系统方面，策应民机国产化发展需要，整合航空、机械、电子产业优势，突破机电、航电系统研制关键技术，推进实施洪都集团与中国航空无线电电子研究所合资的航空器机载座舱系统项目、与西安飞行自动控制研究所合资的机载导航制导与控制系统项目，带动泰豪科技、联创光电、联创电子、联晟电子等本地企业成为配套商和供应商。在复合材料方面，充分利用洪都集团在航空复合材料制造方面的人才、技术、设备优势，加快建设先进复合材料研发中心和阿努瓦复材零部件生产基地，争取引入中航复合材料公司共同参与先进复合材料研发中心建设，紧紧围绕 CR929 宽体客机中后机身部件、复材结构件及 C919 大飞机结构件的研制，重点突破大尺寸复合材料结构件的设计、工艺、制造、检测、维修等关键技术。

3. 着力发展以转包生产、维修服务为支撑的配套产业

在转包生产方面，主动承接国内外主流机型零部件、大部件、机载系统、航空复合材料等转包生产任务，扩大转包生产规模，提高在国内外主流机型中的转包生产占比，努力成为国际民机零部件转包生产的核心基

地。在维修服务方面，加强与厦门太古飞机工程公司、瑞士 AMAC 宇航集团等的对接合作，推动建立飞机维修基地，引导本地企业参与飞机及飞机部件的维修、改装、拆解及再制造等，提高航材使用效率，促进航空维修业加快发展。

（三）着力构建民用航空、通用航空、航空应急救援有机结合的国产民机运营体系

进一步激发资本活力，引导江西航空公司与中国航空工业、中国商飞开展国产民机运营合作，支持在江西运营的航空公司逐步引入并运营国产干支线飞机，不断提升国产民机在江西民用航空中的商业化运营水平。着力提高"江西快线"运营水平，拓展初教 6 飞机民用市场，开发通用航空高端市场，打造以"航空旅游＋""航空运动＋"等为主导的通用航空新兴消费体系。在航空抢险救灾、森林防火、医疗救助、野外搜救、气象监测中，加大国产民机特别是本地生产、总装、交付的国产民机的推广应用，努力创建国家航空应急救援体系建设示范省。

1. 提高国产民机在民用航空中的运营水平

以现有干支线机场为依托，推动国航、东航、南航、深航、海航、厦航等在江西运营的航空公司，逐步引入并运营 ARJ21 新支线飞机，适时组建一支全部由 ARJ21 新支线飞机组成的机队，助推 ARJ21 新支线飞机的快速发展。支持中国航空工业、中国商飞与江西航空公司开展国产民机运营合作，在连接国内主要城市的直达航线和旅游航线中引入国产民机，探索以国产民机作价出资入股江西航空公司，扩大国产民机在江西的市场占有率。支持幸福航空、华夏航空等国产民机运营商不断增加国产民机运力投入并扩大驻场机队规模，持续提升乘客乘坐体验，充分彰显国产民机的结构特点及性能优势。密切跟踪国产 C919 大飞机发展动态，待其取得民航适航证后，及时引入 C919 大飞机在江西开展商业化运营。

2. 提高国产民机在通用航空中的运营水平

以"江西快线"运营为契机，加快推动瑞士皮拉图斯公司在江西建立 PC－12NG 飞机运营基地，适时引入国产高端中小型公务机，发展包机飞

行、出租飞行。大力开拓初教 6 飞机民用市场，完善初教 6 飞机客户支持，为后续飞机进入民用市场奠定基础。完善通用航空短途运输网络，在南昌—赣州航线的基础上，加快开通南昌—景德镇、南昌—井冈山航线，适时开通南昌—上饶、南昌—宜春等航线，探索与杭州、武汉、长沙等地开通省外航线，打造"一小时飞行圈"通用航空体系模式。以南昌、景德镇全国通航产业综合示范区建设为主线，以扩大私人飞行、旅游飞行等通航运营业务为切入点，开发通用航空高端市场，加大招商引资力度，引进培育一批通航运营企业。选择农机大户、专业合作社、家庭农场、专业植保公司等，加大本地植保无人机的推广应用，进一步扩大植保无人机的作业面积。

3. 提高国产民机在航空应急救援中的运营水平

以南昌航空应急救援基地、景德镇航空应急救援技术服务保障基地、航空应急救援重点实验室建设为重点，切实提升航空应急救援能力，扩大本地生产的民用直升机和无人机在航空抢险救灾、医疗救助等中的应用，争取将江西列为国家航空应急救援体系建设示范省。推动突发公共事件航空紧急医学救援体系建设，积极申报国家航空紧急医学救援基地。针对江西森林覆盖率高、林区面积大、防火任务重的实际情况，充分利用 AC311 直升机巡逻的优势、AC313 直升机载重的优势，进一步深化直升机护林巡查，严防发生重特大森林火灾，全力维护森林资源安全。在庐山、三清山、龙虎山、井冈山、武功山、三百山等地形地貌复杂的景区中，大力推进无人直升机在旅游安保、野外搜救中的应用，构建"空地一体、人机联动"的巡防格局。大力促进无人机在鄱阳湖监测、江河水系监测、主城区面积变化监测、灾害应急侦察、电力和道路巡线等方面的应用，提升地理信息获取及遥感监控水平。

（四）着力构建"飞得起、落得下、管得住"的国产民机支撑体系

加快民用航空器适航审定中心、高标准试飞基地、通用机场及直升机起降点、航空培训中心建设，构建空地一体化服务体系，完善通用航空运营专业化服务保障，构建集适航审定、试飞验证、飞行培训、空域管理等

于一体的国产民机支撑体系,为国产民机创新发展及示范应用提供良好的环境,实现国产民机"飞得起、落得下、管得住"。

1. 加快民用航空器适航审定中心建设

依托中国民航江西航空器适航审定中心,大力开展正常类、实用类、特技类、通勤类飞机和旋翼航空器以及运输类飞机、发动机、螺旋桨零部件和组件的审定,尽快形成较大规模的适航审定能力。密切与北京、上海、沈阳、西安等民用航空器适航审定中心的对接合作,借鉴国内先进的适航技术与适航管理方法,加强适航审定标准和关键技术研究。发挥适航审定的技术优势和服务地方航空产业发展的保障作用,提升航空器审定效率、降低审定成本、缩短审定周期,推动更多航空器产品、型号在江西的研制和落地。

2. 打造高标准民机试飞基地

统筹协调洪都集团和中国商飞的试飞保障需求,确保中国商飞江西生产试飞中心能够充分利用好瑶湖机场的试飞资源,把瑶湖机场建设成为国产 ARJ21 新支线飞机和 C919 大飞机的重要试飞基地。在此基础上,进一步完善相关基础设施,提供优质服务,并为试飞基地远期建设预留发展空间,为后续争取 CR929 宽体客机试飞任务奠定基础。

3. 推进机场及直升机起降点建设

按照全省"一干八支"机场建设规划,进一步提升南昌昌北国际机场的干线机场地位,充分发挥赣州黄金机场的骨干支线机场作用,着力拓展景德镇罗家机场、九江庐山机场、井冈山机场、宜春明月山机场、上饶三清山机场等节点支线机场的服务功能,规划建设抚州机场和瑞金机场。按照全省通用机场布局规划,以地方政府为主体,联合昌飞公司等,加快推进通用机场和直升机起降点建设,在重要医院、城市广场、高速公路服务区、重要建筑物等应急救援关键点以及风景名胜区,设置一批直升机临时起降点。

4. 建立民机飞行服务管理体系

加强顶层协调,全力推进昌北机场进离场航线分离和江西辖区空域管理精细化，积极推进低空空域开放，改善低空空域使用条件，努力拓展民用航空机动空间，提升民航航路、航线的飞行容量。以昌飞公司为主体，联合江西航空投资公司等，推进固定运营基地、维修机构、飞行服务站以及其他配套设施建设，配套提供航油加注、航务飞行计划和航空气象信息等综合服务。

5. 加大航空培训力度

加快推进江西飞行学院筹建工作，加强与培训机构联合办学，大力发展飞行执照培训和学历教育，支持洪都集团建设飞行员培训基地，完善培训体系，快速提升飞行培训能力。鼓励社会资本投资航空培训机构，采取分层次、多渠道的教育培训方式，满足飞行及机务人员培训、航空运动培训、航空维修培训等。适时引入战略投资者，建设大型航空培训中心，全力满足江西基地航空公司的飞行模拟培训及乘务模拟培训业务需求，并逐步扩张业务范围，拓展周边省份航空公司培训需求。鼓励航空企业收购或加盟国外优质航校，学习先进做法和经验，并逐步引入到江西，逐步改善飞行培训市场环境。

六、江西打造国产民机示范省的政策建议

（一）建立推进机制

充分发挥江西省航空产业发展推进领导小组作用，统筹协调国产民机创新发展示范省建设的重大事项，研究制定国产民机创新发展规划和扶持政策，推进国产民机创新发展相关试点示范等工作。省直有关部门、各设区市要统一思想，提高认识，形成推进国产民机创新发展示范省建设的强大合力。建立国产民机创新发展示范省建设调度机制，定期调度通报示范工作进展情况，总结推广成功经验和做法。根据实施方案和年度工作推进要点确定的目标任务，加强对国产民机创新发展示范省建设相关工作的指导监督，将督促检查结果作为重要内容纳入工业高质量发展考评体系。

（二）加大政策扶持

积极争取国家战略性新兴产业发展专项资金、国家民航发展基金、通

用航空发展专项资金等,并引导省级工业转型升级专项资金、重大科技专项资金等,优先支持国产民机创新发展示范省建设。充分发挥江西华赣航空投资公司主体作用,大力支持民机关键技术攻关、整机制造、关键零部件配套、适航审定、商业化运营、飞行服务保障等。在省发展升级引导基金框架下,支持设立国产民机创新发展子基金,引导各类天使基金、风险投资基金等加大对民机企业的投资力度。加大政策性银行、商业银行和其他金融机构对国产民机创新发展示范省建设的信贷支持,支持符合条件的民机企业在境内外资本市场上市。全面落实国家各项税收优惠政策和大规模减税降费政策,落实税前加计扣除、固定资产加速折旧、专用设备投资税额抵免、重大技术装备进口等税收优惠政策。

(三)扩大开放合作

围绕国产民机创新发展示范省建设,深化与国家部委、航空央企、航空院所的合作,推动省政府与中国民航局、中国航空工业集团、中国商飞、北京航空航天大学等单位战略合作协议内容的落实,争取一批政策、引进一批项目、落地一批成果。深化与国内外航空企业合作,组织重点设区市政府和航空企业赴国内外招商,吸引民机研发、整机制造、零部件配套、运营服务、飞行培训等企业落户江西。开展技术交流、技术咨询与服务等国际合作,推动航空企业融入国产民机制造分工体系。

(四)强化人才保障

加快引进民用飞机研发设计、零构件制造、整机总装、适航审定、试飞验证、运营服务等领域高端人才和高技能人才,对承担国家大飞机专项、"两机专项"等的领军人才,实行"特事特办、一人一策"。以南昌航空大学、南昌理工学院、江西航空职业技术学院、吉安航空运动学校等为基础,建设集应用性本科、高职和在职培训于一体的航空教育与科研基地,加大航空制造、航空飞行、航空运营、航空维修、航空管理等专业技术和管理人才培养,扩大航空院校专业人才培养规模,为国产民机创新发展示范省建设输送技术人才。将航空企业生产技术及管理标准引入到航空院校人才培养全过程,构建互动式、精准式、订单式的培养"直通车"模式，实现专业设置与产业需求"无缝对接"。支持航空类高技能人才培训基地、技能大师工作室项目建设，鼓励建设一批航空类公共实训基地，积极参与世界技能大赛飞机维修项目竞赛和申办国家级航空类职业技能竞赛。

专题2 江西低空经济发展思路与对策研究

低空经济是以低空空域为依托，以通航产业为主导，集通航制造、通勤运输、航空旅游、航空运动、航空应急救援、通航教育培训等于一体的综合经济形态，具有产业链长、辐射面宽、带动效应强的特点。近年来，随着低空空域管理改革的推进和通用航空市场的兴起，各地纷纷制定出台相关政策措施，大力支持和推动通航产业发展，低空经济在航空产业中的地位日益提升。就江西而言，把握国内低空经济发展的政策机遇，大力推动低空经济发展，对于全力做大做强航空产业、加快实现千亿"航空梦"具有重要意义。

一、国内低空经济发展态势

自2011年低空空域管理改革工作开展以来，全国低空经济总体保持了持续、快速的发展态势，企业数量、运营能力、作业类型、设施载体等方面均取得较大突破，但整体尚处于起步阶段，未来发展空间和市场前景广阔。

（一）从企业数量看，制造企业明显少于运营企业，但无人机企业明显超过通航企业

截至2018年底，全国通航制造企业60多家，在建或规划50多家，而获得经营许可证的通航运营企业达到422家；无人机制造企业1100余家，而获得无人机经营许可证企业超过4000家。从以上数据可以看出，无论

是通航企业还是无人机企业，制造企业数量均明显少于运营企业。同时，无论是制造企业数量，还是运营企业数量，无人机企业均明显超过通航企业，这充分反映了无人机企业发展的迅猛之势及其在低空经济发展中的突出作用。

（二）从运营能力看，通航行业明显高于无人机行业，但无人机行业蕴藏巨大潜力

2018 年，全国通用航空在册航空器总数 2495 架，全行业完成通航生产飞行 93.71 万小时，其中载客、作业、培训等经营性飞行活动 59.5 万小时，占比 63.5%；教学训练等非经营性飞行活动 34.21 万小时，占比 36.5%。尽管根据民航局的统计，2018 年无人机注册数量共 28.7 万架，无人机经营性飞行活动为 37 万小时，明显低于通航行业，但考虑到无人机注册数量绝大多数是个人用户，官方还没有发布企业无人机架数，因此无人机经营性飞行活动小时数还没有被充分体现或完全统计出来。预计未来几年，无人机经营性飞行活动小时数或呈现爆发式增长。

（三）从作业类型看，传统工农林作业仍占据主导，但新兴作业正在逐渐改变通航运营格局

全国通用航空飞行市场主要集中在工农业和社会公共服务类，这两类市场占 80% 左右，而公务飞行和私人飞行仅占 20% 左右的份额。特别是航空喷洒、空中巡查、航空护林、航空探矿、电力作业、人工降水等传统的工农林作业所占比重仍然较大，全国有超过 60% 的通航运营企业从事这些传统作业。但是，由于传统通航作业增长乏力，加之无人机在传统作业上正逐步替代有人机，因此空中游览、包机飞行、医疗救护等新兴作业所占比重持续提升，"传统作业走低、新兴作业走高"的趋势越来越明显。以空中游览为例，2018 年全国共有 100 多家企业开展了空中游览作业，全年飞行 7 万多架次，载客近 18 万人。

（四）从设施载体看，通用机场和通航产业园建设取得突破，但在数量和层次上仍有较大提升空间

全国已颁证通用机场的数量达 239 个，相较于同期颁证运输机场的

238 个,实现历史性超越;有 116 个县级以上城市在建或计划建设通航产业园,数量超过 170 个,总投资超过 1.5 万亿元。但是,由于通用机场前期选址用地、规划、技术要求和审批等非常严格,且需要与军方密切沟通协调,因此国家确定的"到 2020 年建成 500 个以上通用机场"的目标,实现难度较大。同时,尽管各地规划建设了不同数量的通航产业园,但普遍缺乏成熟的运营模式,整体尚处于培育阶段,大多未形成产业集群。

(五)从空域使用看,低空飞行服务保障体系建设稳步推进,但"上天难"的问题仍未有效解决

近年来,围绕促进低空经济特别是通航产业发展,与低空空域开放、低空飞行服务保障体系建设相关的政策密集出台。2016 年 5 月,国务院办公厅印发的《关于促进通用航空业发展的指导意见》,提出将低空空域从真高 1000 米的垂直范围提高到真高 3000 米以下;2018 年 7 月,民航局发布的《关于通用航空分类管理的指导意见》,提出到 2020 年初步建成通航监管体系和服务保障体系;2018 年 9 月,民航局发布的《低空飞行服务保障体系建设总体方案》,提出到 2022 年初步建成由全国低空飞行服务国家信息管理系统、区域低空飞行服务区域信息处理系统和飞行服务站组成的低空飞行服务保障体系。但是,空域使用仍是制约低空经济发展的最大瓶颈,低空飞行服务保障体系建设仍相对滞后,低空经济发展缺乏有效支撑。由于这些瓶颈问题涉及管理体制,军事航空、运输航空、通用航空问题交织,需要进行全方位、深层次的改革才能破局。

综上,虽然低空经济发展面临诸多困难和瓶颈,但"大势向好、热度上升"的基本面不会改变,未来发展将呈现以下四大趋势:一是破局与布局并进。低空空域管理改革及其他关键性改革将有实质性突破,通用机场布局和空域使用审批将进一步加快。二是有人与无人并重。无论是上游制造、中游运营,还是下游服务保障,无人机的地位和作用将会越来越凸显,与有人机之间将呈现双足鼎立之势。三是数量与质量并存。通航企业、通航产业园不仅在数量上将稳步增长,而且应用范围、市场格局、运营模式将显著提升。

二、江西低空经济发展现状

(一)基本现状

江西是中国航空事业的发源地之一,是全国航空产业大省,既有深厚的航空产业基础,又有丰富的低空空域资源,还有广阔的通航应用市场。江西省委省政府高度重视以通航产业为主导的低空经济发展,近年来,江西低空经济发展态势良好,已形成一定的先行优势。

1. 通航研发制造取得突破性发展

洪都集团研制生产了农 5A/B、K8、初教 6 等一批具有自主知识产权的固定翼飞机,昌飞公司已形成大、中、轻型直升机系列化多品种的产品格局,由 602 所研制的 AV500 无人直升机创海拔 5000 米升限新纪录,北京通航江西直升机公司研制的"小青龙"军民两用无人机自动化总装线正式投产,白龙马公司研制的系列无人机已批量投放市场。与北京航空航天大学共建的北航江西研究院,南昌航空大学与昌飞公司共建的通航学院,也成为江西通航研发制造的重要力量。

2. 低空经济发展平台和载体日益完善

南昌航空城、景德镇航空小镇产业集聚效应日益凸显,南昌、景德镇分别入选全国首批 26 个通航产业综合示范区。瑶湖机场已经建成,安福通用机场完成项目核准,高安通用机场选址获得军方批复,共青城、靖安通用机场完成场址审查,瑶湖、婺源、鹰潭等一批直升机起降点完成建设或启动前期工作。

3. 通勤运输、低空旅游、航空运动、无人机植保等新业态蓬勃发展

"江西快线"获得 135 部载客类经营许可和运行许可证,已开通南昌—赣州短途航线,并成功执飞内蒙古航线。获得国内首张无人机航空运营(试点)许可证,率先步入无人机运输新蓝海。安福武功山旅游区被列为国家通航旅游示范工程,婺源、井冈山、龙虎山等景点低空旅游项目已形成常态化飞行,吉安桐坪机场轻型飞机空中体验飞行、跳伞、动力伞、热气球等航空运动有序开展,直升机"全省通"活动成功在 9 个设区市飞

行，无人机植保在全省各地得到全面推广使用。

4. 低空空域管理和飞行服务保障体系初步形成

民航江西航空器适航审定中心成为继北京、上海、沈阳、西安之后设立的第 5 家适航审定中心。昌飞公司已建成南昌、景德镇、鄱阳三地的低空航管服务保障系统，实现三地的互联互通。江西飞行学院建设加快推进，中国 AOPA 适航技术服务中心、中国国际飞行器交易中心、华东第二区域管制中心等项目稳步推进。

5. 低空经济政策扶持体系不断完善

在全国率先出台了加快通航产业发展的意见，发布了通航产业发展规划和通用机场建设规划，出台了设区市每年购买不少于 5800 万元通用航空公共服务、加快推进通航产业发展 "22 条" 等一系列措施，为低空经济发展注入了强劲的动力。

（二）存在的主要问题

尽管江西具备发展低空经济的良好条件，但通航企业和通用机场数量仍然偏少，低空飞行服务保障体系不健全，专业人才支撑不足，整体规模和层次有待于进一步提升。

1. 通航制造批量生产能力不足且通航运营企业数量较少

在现有的 8 家整机制造企业中，洪都集团、602 所、昌飞公司的制造能力虽然较强，但主要生产军用直升机、教练机，量产规模不大，而其他整机制造企业也只是少量产品投向市场，还未形成批量化、规模化生产能力。同时，江西获得经营许可证的通航运营企业仅为 12 家（长江通航、和利通航、天祥通航、吉安航校、华夏九州、赣翔通航、江西快线、江西骏龙通航、江西腾宇通航、金汇通航、飞腾、南昌理工），数量位列全国第 19 位，不仅远低于北京（50 家）、广东（42 家）、山东（32 家）、江苏（31 家），也明显低于湖北（19 家）、陕西（18 家）、湖南（17 家）、四川（17 家）、云南（17 家）、河南（16 家）。

2. 通航作业量偏小且作业项目类型单一

2018 年，全省通航作业 3000 小时左右，仅占全国飞行总量的 0.3% 左右。同时，在江西现有作用类型中，主要为传统的航空工农林作业，社会公益性业务（通用航空应急救援、医疗救护、短途运输等）和消费性业务（公务航空、私人飞行等）开展较少。

3. 通用机场数量不足且低空飞行服务保障体系不健全

江西获颁证通用机场的数量仅为6个（分别为南昌瑶湖机场、景德镇吕蒙机场、景德镇高新通用机场、吉安桐坪通用机场、九江庐山直升机场、九江威家直升机场），数量明显偏少，占全国比重仅为2.5%，难以满足低空经济发展的需要。同时，在现有通用机场中，航空器维修维护能力较低，相应的维护、保养等需要在大型运输机场进行，航油保障能力明显不足，这也制约了低空经济的发展。另外，低空空域管理体制改革相对滞缓，低空空域仍未实施分类管理，军民融合机制还需进一步理顺。

4. 航空人才本土培养不足且人才流失较为严重

在江西航空院校中，航空设计、制造、维修、运输、服务等主专业的色彩不够鲜明，现有专业设置也没有紧跟通航产业发展新动态，每年培养的航空专业毕业生占比不到8%，对低空经济发展的支撑能力严重不足。在江西航空企事业单位中，由本土院校培养的人才占比不到30%，本土培养的人才不在本土工作的现象较为普遍。另外，江西对通用航空专业人才特别是高端人才吸引力不强，航空技能人才及运营服务人才可享受的优惠政策偏少，每年都有一定数量的技术骨干流向北京、上海、天津等城市。

三、加快江西低空经济发展的总体思路

立足江西低空经济发展基础，把握低空经济发展趋势与方向，重点构建"四大体系"：

（一）以军民深度融合为抓手，着力构建低空飞行器制造体系

在已有军用飞机研发制造的基础上，加快军民研发技术融合，推动军机民用制造转型，形成以教练机、直升机、无人机等为主体的低空飞行器制造体系。

1. 推动教练机向通航领域拓展

依托洪都集团，逐步推动初教6、初教7等机种向通用航空领域拓展，

大力开发 L15 外贸升级型高级教练机、K8 改进型基础教练机和 L7 运动/初级教练飞机,并瞄准未来飞行训练发展趋势,拓展发展运动、教练类教练机,完善教练机产品体系。

2. 实现直升机产品多品种、系列化和批量化

依托昌飞公司、602 所、北京通航江西直升机公司、江西德利直升机公司等,通过传统机型改进改型以及突破重型直升机研制,大力发展 1 吨级、2 吨级、3 吨级、6 吨级、10 吨级、13 吨级、42 吨级等成系列、多品种、多型号直升机产品,进一步巩固提升国家直升机核心研发生产基地的地位。

3. 快速推进民用无人机产业化

引导洪都集团、602 所、昌飞公司等企业按照"以军为主、军民结合"的方针,拓展生产各种不同的民用无人机,推动军用与民用无人机互促发展。面向通航领域,大力开发轻型、中型无人直升机以及固定翼、多旋翼无人机,扶持壮大白龙马航空、壮龙、腾宇、华梦达航空、新和莱特、海空行、中航天信等骨干企业。

4. 大力发展新型农林飞机和公务机

推进农 5A、农 5B 等农业专用机型的市场推广和后续优化设计,积极开发适应于高原作业、可满足农林航空作业需求的新型农林飞机。在 ARJ21 新支线飞机的基础上拓展发展公务机,并以"江西快线"运营为契机,争取引进瑞士皮拉图斯 PC - 12 公务机总装制造基地项目。

(二) 以"通航＋"为导向,着力构建低空产品运营体系

依托现有通航运营企业,融合短途运输、航空旅游、航空运动、农业植保、应急救援等多种业态,加快构建"通航＋"产业体系,探索低空产品运营新模式新路径。

1. 加快发展短途通勤运输

以"江西快线"运营为契机,在南昌—赣州航线的基础上,加快开通南昌—景德镇、南昌—井冈山航线,适时开通南昌—上饶、南昌—宜春等航线,并探索与杭州、武汉、长沙等地开通省外航线,打造"一小时飞行

圈"通用航空体系模式。加快推动瑞士皮拉图斯公司在江西建立 PC -
12NG 飞机运营基地，发展包机飞行、出租飞行。

2. 打造全域航空旅游新名片

着眼于建设以重要消费城市为核心的放射状航空旅游网、重要景区之
间的环线航空旅游网，以南昌、赣州、景德镇、瑞金等国家级历史文化名
城为主要节点，大力发展城市航空观光旅游、休闲体验旅游，开发山水观
光、城镇观光、度假休闲、红色旅游、生态健康等航空旅游产品，在婺源、井
冈山、南昌瑶湖、庐山西海等景点开展"航空+旅游"试点，大力推进安福武
功山国家通航旅游示范工程建设，开辟不同景区间的航空旅游环线。

3. 促进航空运动规范有序发展

支持吉安航空运动学校推进实施国家航空运动试点，稳步开展轻型飞
机空中体验飞行、跳伞、动力伞、热气球等航空运动。积极引进各类顶级
航空运动赛事和活动，大力发展各类航空运动展会，引导南昌飞行大会延
伸成为常态化航空运动活动。大力发展航空运动培训市场，推动专业航空
运动培训机构与航空飞行营地融合发展。

4. 进一步扩大植保无人机作业面积

依托农机大户、专业合作社、家庭农场、专业植保公司等，加大植保
无人机的推广应用，支持无人机企业创新经营模式，采取低成本租用、设
备融资租赁等方式，满足农民"买得起、用得起"的植保需求。

5. 推进国家航空应急救援体系示范省建设

充分利用 AC311 直升机巡逻的优势、AC313 直升机载重的优势，进一
步深化直升机护林巡查，全力维护森林资源安全。大力推进无人直升机在
灾害应急侦察、野外搜救、抢险救灾等中的应用，构建"空地一体、人机
联动"的巡防格局。有效提升突发卫生事件航空应急救援处置效率和紧急
医学救援能力，探索促进航空应急救援医疗救护业务发展的新模式。

（三）以适航审定、起降试飞、通航培训为支撑，着力构建空地一体
化服务体系

加快民用航空器适航审定中心、通用飞机试飞基地、通用机场及直升

机起降点建设，完善日常停放、维护保养、油料供应、飞行培训等专业化服务，逐步构建空地一体化服务体系。

1. 加快民用航空器适航审定中心建设

依托民航江西航空器适航审定中心，大力开展正常类、实用类、特技类、通勤类飞机和旋翼航空器以及运输类飞机、发动机、螺旋桨零部件和组件的审定，尽快形成较大规模的适航审定能力。密切与北京、上海、沈阳、西安等民用航空器适航审定中心的对接合作，提升航空器审定效率、降低审定成本、缩短审定周期，推动更多的低空航空器产品、型号在江西研制和落地。

2. 打造一批通用飞机试飞及配套服务基地

充分利用现有通用机场的试飞资源，统筹通航企业的试飞保障需求，推进固定运营基地、飞行服务站以及其他配套设施建设，努力建设一批通用飞机试飞基地。以昌飞公司为主体，联合江西航空投资公司等，配套提供通用航空器日常停放、维护保养、油料供应、航材供应、航行情报、气象等服务。

3. 推进通用机场及直升机起降点建设

对已纳入《江西省通用机场布局规划（2016－2030年）》的机场项目，积极争取通过分区协调、分类研究、分片批复的方式，相对集中统一批复选址空域，简化项目审批程序，推动更多的通用机场获得颁证。以地方政府为主体，联合昌飞公司等，在重要医院、城市广场、高速公路服务区、重要建筑物等应急救援关键点以及风景名胜区，设置一批直升机临时起降点。

4. 加大低空飞行及运营培训力度

加快推进江西飞行学院筹建工作，加强与培训机构联合办学，大力发展飞行执照培训和学历教育。支持洪都集团建立各类飞行员培训基地，鼓励昌飞公司开展直升机飞行员标准化培训，引导南昌航空大学、江西航空职业技术学院等采取分层次、多渠道的教育培训方式，大力开展通航飞行及机务人员培训。发挥南昌飞行大会的品牌效应，依托吉安航空运动学校，积极开展定点跳伞、滑翔伞、动力伞、翼装相关航空运动的娱乐体验培训和执照培训。

（四）以解决"上天难"问题为目标，着力构建空地一体化保障体系

加强与空域管理部门沟通协同，推动设立低空报告空域，推进常态化骨架航线网络建设，打造省内低空目视航线网络，建立高效灵活的低空空域管理系统，努力拓展低空飞行空间和提升低空飞行容量。

1. 推动设立低空报告空域

在吉安桐坪、九江共青城、赣州南康、上饶鄱阳等地，依托通航小镇、无人机试飞基地，积极申请扩大空域范围，设立满足航空运动、飞行培训、通航试飞等需求的报告空域。

2. 推进常态化骨架航线网络建设

在航空旅游、短途运输、医疗救护、应急救援等功能复合度较高的机场之间，设立通用航空常态化空中通道，打造以南昌新建机场、赣州宁都机场为枢纽节点，连通瑶湖、共青城、玉山、乐平、宁都、遂川、安远机场的常态化骨架航线网络。

3. 打造省内低空目视航线网络

完善省内其他机场接入常态化骨架航线网络的固定飞行程序，建立报告空域与常态化骨架航线网络之间固定连通渠道，打造省内低空目视航线网络，实现机场与空域资源相匹配，运行与基础设施相适应。

4. 建立高效灵活的低空空域管理系统

将南昌通航飞行服务站纳入政府统筹管理，建立军民融合、政府监督、专业托管运行机制，同时协调军航、民航管理部门，推动通航飞行服务站与空域管理部门建立有效的低空空域使用协调机制，并给予常态的运行支撑，使其可持续运行。

四、江西加快低空经济发展的政策建议

综合以上分析，为进一步加快低空经济发展，江西应强化5个方面的措施。

（一）明确低空经济发展布局

依托南昌、景德镇国家通航产业综合示范区以及各类通航小镇、无人机试飞基地，构建"双核引领、多点支撑"的低空经济发展格局。其中，南昌重点建设以教练机、农用飞机、水陆两用飞机、无人机、公务机为特色的通用飞机研发制造基地，着力打造国家通用航空制造高地、培训教育基地和运营服务区域中心，并通过"江西快线"通勤公司、华夏九州公司等开展通航航线，与民航航线互为补充，逐步形成具有江西特色的低空经济与服务品牌。景德镇重点巩固和提升直升机产业研发制造的优势地位，带动无人机、通航运营、通航服务等产业发展，打造"研制与运营相融合、总装与配套于一体"的国内领先通用航空产业集聚区。其他地区重点依托吉安桐坪、九江共青城等通航小镇以及赣州南康、上饶鄱阳等无人机试飞基地，大力推动低空旅游、航空运动、通航农林作业、短途运输、通航培训等发展，与南昌、景德镇国家通航产业综合示范区互为补充，形成多点支撑的低空经济发展格局。

（二）谋划实施一批低空经济重大项目

牢固树立"项目为王"的理念，在大力推进国家航空应急救援体系示范省、国家（昌景）军民融合创新示范区、南昌和景德镇国家通航综合产业示范区、安福武功山国家通航旅游示范工程、低空空域管理和服务平台等建设的同时，围绕低空飞行器制造、低空产品运营、空地一体化服务、空地一体化保障等重点领域，持续谋划推进一批具有示范带动性的重大企业项目、载体项目、平台项目、设施项目，形成在建一批、开工一批、谋划一批的滚动梯次接续格局，带动低空经济加快发展。

（三）积极争取国家政策及资金支持

积极争取国家空域管理部门对江西低空经济的指导支持，特别是对低空空域开放和分类管理改革的支持，争取华东空管局在江西建立华东第二区域管制中心。深化与国家部委、航空央企的对接合作，积极争取国家战略性新兴产业发展专项资金、国家民航发展基金、通用航空发展专项资金等的支持，推动省政府与中国民航局、中国航空工业集团、中国商飞等单位战略合作协议内容的落实,在低空经济领域争取一批政策、落地一批成果。

(四) 强化各类企业和人才引培工作

以深入开展"三请三回""三企入赣"活动为契机,聚焦通航制造、通勤运输、航空旅游、航空运动、航空应急救援、通航教育培训等全产业链条,吸引国内外知名通航制造、运营和服务企业在江西投资设立通航公司。积极支持具有较强资源整合能力和产业开发能力的通航企业,融合短途运输、航空旅游、航空运动、通航教育培训等多种业态,形成制造、运营、服务有机衔接、协同发展格局。加快引进通航制造、维修、飞行、运营、服务等领域高端人才、高技能人才和管理人才,引导南昌航空大学、南昌理工学院、江西航空职业技术学院、吉安航空运动学校等航空院校扩大低空经济领域人才培养规模。

(五) 建立统筹规划和推进机制

充分发挥省航空产业发展推进领导小组作用,统筹推进低空经济领域相关试点示范工作,研究制定低空经济发展规划和扶持政策,撬动金融及保险资本、社会资本参与,快速推动江西低空经济领域改革破冰和红利落地,助推航空产业发展。建立低空经济发展调度机制,定期调度低空经济工作进展情况,总结推广成功经验和做法。进一步完善政府购买服务方式,对紧急公务、搜救、消防、紧急医疗救护、抢险救灾、农林航空、资源勘测、环境保护等通航公共服务项目给予资金支持。

专题3 以"中医药+"助推打造江西中医药强省新名片的政策建议

自中医药发展上升为国家战略以来,特别是 2019 年 10 月以党中央和国务院名义发布了第一个中医药文件《关于促进中医药传承创新发展的意见》，中医药产业迎来前所未有的发展机遇。江西拥有深厚的中医药文化积淀和丰富的中医药资源，中医药产业规模位居全国前列，但仍存在资源开发利用不充分、产业链条延伸不够长等突出问题。因此，面对中医药全产业链融合创新的发展态势，有必要立足中医药文化底蕴、资源禀赋和产业基础优势，大力实施"中医药＋"战略，推动中医药向农业、旅游、康养、饮食、文化等领域融合渗透，尽快打造成为国内领先、世界知名的中医药强省。

一、"中医药＋"具有广阔的市场空间和发展前景

（一）中医药产业链加速延伸扩展，"中医药＋"成为中医药产业发展的重要支撑

近年来，中医药产业持续快速增长且产业链不断延伸、加速扩展，中医药一二三产业融合发展态势日益显著。除中成药及饮片工业外，相关产业已涉及中药配方颗粒、中草药提取物、保健食品、中药化妆品、兽用中药、中草药饲料添加剂、中药农药、中药消毒剂等众多领域。2018年，全国中医药大健康产业市场规模突破2万亿元，以中药材为原料的保健食品占国内保健食品市场份额超过1/3，含中药成分的护肤化妆类产品、洗涤类产品及口腔清洁类产品占相关产品市场份额均在20%以上。此外，与中医药相关的旅游、饮食、文化等服务产业也呈蓬勃发展之势。根据国家有关部门发布的《关于促进中医药健康旅游发展的指导意见》，预计到2020年，中医药健康旅游占旅游总人数的比重将达到3%，中医药健康旅游收入将超过3000亿元。

（二）着眼于打造中医药全产业链，中医药产业大省纷纷将"中医药＋"作为战略方向

广东大力推动中医药企业与健康、养生、旅游、饮食、文化企业之间进行上下游整合，构建了完整的中医药产业链；浙江将"中医药＋"纳入省级发展战略，已形成医疗、保健、科研、教育、产业、文化"六位一

体"的全面发展格局;山东通过实施"中医药+"战略,实现中医药与养老、旅游、农业、海洋、文化等产业有机结合、融合互动;河北以中药材种植加工带动健康保健、文化旅游、养老地产等产业协同发展,形成了中医药全产业链融合发展的创新模式;湖南以打造中医药千亿产业链为目标,从中药材种植、中药工业、中医养生保健、中医药文化旅游、中医药流通等各个环节持续发力,2018 年中医药产业主营业务收入达 571.3 亿元;四川大力推动"中医药+X",建立了中医药一二三产业齐头并进的发展模式,2018 年中医药产业主营业务收入超过 570 亿元。

(三)越来越多的企业涉足"中医药+",力图抢占未来发展先机

从全国大健康市场看,主要有三类企业:一是以同仁堂、云南白药、片仔癀、九芝堂等为代表的中药老字号企业,以及以修正药业、哈药集团、华北制药、华润医药等为代表的中西药混合企业,主要围绕原有核心业务拓展大健康产业链,开启医养产业新征程。二是以万达、恒大、万科等为代表的房地产企业,力图通过合作、并购、自建等方式快速进入大健康市场。三是以腾讯、百度、阿里巴巴等为代表的互联网企业,致力于将移动互联网、人工智能等信息技术与大健康产业相融合,丰富企业业态。在大企业、大集团的带动下,越来越多的企业加入抢占大健康市场的争夺战,甚至有多家上市公司在更名时加上"健康"字样,如华邦健康、乐金健康、莲花健康、宜华健康等,分别由原华邦制药、桑乐金、莲花味精和宜华地产改名而来。

二、江西"中医药+"具备明显的发展优势和成长潜力

(一)江西"中医药+"发展优势明显

具体体现为:一是中医药历史底蕴深厚。历史上江西诞生中医名家1400 多人,形成的"旴江医学",与安徽"新安医学"、江苏"孟河医学"、广东"岭南医学"并称四大医学流派。二是中药材资源丰富。江西是全国中药材种植主产区之一,药用植物 1900 余种,道地药材品种 22个。三是中药制作工艺独特。在全国四大传统炮制流派中,"樟树帮"和

"建昌帮"占据其二,在国家公布的首批 100 个古代经典名方目录中,江西有 8 个处方入选。四是中医药制造实力位居全国前列。江西中成药、中医药产业规模分别位列全国第三位和第四位,济民可信、仁和集团、中进药业成功跻身"2018 年中国医药工业百强"。五是中医药产品品种齐全。全省药品注册批件有 6000 多个,其中 50% 左右为中医药品种。六是中医药与健康文化旅游加速融合。特别是樟树发挥药都资源优势,以中医药文化内涵为载体,构建了观药景、吃药膳、泡药浴、养药生的大中药产业链。七是中医药平台载体支撑强劲。国家中医药综合改革试验区、中药国家大科学装置预研中心、中国(南昌)中医药科创城、上饶国家中医药健康旅游示范区建设稳步推进,中国中医科学院江西分院成功落户。

(二)江西"中医药+"成长潜力较大

尽管江西中医药文化底蕴、资源禀赋和产业基础优势明显,但资源开发利用不充分,产业链条延伸不够长,"中医药+"具有较大的发展潜力和成长空间。一是中药在省内的市场空间有待拓展。省内中医药消费市场还处于培育阶段,许多中药主要销售到省外市场。例如,"金水宝"年销售额在 40 亿元左右,而省内销售额不到 5000 万元,占比仅为 1.2%。二是中医药健康服务能力有待提升。江西虽为中医药资源和产业大省,但知名中医诊疗机构和知名医师数量偏少,中医医疗服务体系不完善,导致中医药健康服务发展滞后。三是中药在饮食、保健等行业的消费潜力有待挖掘。江西中药销售的最大终端是医院,约占销售额的 80% 以上,而在饮食、保健等行业的销售额还较低。四是中医药健康旅游有待开发。江西中医药健康旅游虽然有了一定的基础,但总体上还处于起步阶段,中医药健康旅游产品不够丰富,中医药健康旅游模式也较为单一。五是中医药与文化教育的融合有待推进。多数地方对中医药与文化教育融合的重视程度不够高,中医药文化教育发展较为滞后。

三、应以"中医药+"助推江西打造中医药强省新名片

(一)实施"中医药+农业",推进中药材标准化、规范化种植

围绕中药材资源收集保护、新品种选育、高效栽培、病虫害绿色防

控,建设一批中药材种子种苗繁殖基地和绿色高质高效种养基地。以中国中医科学院江西分院建设为契机,整合各类资源,积极申报建设道地药材国家重点实验室培育基地。以车前子、黄栀子、吴萸子、枳壳等赣产道地药材为重点,从土壤配方开始,严把种子、育苗、施肥关,打造中药绿色种植品牌。大力发展中药材种植养殖专业合作社和合作联社,支持中药生产企业向中药材产地延伸产业链,提高规模化经营水平。

(二)实施"中医药+旅游",打响中医药健康旅游品牌

将山、水、林、景等旅游资源与中药材、温泉等中医药资源进行深度融合,大力发展中医药工业游、中草药花海游、中医药文化体验游、生态康体疗养游、中医药科考游、古方膳食养生游等,开发一批中医药健康旅游精品路线和商品。以创建国家中医药健康旅游示范区、示范基地、示范项目为导向,探索中医药健康旅游发展新模式,促进中医药健康旅游产业化、特色化、专业化发展。将中医药健康旅游纳入江西旅游推广计划,针对重点旅游客源地进行大力宣传,积极拓展欧美、日韩以及"一带一路"沿线国家市场。

(三)实施"中医药+康养",培育中医药健康养老新业态

整合中医医疗机构、中医养生保健机构、养生保健产品生产企业等资源,融合艾灸、火罐、刮痧、按摩、理疗、中草药药疗等中医传统疗法,大力发展中医医疗服务、中医养生保健服务、中医特色康复服务。引导有条件的中医院采取院中院的模式举办养老院,支持养老机构开展融合中医特色的养生保健、医疗、康复、护理服务。着力推进热敏灸产业与养老服务体系建设融合发展,做大做优热敏灸医院,做强做响"江中医热敏灸"和"陈日新热敏灸"品牌,不断提高热敏灸服务水平和技术影响力。

(四)实施"中医药+饮食",以药膳推动中医药产业发展

充分利用特色中医药和优势农产品资源,严格按药膳配方,将中药饮片、中药提取物与江西特色饮食相结合,打造一批药膳美食品牌。加大以中药为基源的药膳产品开发力度,重点开发铁皮石斛、莲子、葛根等"药食同源"产品,积极开发中草药功能性食品、食品添加剂等。运用中医养

生理论及经典名方、道地名贵中药材，研发中药保健茶、保健酒、保健汤料等系列健康饮品。支持有条件的地方开设道地药膳美食店，推动药膳进入医院、康养综合体及家庭，让更多人了解、接受并喜爱药膳。

（五）实施"中医药＋文化"，加强对中医药文化的保护、传承与发展

充分挖掘"杏林文化""盱江医学""樟树帮""建昌帮"等中医药文化资源，深入梳理相关历史人物故事、道地药材种植与加工技艺、中医药独特诊疗方法及疗效等，创作一批承载中医药文化的创意产品和文化精品，推动江西中医药文化走向世界。加快建设中医药博物馆、中医药文化博览园，打造一批中医药主题公园、中医药文化体验馆和中医药文化科普基地。将中医药文化纳入文化产业发展规划，促进中医药与广播影视、新闻出版、数字出版、动漫游戏、体育演艺等有效融合，加强与国内外大型文化传播公司合作，发展新型中医药文化产品和服务。

专题4　以陶瓷产业转型升级助推国家陶瓷文化传承创新试验区建设的对策建议

景德镇陶瓷文化是中华优秀传统文化的杰出代表。2019 年 5 月，习近平总书记视察江西时强调："建好景德镇国家陶瓷文化传承创新试验区，打造对外文化交流新平台。"11 月，李克强总理亲临景德镇并寄语："创出千年瓷都新风光，打造国际瓷都。"近年来，景德镇陶瓷产业发展虽然取得了显著成效，但与国内外其他主要产瓷区相比，在品牌价值、文化传承、技术创新等诸多方面稍显不足。积极研究谋划景德镇陶瓷产业发展转型升级，对建设国家陶瓷文化传承创新试验区意义重大。

一、景德镇陶瓷产业发展现状

景德镇以精湛的制瓷工艺缔造了瓷业的辉煌,登上瓷国的顶峰,成为海内外一致认同的瓷都。

(一)历史源远流长,陶瓷文化独具特色

景德镇素有"瓷都"之称,从汉朝开始烧制陶器,距今1800多年;从东晋开始烧制瓷器,距今1600多年。新平冶陶,始于汉世,宋代出现"村村窑火、户户陶"之盛景,至明、清设御窑厂后更是"汇各地良工之精华,集天下名窑之大成",达到鼎盛期。上千年制瓷史为景德镇留下了许多珍贵的遗址和遗存,景德镇陶瓷文化呈现出百花齐放、百家争鸣的态势。景德镇是全国首批历史文化名城,现有瓷业遗址151处,全国重点文物保护单位9处,国家级、省级文化产业示范基地13家,非物质文化遗产生产性保护基地8家,非物质文化遗产代表性传承人68人,非物质文化遗产保护名录26项。中国景德镇国际陶瓷博览会历经16届,已成为一个市场化、专业化的国际性陶瓷博览平台,是景德镇与世界对话的主要平台之一。

(二)产业链条完备,"大陶瓷"发展格局初步形成

景德镇市积极实施创新驱动发展战略,推动手工制瓷精品化、日用陶瓷规模化、科技陶瓷高端化,陶瓷工业园内已形成手工、日用、高科技一体发展的"大陶瓷"格局,并逐步打通从原料供应、工业设计、制造加工、检测鉴定到营销物流等各个环节的陶瓷全产业链。2012年以来,景德镇陶瓷产业发展保持良好态势,陶瓷工业总产值保持年均近12%的高速增长。至2018年底,陶瓷工业总产值达到403亿元,同比增长8.33%(见图1);实现税收44226.1万元,同比增长0.82%;陶瓷出口72023万元,同比增长2.02%;固定资产投资达到99.46亿元,同比增长0.41%。

(三)陶瓷文化旅游深度融合,瓷都品牌享誉世界

景德镇市以陶瓷文化为底色,坚定陶瓷文化自信,大力发展陶瓷文化创意产业和文化旅游产业,以陶阳里、陶溪川、陶源谷、东市区等陶瓷文

化景区和昌江百里风光带、瑶里、洪岩仙境等山水生态景区为依托，积极推进"陶瓷＋文化"、"陶瓷＋旅游"深度融合。景德镇市注重搭建陶瓷文化对外交流与展示平台，已连续 16 届成功举办国际陶瓷博览会扩大国际影响；主动融入"一带一路"倡议，成为联合国海陆丝绸之路城市联盟首批创始成员；荣膺"世界手工艺与民间艺术之都"，入选联合国教科文组织"全球创意城市网络"，与国外 72 个国家 180 多个城市建立广泛联系，瓷都品牌享誉世界。

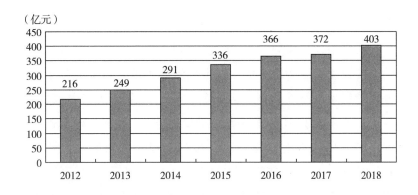

图 1　2012 年以来景德镇陶瓷工业产值

二、景德镇陶瓷产业发展存在的主要问题

景德镇陶瓷产业有着辉煌的历史，景德镇是中国最早进入工业化的城市。但在我国改革开放和经济转型过程中，沿海一批新兴陶瓷产区迅速崛起，景德镇千年瓷都面临新一轮转型升级的挑战。

（一）产业总量不大，产品结构不优

近代以来，陶瓷生产受到全球化冲击严重，逐渐走向规模化、产业化、批量化生产，和佛山等地相比，景德镇陶瓷产量低、产值小，相对优势有所降低。2018 年，景德镇市陶瓷产业总产值达到 403 亿元，处于全国主要陶瓷产区中游水平，距排名靠前陶瓷产区差距较大。总产值、税收、出口等产业发展主要指标与其他主要陶瓷产区相比，差距明显，产值、规模以上企业数分别只有佛山的 1/4 和 1/5，出口只有潮州的 1/10，税收贡献只有淄博的 1/5。由于片面追求产值、规模，导致景德镇陶瓷产品在规模化和艺术化方面结构不合理，随处可见，大量劣质、假冒伪劣产品打着"景德镇陶瓷"的名号横行市场。

（二）小工场分散经营为主，缺乏龙头创新引领

景德镇陶瓷企业规模普遍较小，企业做强做大意识不强，作坊化明显，90% 以上为中小企业、小微企业、作坊企业，截至 2018 年，规模以上企业仅 95 家，年产值过 5000 万元的企业 9 家，无上市陶瓷企业。陶瓷聚集区企业规模小，从而导致生产设备陈旧、管理方式不规范、抗风险能力差、产品质量差、服务水平低、技术创新能力差、产品附加值低和销售成本高等问题出现。此外，小型陶瓷企业员工操作和技能水平普遍偏低，大多都未参加有关陶瓷技能的系统培训，相当一部分人对陶瓷方面的国内外标准不甚了解，加上设备落后，很难实现对陶瓷的标准化生产。景德镇陶瓷虽然在某些领域实现了专业化的生产，但这已经不适应现化工业化的生产和大规模的市场需求，一些分散的企业，难以承受大批量的订单。

（三）文化艺术价值挖掘不足，品牌形象有待提升

文化艺术和"工匠精神"是景德镇陶瓷的灵魂，当前面对全球化的冲击，保留地方特色显得弥足珍贵。在近几十年的发展过程中景德镇陶瓷艺术挖掘不足，赋能文化价值稍弱，主要存在以下问题：一是文化传承与创新未能从根本上解决理论问题，陶瓷文化精髓总结不够，陶瓷文化创意产业发展方向不明；二是陶瓷文化传承中新一代市民陶瓷情怀、关注度不够，培育路径、方式、方法有待创新；三是手工陶瓷产业链较完整，但体系间协作有待加强，特别是集中化程度有待提高；陶溪川、三宝瓷谷等一系列文化创意产业定位不够准确，存在同质化竞争。另外，景德镇证明商标应用缺乏规范，产品缺乏地方标准，未能体现景德镇陶瓷特色与质量；区域品牌建设与世界闻名的瓷都地位不相称。品牌数量虽多，但名企名品

名牌极其匮乏，企业成为"百年老店"的信心不足、动力不足、路径迷茫。

三、景德镇陶瓷产业转型升级的对策建议

（一）坚持原产地传承与全球化创新并用

一要放眼世界。加快将景德镇陶瓷文化纳入国家"一带一路"国际文化交流与合作有关规划，广泛参与国家外事外交文化活动，讲好新时代"中国故事""江西故事""景德镇故事"；可在全球主要城市设立景德镇陶瓷研发中心和旗舰店，支持防伪查询验证。二要立足产地。坚持产地原则，即相对于全球13个陶瓷基地来讲，要求高端艺术陶瓷只能在景德镇才能买到，其他地方不再一手销售。一方面可以抵制假冒伪劣产品横行市场的状况，另一方面可以进一步提升地理标志产品知名度，重塑景德镇陶瓷"金字招牌"。三要挖掘"工匠精神"。景德镇陶瓷技艺是中国"工匠精神"的典型代表。积极谋划申报全球"工匠精神"模范城市，设计策划"工匠精神"主题旅游线路。策划出版一批彰显景德镇陶瓷工艺、工匠精神的图书；拍摄一批陶瓷文化、陶瓷技艺主题电影、电视剧。四要坚持景德镇特色。重点打造艺术陶瓷，重塑瓷都雄风；积极发展高技术陶瓷和高档日用陶瓷，积极对接，争取让陶瓷文化课程走进"百家讲坛"。

（二）坚持规模化与文化艺术化并行

在景德镇陶瓷产业发展中，规模化产品和艺术化产品相辅相成、相互促进、相得益彰，因此需要相互结合，共同发展，坚持规模与特色并重，产品与文化并行。一要做大做强产业规模。打造陶瓷特色产业集群，积极培育龙头企业，做强骨干企业，做大中小微企业，大力引进海内外高技术陶瓷企业落户，同时积极发展陶瓷文化产业、陶瓷新材料产业，发展文化创意和设计服务，构建科技创新发展新平台。二要做精做优高端产品。文化艺术陶瓷是景德镇高端陶瓷的精髓。实施艺术家提升工程，鼓励陶瓷艺术工作者参评各级各类称号，健全"名师带徒"机制，支持"艺术家＋企业""艺术家＋创业园""艺术家＋电子商务"等发展模式。三要探索高端产品跨界融合。将国瓷精品融入中国传统文化的方方面面，与茅台、龙

井等国字号品牌合作,积极开发"国瓷＋酒""国瓷＋茶""国瓷＋饮食""国瓷＋书法"等高端联合产品。四要提升合作效应。引导、鼓励手工制瓷作坊联合发展,建设一批"手工制瓷联合体""手工制瓷合作社"。推动手工制瓷作坊品牌建设,挖掘并强化老字号手工制瓷作坊。

(三) 坚持文化创新与创造转化并重

一要师承古人精髓。加快陶瓷文化遗产梳理与挖掘,整合分散在各高校、政府部门的陶瓷文化研究资源,成立陶瓷文化研究院,打造全球陶瓷文化研究新高地。二要萃取海外精华。加大与国外高端陶瓷研究机构、生产企业合作力度,吸收借鉴优秀科技成果,提升景德镇陶瓷国际合作交流水平。三要坚持创新性发展。设立景德镇文创产业基金,支持文创产品研发和创意设计。以多元化的人文艺术推进陶瓷创新、创业、创意,加快完善产业链、创新链、价值链,培育发展陶瓷文化产业的新技术、新业态、新模式。加强设计人才与陶瓷优势龙头企业的产学研联合,鼓励企业服务外包,推动陶瓷设计及创意产业机构集聚。加强陶瓷创意设计及产业发展舆论宣传,建立陶瓷设计图书馆、博览馆。四要坚持创造性转化。研究设立景德镇高校科研成果转化产业园区,防止"墙内开花墙外香",加快陶瓷科研成果就地转化、孵化、产业化,将高校科研优势转化为产业发展优势。加快支持景德镇陶瓷大学和景德镇学院融入地方经济发展,加强产教融合,强化利益共享,推动携手合作,完善分配机制,激发科研人员创新活力,让大学的创新力转化为本地现实生产力,助力陶瓷产业转型升级、创新发展。

(四) 坚持集团化与系列化差异化发展并举

一要做强龙头企业。借鉴茅台集团"一品为主、系列开发,确保做好酒内文章;做精主业、上下延伸,理性拓展酒外天地"的战略经验。重点加快景德镇陶瓷集团、景德镇陶文旅集团整合力度,提质增效。二要引进专业咨询团队。组织战略咨询、人力资源、投资银行、公关策划、品牌运营等服务机构对企业进行系统诊断,为企业战略定位、管理机制、企业形象等方面提供优化方案。三要加强资本运作。建立完善上市后备企业资源库，强化培育辅导、金融服务、用地保障等措施，积极推动企业改制、并购重组、借壳上市。扶持科技型陶瓷企业发展，力争3~5家企业在科创板上市。四要坚持系列化差异化发展。坚持陈设艺术瓷精品化发展，坚守艺术陶瓷标杆地位，进一步推动手工制瓷集群价值链升级，进一步强化工艺美术陶瓷优势地位，再创陈设艺术瓷新辉煌。坚持高技术陶瓷链式发展，不断强化高技术陶瓷创新能力，进一步延展高技术陶瓷产品线、拓宽高技术陶瓷产品应用领域，进一步推动高技术陶瓷产业链延伸。坚持日用陶瓷与建筑卫生陶瓷高端化发展，进一步推动日用陶瓷与建筑卫生陶瓷供给侧结构性改革，加速淘汰落后产能，加速推动材质、装饰创新，积极创新盈利模式，不断提高智能制造水平，巩固日用陶瓷与建筑卫生陶瓷基础性地位。

专题5　江西加快电子信息产业
提质增效的策略研究

近年来，随着沿海发达地区产业转移步伐的加快以及新一代信息技术的蓬勃发展，江西电子信息产业呈现规模扩大、层次提升的良好态势。2018年，江西电子信息产业主营业务收入超4000亿元，产业规模在江西工业行业内排第2位，在全国排名第10位，在中部地区列第2位，近6年的产业增速均高于全国平均水平成为江西增长较快和最具发展潜力的产业之一。但是与沿海发达省份相比，江西电子信息产业的规模还不够大、实力还不够强、品牌还不够响。为抓住新一轮电子信息产业发展的机遇，江西必须突破自身困境、发挥现有优势、占据有利市场，加快电子信息产业提质增效步伐，努力实现电子信息产业由大到强的跨越。

一、江西电子信息产业存在"四大瓶颈"

(一) 产业链低端化特征较为明显

相对长三角、珠三角等电子信息产业发展较为成熟的地区而言，江西电子信息产业的低端化特征较为明显。具体体现为：一是中小企业多，龙头企业少。江西电子信息产业相关企业数量已接近 3000 家，但龙头企业数量较少，上市公司仅有联创光电、联创电子、合力泰、欧菲光几家。二是贴牌组装多，自主品牌少。江西从事组装加工和贴牌制造的企业占比高达 90%。三是中低端产品多，高档产品少。大部分企业多以劳动密集型产业为主，利用当地的劳动力等要素，从事如组装、零部件生产等工作，处在 U 型的下端，附加值低。

(二) 尚未形成完整的产业链体系

从整体产业结构看，江西电子信息产业的生产活动主要涉及半导体照明产品的生产和封装、通信设备的零部件及配套产品的生产和整机组装、数字视听产品的生产等环节。在软件产业、电子测量仪器等行业方面还十分薄弱。江西电子制造企业数量是信息技术企业数量的 17.6 倍。从产业链分布看，缺乏两端的企业，上游具有产品研发能力的企业较少，且研发成果难以转化为具有普遍适用性的产品；下游缺少销售及售后服务的企业，产品多是直接供给销售商，造成企业利润率低等问题。以 LED 产业为例，南昌在衬底材料、外延片、芯片制造到封装等环节已较为成熟，但是在科研成果转化为规模生产的环节以及封装成品销售环节还相对薄弱。

(三) 生产设备依赖进口程度高

江西电子信息产业的生产设备进口依赖程度高，具体体现为：一是高精度设备依赖进口。以三坐标测量仪为例，中高端机器多来源于瑞典海克斯康、德国蔡司等企业。二是易损耗设备依赖进口。以铣刀为例，只有德国和奥地利拥有制造仿形铣刀刀盘和刀片的先进技术，国外铣磨技术设备工作效率高且磨损率远低于国产。三是高自动化程度设备依赖进口。江西高档数控机床 70% 以上都依赖进口，而配套的数控系统 90% 依赖于进口。

但是进口设备存在成本高昂、运输不便、售后服务不及时以及许多关键产品对我国仍存在出口限制等问题。

（四）产业集聚度有待进一步提升

截至 2018 年底，江西拥有规模以上电子信息企业 631 家，其中，电子信息类高新技术企业 350 余家，企业技术中心、工程技术中心等研发平台近 250 家。但是，从企业数量看，尽管江西规模以上电子信息企业数量超过 600 家，位列全国第 9，占全国总数的 3%，但是仅为广东的 10.1%、浙江的 27.6%、安徽的 79.1%。从主营业务收入看，尽管江西电子制造业主营业务收入达到 3312 亿元，位列全国第 9，但是仅为广东的 9.3%、浙江的 64.7%、福建的 82.9%。从发展指数看，《中国电子信息制造业综合发展指数研究报告》显示，江西综合指数未达到全国平均水平。具体来说，江西电子信息产业在企业和产品竞争力、产业发展环境、研发创先方面与其他省市相比有所不足。

二、江西电子信息产业面临"三大制约"

（一）技术优势转化为市场和产业优势的能力亟须加强

江西有诸多电子信息企业与高校开展产学研合作，获得相当数量的发明专利、实用新型专利，但将技术优势转化为市场和产业优势方面还存在一定的困难。以硅衬底技术为例，晶能光电有限公司的硅衬底 LED 技术获国家技术发明一等奖，该技术具有原创技术产权，相较国际上其他 LED 技术来说具有衬底材料价格低、容易制作大尺寸衬底、品质和方向性更好等优点。只有该技术能够实现大规模生产，才能占据 LED 市场的有利地位，否则将失去占据市场的先机。但是目前晶能光电并未能够使该技术大规模融入生产线，如何能使硅衬底 LED 技术从实验室走向生产线是目前急需解决的问题。

（二）集群之间、企业之间竞争有余而合作不足

从支柱产业定位看，江西电子信息产业中的通信设备产业、半导体照明产业和数字视听产业已成为支柱产业，但是多数县区将当地电子信息产

业的主导产业定为相同的产业，产业定位的雷同造成地区之间、企业之间存在一定的竞争性。例如，南昌高新区、南昌经开区、高安等区县都在着力打造光电产业链，南昌高新区、吉安井开区等都在着力打造移动终端产业链。南昌有两个大型的光电产业集群，高新区光电及通信产业集群已超400亿元规模，经开区光电产业集群已超300亿元规模。吉安有两个较大的移动通讯设备产业集群，井冈山经开区通讯终端设备超过200亿元，吉州区通讯传输产业集群超过100亿元。

（三）来自周边地区的产品及产业承接压力加大

一是来自周边省份承接电子信息产业转移的压力。以通信设备产业为例，武汉高新区大力发展高新技术产业，依托芯片和显示产业基础优势，聚集了华为、联想MOTO、小米、富士康等一批知名智能终端品牌研发生产企业。而江西南昌高新区产业链不够完善，产业链中很多高技术含量、高附加值的关键零部件生产环节较为薄弱，除"缺芯少屏"外，精密件等配套也严重不足。二是来自发达国家包括电子信息产业在内的制造业"再回归"压力。发达国家制造业"再回归"的核心目标是先进制造业，因此对江西承接国外电子信息产业造成严峻挑战。发达国家在实施制造业"再回归"战略的过程中，出现抢占资本和市场的现象，江西承接国外电子信息产业转移可能受阻。

三、江西加快电子信息产业提质增效的对策建议

为策应"互联网＋先进制造"，打造京九电子信息产业带，江西应当进一步聚焦重点方向、重点技术、重点地区，努力做大做强江西电子信息产业。

（一）聚焦重点方向，打造全国电子信息产业高地

1. 做强半导体照明行业

依托江西省半导体照明产业联盟，集聚全省半导体照明产业技术的优势资源，着力研究解决产业发展中的重大关键技术及共性问题，提高产业发展层次，进一步完善半导体照明产业链。发挥晶能光电、联创光电、晶

和照明、木林森照明等龙头企业的带动作用，加快发展光电产业集群。

2. 做大通信设备行业

依托欧菲光科技、联创电子、智慧海派、合力泰科技、摩比通讯等龙头企业，形成摄像模组、触摸屏、主板贴片、芯片封装和整机生产的完整产业链，提升移动终端产品整机生产量，建设我国重要的移动智能终端生产基地。

3. 做响虚拟现实行业

利用 VR 世界大会在江西举办的契机，为 VR 企业落户江西提供支持，在初步建成 VR 产业国家标准检测、云服务、技术研究、天使基金、产品交易、基地线上六大平台的基础上，打造一批应用试点示范，培育一批领军人才和创新团队，构建较为完善的产业生态，打造江西虚拟现实产业发展格局。

（二）聚焦重点技术，抢占新一轮电子信息技术制高点

依托江西电子信息产业现有的技术优势，强化技术研发和转化，抢占新一轮电子信息技术制高点，提升核心产业竞争力，推动江西电子信息产业跨越式发展。

1. 利用核心技术，抢占市场

晶能光电的硅衬底技术使我国 LED 产业摆脱了国外巨头的专利控制、佳因光电成为全球第 5 家掌握 MO 源生产技术的企业等，不仅为江西电子信息制造业带来自信，实现盈利，更为中下游封装企业和应用企业带来广阔的市场发展前景。江西应把科技作为第一动力，进一步提高企业的技术创新能力，为企业提供成熟配套设施，培养适应高新技术产业化发展需要的高级技术人才，推进技术创新成果转化为市场优势。

2. 利用高端材料，控制市场

睿宁公司的集成电路用超高纯金属溅射靶材填补江西集成电路用电子材料空白、富尔特公司的高性能永磁材料等新材料产品国内领先等，江西应借此机遇，加大宣传力度，打造江西高端材料生产企业的品牌，扩大高端材料产品的推广应用，用高质量产品打入国内外电子信息制造企业的基

础环节。

（三）聚焦重点地区，构建优势电子信息产业集聚区

为实现打造 5000 亿级京九电子信息产业带的目标任务，江西应依托京九高铁，以南昌、吉安为核心，以九江、赣州为节点，构建优势电子信息产业集聚带。

1. 以南昌为核心，着力打造半导体照明和智能通讯设备产业集聚区

以打造南昌光谷、建设千亿级级半导体照明产业为契机，紧紧围绕建设全国具有重要影响的光电信息产业基地的目标，以南昌高新区为主体，建设以 LED 照明、智能通讯终端为核心，推动建立 LED 相关的延炉制造、MO 源、外延片、芯片制造、芯片封装、显示屏、照明产品完整产业链，引进一批摄像头、锂电池、显示屏、主控板卡、存储芯片等移动终端的配套企业，有效发挥省会城市对全省的带动作用。

2. 以吉安为核心，着力打造通讯终端及传输设备和电子元器件产业集聚区

依托国家新型工业化产业示范基地、国家电子信息高新技术产业化基地的"金字招牌"，采取协同扩张发展模式，围绕相关产业引进上下游配套企业形成完整的电子信息产业链生产基地，进一步做大做强重点企业，重点打造全国有影响力的电子信息产业基地。

3. 以赣州为节点，着力打造新型电子器材及元器件产业集聚区

抓紧电子信息产业发展机遇，依靠赣州独特的"一带一路"节点城市的区位优势，实施优惠政策吸引周边省份的电子信息产业龙头企业进行产业转移，利用当地丰富的稀土资源进行新型电子器材及元器件的研发，以此带动电子信息产业的整体发展，推进赣粤电子信息产业带的建设。

4. 以九江为节点，着力打造电子电路材料产业集聚区

以昌九一体化和赣江新区建设为契机，以电子电路材料产业为核心，进一步壮大玻纤纱、电子布、铜箔、覆铜板、PCB（印制电路板）、电子产品应用产业链，精准对接龙头企业，提高产业配套能力，推动形成以 IT

电子等为代表的主导产品和产业，尽快引进一批电子电路龙头企业，将九江打造成为江西省电子信息产业出口基地和中部一流的电子电路材料产业基地。

专题6　江西大力推进"5G＋VR"融合创新发展研究

面对5G时代的到来，随着5G标准的落地及商用步伐的加快，5G技术正在向各行各业融合渗透，并将引发一场深刻的社会变革。借助5G技术的持续赋能，VR设备的数据传输速度、画面显示效果得到显著提升，VR产业迎来重大变革和商业机遇。依托江西良好的VR产业基础和丰富的应用场景，抢抓"5G＋VR"的先发优势，加快5G与VR的深度融合，构建"5G＋VR"融合发展生态圈，打造5G与VR融合创新应用的"江西高地"，对于持续扩大VR产业的知名度和影响力，率先构建5G产业链、业务链、创新链，努力实现在加快革命老区高质量发展上作示范、在推动中部地区崛起上勇争先具有十分重要的意义。

一、5G时代下VR产业发展面临重大变革和机遇

VR作为5G的重要应用场景，随着5G商用步伐的逐步加快，VR将成为5G率先成熟的应用场景，而5G将成为VR赖以依存的通信技术。

（一）5G技术将推动VR产业发生重大变革

与4G网络相比，5G网络具有高速率、大容量、低延时等特性，其数据下载的峰值速度可以高达20Gb/s，而且传输的延迟不超过1毫秒。目前，VR硬件设备大多承载在4G网络上，普遍存在体积过大、质量过重、眩晕感严重等问题。而5G全新的网络架构、数十倍于4G的峰值速率、毫

秒级的传输延时和亿万级的连接能力，将大幅提升 VR 的用户体验，有效解决 VR 技术面临的瓶颈制约。首先，5G 将实现 VR 硬件从笨重到轻巧的改变。5G 所带来的计算上云不仅能大幅度提升 VR 设备的算力，同时也将极大地节省本地存储，降低对计算的硬件要求，从而减少 AR 设备的体积和重量。其次，5G 将显著提升 VR 设备的交互性与沉浸感。VR 设备与 5G 技术结合后，数据处理速度将大幅提升，网络延时将显著降低，用户体验与沉浸感将大大改善。另外，5G 时代下 VR 的内容将更加丰富。借助 5G 超高速网络，VR 内容的生产门槛将显著降低，其数量将迎来爆炸式增长，并且将突破以往的限制，朝着立体多维、多向互动的方向发展。

（二）5G 的发展将为 VR 产业带来巨大的商业机遇

近年来，国内外对 VR 的投资在经历了一段时间的资本狂热后，逐渐趋于冷静和理性，2016 年全球 VR 领域的投资增长率高达 236.2%，而 2017 年和 2018 年的增长率分别下降至 32.8% 和 22.5%。国内也出现了同样的资本遇冷情况，2016 年 VR 领域的投资增长达 128.4%，而 2017 年和 2018 年增长率分别为 15.2% 和 38.9%。随着 5G 商用化步伐的加快，特别是 2019 年 6 月工信部 5G 商用牌照的正式发放，VR 产业将迎来重大利好。VR 设备与 5G 技术结合满足了实时观看超高清 VR 内容和实现顺畅人机交互体验的需要，整个 VR 行业也将迎来新一轮爆发。根据华为发布的《5G 时代十大应用场景白皮书》，VR 是 5G 时代最值得期待的应用场景之一，到 2025 年全球 VR 市场规模将达到 1410 亿美元。艾瑞咨询发布的 VR 行业报告指出，5G 商用化普及速度将直接影响 VR 市场的增长速度，2019 ~ 2021 年，国内 VR 市场规模将从 230.4 亿元增加至 790.2 亿元。

（三）"5G + VR"将成为 VR 产业发展的热点趋势

从运营商业务范围看，中国电信将 VR 作为智慧家庭方向上的重点产品，并与华为、视博云、Intel 等共同打造"5G + VR"生态闭环；中国联通发布了"5G + 视频"推进计划，并将 VR 作为 5G 的重点创新业务，以 VR 为代表的 5G 网络超高清视频应用将构成"5G + 视频"战略的核心；中国移动将"5G + VR"作为重要的业务方向，已经在乌镇世界互联网大会等多地展示了"5G + VR"业务。从企业媒体应用看，华为依托5G、Cloud VR等技术优势，大力推动"5G + Cloud VR"；科技娱乐公司 Luci 携手 Nokia、Intel 联合推出基于"5G + VR"技术的新一代智慧展馆解决方案；中央电视台及地方新闻媒体通过"5G + VR"技术，实现了对两会、春晚及大型赛事的全景互动直播。从各地布局发展看，福州、青岛、成都、长沙、合肥等地聚焦5G与VR的融合创新，探索开展"5G + VR"商业化应用示范，致力打造"5G + VR"应用创新高地。

二、江西推动"5G + VR"融合发展的优势条件及制约因素

（一）优势条件

总体来看，江西在新一代移动通信网和物联网建设、"03 专项"以及5G 试点示范、VR 产业品牌塑造、"5G + VR"重大平台建设及行业应用等方面具备一定的优势，为推动"5G + VR"融合发展奠定了坚实基础。

1. 新一代移动通信网和物联网建设全面铺开

一方面，江西4G网络建设实现了城区、县城、乡镇、行政村和旅游景区、交通干线的全覆盖，由于5G网络建设初期主要采取与4G网络共站的形式部署，全面覆盖的4G网络将为江西5G网络的部署提供重要支撑。与此同时，全省5G试验网和5G基站建设正迅速铺开，截至2019年9月，江西共建成5G基站近1000个，其中南昌5G基站已达近百个，鹰潭5G基站超过50个。同时，江西共部署NB - IoT基站4.1万个，NB - IoT连接数达到28万个，NB - IoT和eMTC网络建设领跑全国，基本实现全域覆盖。而作为5G三大应用场景之一的mMTC（海量机器类通信），主要面向大规模物联网应用，NB - IoT和eMTC将为基于mMTC场景的"5G + VR"提供基础网络支撑。

2. "03 专项"以及5G 试点示范稳步实施

作为全国唯一承担"新一代宽带无线移动通信网"国家科技重大专项（简称"03 专项"）成果转移转化试点示范的省份，江西举全省之力推动"03 专项"试点示范落地见效，物联网技术研发和推广应用取得了突破性

进展,"物联江西"建设迈出了实质性步伐。未来一段时间,江西将继续依托"03专项"试点示范,重点在5G技术研发方面有所突破,推动5G支撑VR、物联网融合创新发展。同时,南昌成功入选中国移动和中国联通首批5G网络覆盖城市以及全国"5G规模组网建设及应用示范工程"示范城市,鹰潭获批成为中国移动首批5G重点建设城市、中国电信5G试点城市,为江西加快部署5G网络和推进"5G+VR"融合发展提供了重要窗口机遇期。

3. "5G+VR"重大平台建设加快推进

全球光学光电领军企业欧菲科技与十余家知名单位发起成立了南昌虚拟现实研究院,以此为依托,全力推进VR创新中心建设,创建国家VR制造业创新中心。江西联通已与江西广电共建了"5G+VR"联合实验室,推进实施了基于5G网络的广电级4K/8K超高清视频和VR视频直播技术研究与业务推广试点。江西移动正在向集团公司申请成立中国移动5G联合创新中心江西开放实验室,并在南昌VR产业基地设立"5G+VR"联合创新中心。江西联通正在筹建VR云平台,以"5G+VR"组合技术为支撑,打造有线电视、IPTV、手机、互联网的多屏互动观看新模式。

4. 与5G密切相关的VR产业已形成一定规模和影响力

江西VR产业发展步入快车道,特别是南昌VR产业基地规模效应明显,VR企业达80余家,引进了微软孵化器、联想新视界、清华紫光、中国网库、欧菲光、星宇时空、HTC威爱教育、海康威视等一批龙头企业。绿地集团与南昌市政府、华为公司正式签约联手打造南昌VR特色小镇,南昌VR体验中心、VR产业基地展示馆、"VR+5G"展厅、VR产业云平台等标志性重大项目加快实施,国内第一个VR标准检测平台、VR产业交易平台等项目已投入试运营。另外,2019年世界VR产业大会的主题为"VR让世界更精彩——VR+5G开启感知新时代",也为江西推进"5G+VR"融合发展搭建了开放合作平台。

5. "5G+VR"在多个行业得到初步应用

江西电信与鹰潭市政府联合推进的龙虎山"5G+VR"智慧旅游项目,

成为全省首个"5G + VR"5A 级景区;江西联通携手南昌八一起义纪念馆推出的"5G + VR 红色旅游直播巡展",成为全省首个"5G + VR"红色旅游示范样板;江西广电与江西联通联合打造了电视史上首台基于 5G 网络的超清全景 VR 春晚;江西日报社联合江西电信、华为公司,首次通过"5G + VR"对 2019 江西文化发展巡礼进行了 360 度全景实时直播;南昌电信与南昌中院合作,推动了"5G + VR"在诉讼服务中的应用。

(二)制约因素

当前,江西推动"5G + VR"融合发展仍面临一些亟待解决的问题,主要表现在:

1. 5G 网络建设整体滞后,制约了与 VR 产业的融合进程

国内 5G 商用步伐持续加快,全国各地正紧锣密鼓部署 5G 网络。从已建成的 5G 基站数量看,广东超过 5000 个、北京 4300 个、上海 3700 多个、浙江 2000 多个、湖北 1361 个、福州 990 个、贵阳 500 多个。相比之下,江西 5G 网络建设较为滞后,南昌和鹰潭作为全国 5G 试点城市,5G 网络建设在全省处于领先位置,但南昌已建成的 5G 基站数量不到 100 个,鹰潭仅为 50 余个,其他非 5G 试点城市数量更有限。

2. VR 技术尚处于部分沉浸期,与 5G 技术实现深度融合仍需时日

尽管江西 VR 产业发展态势强劲,但 VR 技术尚存在缺陷,相关技术和产品仍不成熟,优质内容还很匮乏,特别是 4K/8K 超高清视频内容开发明显滞后。超高清视频作为 5G 商用初期的主要应用场景,缺少内容源,将无法充分使用 5G 网络,无法体现 5G 网络速率快的特点,这将在较大程度上限制"5G + VR"的融合发展。另外,江西 VR 与 5G 的融合还面临技术互通、合作模式等问题,加之受限于尚未完善的 5G 网络设施和终端设备,实现"5G + VR"深度融合仍需较长的一段时间。

3. "5G + VR"多以通信运营商为主导,VR 企业参与的积极性、主动性不够高

从平台建设看,省内"5G + VR"联合实验室、"5G + VR"联合创新中心主要为江西移动、江西联通等通信运营商牵头组建,不仅没有一家由

VR 企业牵头组建的联合创新中心或开放实验室,而且现有平台也缺乏 VR 企业的参与。从推广应用看,江西现有的"5G + VR"应用项目主要为通信运营商联合地方政府共同推动,且局限于旅游、文化娱乐、影视等领域,缺乏工业、农业、教育、医疗等领域的应用案例。

4. 专业人才缺口大,资金投入明显不足

5G 和 VR 涉及图形图像、人机交互、光学通信等多个尖端领域,对于人才的要求较为严苛,而江西现有专业人才大多是从游戏、动漫、3D 仿真、模型等行业转型而来,尤为缺乏既懂 VR 又懂 5G 的技术人才。同时,相比 4G 网络,5G 基站设备单价高、能耗大,基站覆盖面积小、站址需求大,因此 5G 网络的投资成本非常高。在 4G 投资成本还未完全回收、5G 盈利模式尚不清晰等因素的影响下,省内通信运营商将难以应对 5G 网络建设的巨额资金投入。

三、江西大力推进"5G + VR"融合创新发展的对策建议

抢抓"5G + VR"的先发优势,以 5G 网络建设为基础,以技术融合为引领,以应用示范项目为载体,以政策、资金、平台和人才为保障,着力打造 5G 与 VR 融合创新应用的"江西高地"。

(一)加快 5G 基础网络建设,增强对 VR 产业的网络传输支撑

一要加快 5G 试点城市建设。以南昌、鹰潭 5G 试点城市建设为契机,推进试点区域 5G 站点配套改造和基站建设,积极争取中国移动、中国电信、中国联通三大运营商将赣州、上饶和抚州等地列入 5G 试点城市。二要统筹 5G 试验网和基站建设。在江西联通全省 11 个地市 5G 试验网全面开通的基础上,推动江西移动、江西电信开通更多的 5G 试验网,为重点应用示范场景提供 5G 网络支撑。同时,按照全省 5G 基站规划,由江西铁塔公司统筹建设需求,联合江西移动、江西联通、江西电信三家运营商及相关主管部门共同推进 5G 基站规划落地实施。三要探索开展 5G 网络新型部署方式。根据 5G 基站分布密集的特性,引导通信、城建、交通、电力等行业共享杆塔资源及基站配套设施,并采用"微基站 + 智慧杆塔"的方

式部署5G网络。四要兼顾5G网络与现有网络协同发展。既要立足现有4G网络,超前布局5G网络,也要注重发挥NB－IoT和eMTC在全国的领跑优势,根据各自的技术特点、业务需求和场景模式,实现优势互补、协同发展、交叉覆盖。

(二)推进5G与VR技术融合创新,抢占"5G＋VR"发展的制高点

一要开展基于5G的VR技术创新。导入5G的高速传输和低延时特性,突破近眼显示、感知交互、高速渲染处理、超高清内容制作等VR关键技术,加大"云VR"技术研发,推出基于5G的高信息吞吐量、高速高效、稳定性强、能耗低和成本低的VR产品方案。二要推动面向VR的5G技术创新。依托"03专项"试点示范,大力发展面向VR的新型大带宽信号处理、适应宽/窄频带融合场景下的5G传输与组网关键技术,推进5G高速大容量光传输设备、光交换设备、高端路由等关键设备研发,满足和适应VR在各种场景中的应用需求。三要聚焦"5G＋VR"建设一批新型研发机构。在江西联通与江西广电共建的"5G＋VR"联合实验室的基础上,推动江西移动、江西电信在南昌VR产业基地加快设立"5G＋VR"联合创新中心,支持国内外知名行业企业和科研机构在江西布局建设"5G＋VR"融合应用创新中心,并引导省内VR龙头骨干企业主动参与建设。同时,依托南昌VR创新中心,全力创建国家VR制造业创新中心,力争在"5G＋VR"融合创新上形成特色和亮点。

(三)融合5G的高速性与VR的沉浸感,构建全方位、多领域的应用体系

一要扩大"5G＋VR"在文化旅游中的应用。开发基于5G的全景旅游VR地图、VR景区地图、VR导游导览、历史文化VR场景重现等,扩大4K/8K超高清视频在赛事直播、演出直播、游戏娱乐等中的应用,打造一批"5G＋VR"文化旅游示范样板。二要开展基于"5G＋VR"的工业互联网应用试点。依托基于5G的工业互联网平台,面向有色金属、钢铁、石化、建材、航空、汽车、电子信息等行业,推广虚拟三维设计、虚拟制造、虚拟产品展示等新型生产方式,搭建工业互联网与5G、VR有机结合

的智能制造平台。三要探索基于"5G+VR"的智慧农业整体解决方案。以国家级现代农业产业园为重点，构建基于"5G+VR"的智慧农业互联网，推进"5G+VR"技术与农业生产、经营、管理、服务各环节加速融合，形成可向全国推广的整体解决方案。四要推动"5G+VR"在教育医疗中的应用。开展"5G+VR"沉浸式教学，建设"5G+VR"医疗影像辅助诊疗系统，实施基于高清视讯的远程协同教育教学与远程协作手术。五要加快"5G+VR"在城市管理服务中的应用。将"5G+VR"作为城市精准治理和惠民服务的新路径，推进"5G+VR"在交通、市政、司法、环保、社区服务、公共安全等领域的应用。

（四）强化政策、资金、平台和人才保障，打造"5G+VR"融合创新生态圈

一要加强对"5G+VR"的政策引导。出台"5G+VR"实施方案，在网络建设、技术创新、产业发展与示范应用等方面加大政策引导力度，全面落实研发费用加计扣除、新产品奖励、首台套补贴等优惠政策，在用地申请、电力增容和直供电改造上为5G网络建设提供最大便利。二要加大对"5G+VR"的资金扶持。统筹使用省级工业转型升级专项资金、重大科技专项资金等，加大对"5G+VR"关键技术研发、公共服务平台建设、应用示范项目的支持力度。在省发展升级引导基金的框架下，支持设立"5G+VR"子基金，引导创投基金、私募基金等支持"5G+VR"融合发展。三要推进"5G+VR"公共服务平台建设。在高标准建设南昌VR特色小镇、"VR+5G"展厅的基础上，着力搭建5G网络在VR领域的公共检测认证、技术支撑、应用研发、交易展示等平台，完善"5G+VR"公共服务支撑。四要建立5G与VR领域人才储备。借助2019世界VR产业大会、国际移动物联网博览会，面向国内外引进一批5G和VR领域高端人才。支持省内高校、科研机构与企业联合培养5G和VR人才，建设人才实训基地，提高应用型人才培养的精准度。

专题7　加快"物联江西"建设研究

江西移动物联网发展已形成先发优势，特别是鹰潭窄带物联网领跑全国，但整体发展处于起步阶段，与国内发达省市相比仍有较大差距。江西与贵州同为科技底子薄弱的欠发达省份，而贵州凭借大数据走出一条"弯道取直"的新路子。江西省委十四届六次全会把推进高质量、跨越式发展确立为首要战略，有必要借鉴贵州的成功模式及经验，集中优势资源，采取有力措施，创新政策支持，着力打造全球移动物联网产业及应用高地，加快"物联江西"建设，努力推动移动物联网成为提升江西国际注意力的"新名片"。

一、江西移动物联网产业已形成先发优势

（一）基础网络建设位居全国第一方阵

截至 2018 年 11 月，全球已商用的移动物联网网络达到 66 张，均为各国和地区主流运营商。其中 eMTC（增强性机器通信技术）商用网络为 13 张，NB－IoT（窄带物联网技术）商用网络有 53 张。鹰潭既是全球首个拥有 3 张 NB－IoT 全域覆盖网络的城市，又是全国首个建成 NB－IoT 和 eMTC 全域覆盖网络的城市。截至 2018 年底，全省共部署 NB－IoT 基站 4.1 万个，NB－IoT 连接数达到 28 万个，基本实现 NB－IoT、eMTC 全域覆盖。

（二）公共服务平台建设走在全国前列

"新一代宽带无线移动通信网"国家科技重大专项成果转移转化试点示范落户江西，中国信通院物联网研究中心、中国泰尔实验室、国家物联网通信产品质量监督检验中心等纷纷在江西设立。鹰潭建成全国首个移动

物联网产业园，与三大运营商、华为、中兴联合打造了 NB－IoT 开放实验室。发起成立了中国移动物联网产业联盟，集聚了国内 160 余家物联网龙头企业和科研机构。

（三）应用推广处于全国领先地位

全省试点推广了智慧水表、智慧停车、智慧路灯、智慧森林防火、智慧消防等 79 个应用场景，智慧农业、智慧旅游、智慧河长也已全面启动。11 个设区市推广使用了智能水表，其中鹰潭智能水表占比超过 95%。鹰潭、南昌、上饶、九江等地建立了城市照明信息管理系统，基本实现路灯智能控制。

（四）龙头骨干企业在全国有影响力

截至 2018 年 9 月底，全省物联网企业 320 多家，移动物联网及关联产业主营业务收入超过 430 亿元，且在部分领域处于国内外领先水平。三川智慧成为全球最大的 NB－IoT 水表生产商，欧菲炬能全力打造全国最大的移动物联网模组生产基地，美纳途发布了全球首款 NB－IoT 智能箱包，渥泰科技成功开发了 NB－IoT 智能净水系统，百盈高新致力打造物联网智能家居产品，智诚科技、征途体育成为智能穿戴的先行者。

二、江西移动物联网产业发展面临的突出问题

（一）龙头企业数量少，规模优势和集聚效应尚未形成

鹰潭作为全省移动物联网发展的核心区，尽管培育形成一批移动物联网骨干企业，但与国内发达地区相比，无论是产业规模还是企业数量都存在明显差距。2018 年，鹰潭市物联网终端产品出货量由 2017 年的 148.5 万件增加至 546.9 万件；物联网企业由 79 家增加至 198 家，其中制造类企业由 30 家增加至 88 家；物联网核心及关联产业产值由 100 亿元增加至 211 亿元。相比之下，2018 年，无锡物联网相关企业超 2000 家，物联网产业营业收入达到 2638.7 亿元；杭州年度主营业务收入在 100 亿元以上的企业数量也较上年有所增加，集聚了海康威视、大华科技、中瑞思创、利尔达等一批国内乃至全球领先的龙头企业。

（二）产业链条不完善，基础软硬件领域发展不足

移动物联网产业链包括芯片设计制造、传感器设备制造、软件及应用开发、系统集成及应用服务等环节。江西大多数企业偏重应用和集成领域，移动物联网设备制造企业偏少，特别是芯片、传感器、操作系统等基础软硬件领域缺失。在鹰潭物联网企业中，制造企业不到百家，所占比重不到1/5。另外，江西移动物联网产业链上下游衔接不够紧密，企业间协同合作、产业联动效应明显不足。

（三）关键核心技术亟待突破，物联网产品"小、杂、散"

鹰潭作为全国窄带物联网技术研发与应用的核心城市，基础网络技术、系统集成及应用技术具有明显优势，但是在芯片技术、通信模组技术、智能终端技术方面明显不足，加上物联网人才严重短缺，芯片、传感器等基础软硬件大部分依赖进口。同时，移动物联网技术大多处于开发测试阶段，技术和商业模式仍不成熟，难以有效对接市场，物联网产品"小、杂、散"现象较为突出。

（四）行业应用仍以政府投资推动为主，领域和范围仍需进一步拓展

近年来，江西实施了一批移动物联网示范应用项目，取得了一定的成效，但大部分属于政府投资推动，各部门和企业自发需求明显不足，社会资金自建的应用项目普遍偏少。现有项目大多局限于城市管理、民生服务、农业、旅游业等领域，工业领域的成功应用案例偏少。另外，除鹰潭外，其他地市开展应用的积极性和主动性不高。

三、加快"物联江西"建设的对策建议

作为科技底子薄弱的欠发达省份，贵州正是抓住了大数据这个"牛鼻子"，以优势聚资源，以应用带发展，先后出台支持大数据发展的一揽子政策措施，建立了完善的大数据发展管理体制，统筹推进数据资源共享和开放，实现大数据与实体经济深度融合。短短几年，大数据在贵州实现了从无到有、从有到优、从优到精，成为世界认识贵州的"新名片"。截至2018年，贵州大数据企业达到8900多家，大数据产业规模超过1100亿

元，有 1600 多家企业通过大数据实现转型升级。移动物联网已经成为继云计算、大数据之后的新热点，规模化商用步伐持续加快。江西与贵州同为科技底子薄弱的欠发达省份，贵州凭借大数据实现"弯道取直"的经验举措，为江西抢占移动物联网发展先机、打造提升国际注意力的"新名片"提供了重要启示。

（一）统筹推进 NB – IoT、eMTC 和 5G 协同发展，打造全国覆盖最广的移动物联网络

加快 NB – IoT 网络基础设施升级，持续提升其覆盖深度和广度，在中国电信 NB – IOT 网络省域全覆盖的基础上努力实现中国移动、中国联通 NB – IOT 网络省域全覆盖。以推进新一代宽带无线移动通信网国家科技重大专项成果转移转化试点示范为契机，主动争取国家三大通信运营集团的支持，加快部署和建设 eMTC 网络，尽快建成全国首张省域全覆盖的 eMTC 网络。积极谋划和布局 5G 网络，争取将鹰潭、南昌等列入 5G 业务试验城市，推进南昌 5G 规模组网建设及应用示范工程项目建设。

（二）着眼于突破关键核心技术，打造全国一流的移动物联网研发及公共服务平台

依托现有物联网研究中心和开放实验室，瞄准芯片、通信模组、智能终端、软件及系统集成等关键共性技术，吸引上下游企业联合开展移动物联网技术攻关。加大全省创新资源整合力度，围绕移动物联网建设一批省级以上工程（技术）研究中心、制造业创新中心、企业技术中心等。加强与国内外物联网领军企业、高校及科研院所的对接合作，共建一批移动联网协同创新平台，探索建立境外移动物联网研发中心。支持省内外高校、科研机构与江西企业合作建立移动物联网人才实训基地，组建一批省级移动物联网优势科技创新团队。对鹰潭移动物联网公共服务平台进行改造升级，加快建设面向全省的成果转化、检测认证、设备租赁、融资担保、展示交易等服务平台，打造全国领先、世界一流的移动物联网公共服务中心。

（三）培育引进一批龙头骨干企业，在全国率先打造移动物联网全产业链

加快制定移动物联网产业投资引导目录，面向上海、广州、杭州、无锡等物联网产业集聚区，着力引进一批在全国有影响的芯片、模组、传感器及智能终端企业，尽快补齐江西移动物联网产业链短板。深化与阿里巴巴、华为、中兴、腾讯、百度、浪潮等互联网领军企业的合作，争取在江西设立移动物联网业务分公司、研发基地。采取"赛＋会＋展"的方式，通过持续举办移动物联网博览会、高峰论坛以及创新创业大赛等，不断扩大江西移动物联网的影响力，带动一批优质移动物联网项目在江西落地生根。引导现有物联网企业实施业务拓展、兼并重组和产业链整合，培育一批移动物联网龙头企业，推动企业参与国内、国际行业技术标准制定。

（四）优化形成"一核两翼多基地"的产业格局，打造全国重要的移动物联网产业集聚区

发挥鹰潭窄带物联网技术领先优势，以新一代宽带无线移动通信网试点示范基地建设为依托，打造全省移动物联网技术研发和产业集聚核心区。以南昌、上饶为两翼，依托南昌新一代信息技术、上饶大数据产业发展基础，着力发展移动物联网终端及相关技术的应用与系统集成，打造全省移动物联网产业的新兴发展区。支持九江、赣州、吉安等地结合现实基础及应用需求，因地制宜发展基础元器件、网络通信设备、先进传感设备、智能终端设备等，努力建设一批移动物联网特色产业基地。

（五）因地制宜选择重点领域、重点行业，打造全国领先的移动物联网应用示范区

总结鹰潭移动物联网试点示范经验，在全省乃至全国范围内加以推广，引导省级工业转型升级专项资金向移动物联网倾斜，大力支持智慧水表、智慧路灯、智能净水设备等成熟产品的推广应用。结合各地产业基础与实际需求，有选择地推动移动物联网在工业、农业领域的集成应用，促进移动物联网与旅游、现代物流、节能环保、健康养老、家居、安防等行业深度融合。以智慧城市、信息惠民试点城市为依托，推进移动物联网在

优化城市管理方面的应用示范，建设覆盖城乡、全民共享的智慧民生服务体系。

专题8 以智能装备产业助推江西装备 制造业高质量跨越式发展研究

继"互联网＋"成为政府工作报告中的关键词之后，"智能＋"也成为政府关心的重点。2019年全国政府工作报告明确指出，要打造工业互联网平台，拓展"智能＋"，为制造业转型升级赋能。作为先进制造技术、智能技术和信息技术的集成和深度融合，智能装备产业代表高端装备制造业的发展方向，体现了制造业数字化、网络化和智能化的发展要求，已经成为"智能＋"战略实施的重要支撑。在制造强国大战略下，国家制定出台《新一代人工智能发展规划》《智能制造发展规划》，为智能装备产业发展提供了广阔的市场空间。江西经济欠发达，归根到底是工业欠发达，与发达地区、兄弟省份有差距，归根到底是工业水平有差距。今后几年被认为是智能装备产业发展的重要"窗口期"，大力培育和发展智能装备产业，既是江西提升装备制造业核心竞争力、实现制造业由大变强的必然要求，也是缩小与先进省份发展差距、实现高质量跨越式发展的战略选择。

一、智能装备产业市场供求状况及发展空间

近年来，借助国家重点工程和重大科技专项的实施，智能装备产业发展势头迅猛，数控机床、工业与服务机器人、自动化生产线、智能电网、智能仪器仪表、智能可穿戴设备、智能环保设备等智能装备和产品的应用不断拓展，需求规模呈现快速扩大的态势。2010～2017年，我国智能装备产业规模从3400亿元增加到15000亿元以上，年均增长率达到23.6%。

初步测算，2018 年我国智能装备产业规模达 18000 亿元，2019 年突破 20000 亿元。根据国家智能装备产业规划，"十三五"时期我国智能装备产业规模年均增长率将达到 24.6%，预计到 2020 年，产业规模将突破 30000 亿元（见图 1）。

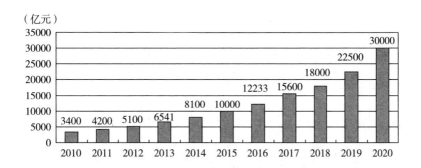

图 1　2010～2020 年我国智能装备制造业产值规模及规划目标

（一）数控机床：对中高档机床的需求超过低档机床

近年，由于宏观经济放缓、机械行业整体处于下滑状态，我国机床行业受到较大影响，数控机床在经历 2014 年 35% 的高速增长后，2015 年产量降至 25.91 万台，同比下滑 17.2%，2016 年又小幅上升至 26.88 万台，随后又逐步降至 2018 年的 21.33 万台（见图 2）。虽然数控机床总体出现一定幅度下滑，但年产量基本在 20 万～30 万台。相比之下，进口数控机床呈回升态势。2013～2016 年中国数控机床进口数量和金额均呈下降趋势，但 2017 年之后中国数控机床进口数量和金额逐年增长，2017 年中国数控机床进口量为 13688 台，同比增长 20.9%，2018 年中国数控机床进口量为 14409 台，同比增长 5.3%。

作为世界第一大机床消费国，随着制造业向数字化、智能化转型，我国机床市场需求进入结构换挡升级期，国内对中高档数控机床的需求无论在消费量还是消费金额方面都已超过了低档数控机床。我国数控金切机床市场上高、中、低档机床的比例，在消费量上约为 5%∶50%∶45%，在消费额上约为15%:70%:15%。但是，国产中高档数控机床的市场占有率仍很低，数控机床行业高端市场一直由欧美日韩等国家占据。在高端数控机床方面，国内产品仅占2%，而在普及型数控机床中，虽然国产化率达到70%左右，但国产数控机床中大约80%使用国外数控系统，特别是高端装备制造业亟须的高档数控机床。

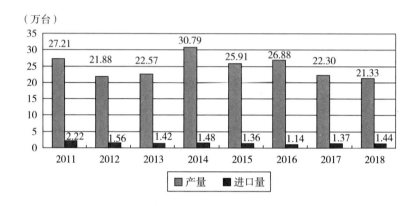

图 2　2011～2018 年我国数控机床产量及进口量

（二）机器人：工业机器人发展较快、服务机器人相对弱势

自 2013 年首次超越日本成为全球第一大工业机器人销售国以来，2014～2018 年我国工业机器人销量分别为 5.71 万台、6.6 万台、7.24 万台、15.87 万台和 15.6 万台，全球占比稳步上升，并保持在 40% 以上。尽管 2018 年销量全球占比有所下滑，但依然连续 6 年稳居全球销售量第一。与此同时，国产工业机器人销售规模持续扩张，市场占有率稳步回升。2013～2018 年，国产工业机器人销量分别为 0.96 万台、1.7 万台、2.23 万台、2.91 万台、3.78 万台和 4.36 万台，销量逐年增长，占工业机器人总销量比重分别为 26.3%、29.8%、33.7%、40.2%、23.82% 和 27.95%，呈回升态势，国产品牌已逐步打开市场（见图 3）。但是，国内自主品牌与发达国家相比仍有较大的差距，国际工业机器人企业第一梯队主要由欧、日、美、韩组成，德国库卡、瑞士 ABB、日本发那科、安川电

机等国外品牌占据国内近 70% 的市场份额。

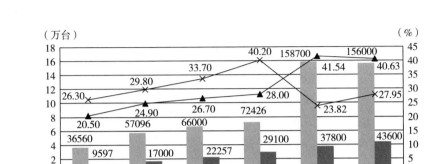

图3 2013～2018 年我国工业机器人市场及国产情况

相比之下，我国服务机器人尚处于产业化发展初期，缺乏大型支柱企业和有影响力的品牌，占全球服务机器人市场比重小，且 40% 以上是清洁机器人。但随着技术进步、老龄化趋势和劳动力不足等因素推动，未来服务机器人产业将进入快速增长期。2019 年中国服务机器人市场规模为267.4 亿元，同比增长 32.5%，预计到 2020 年，中国服务机器人年销售额将超过 300 亿元，维持 30% 以上的高速增长（见图4）。2025 年，预计中国服务机器人细分领域市场份额前三位将是家用机器人、娱乐休闲机器人、医疗机器人。

（三）自动化生产线：市场缺口很大但缺口率逐渐缩小

欧美发达国家制造业自动化改造进程较早，整体自动化程度较高，而近年来我国装备智能化投资力度不断加大，国内自动化生产线市场发展较快。2011～2017 年，国内自动化生产线的产量从 0.47 万条增加到 1.27 万条，需求量从 1.35 万条上升到 2.59 万条，市场缺口数量从 0.88 万条扩大到 1.32 万条。尽管国内自动化生产线产量保持了 18.02% 的年均增长速度，但国内厂商依然无法满足旺盛的市场需求，较大的市场份额被国外厂

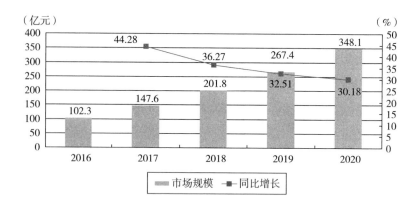

图4　2016～2020年我国服务机器人市场规模

商占据。值得注意的是，2011～2017年，国内自动化生产线的市场缺口率从65.2%下降到51%，呈现逐渐缩小的趋势（见图5）。随着我国传统产业智能化改造的推进以及自动化设备核心技术水平的提升，自动化生产线行业仍有巨大的成长空间。

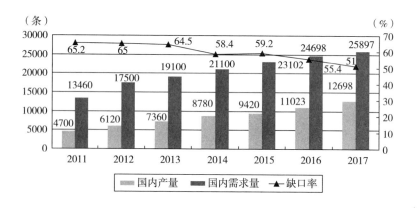

图5　2011～2017年我国自动化生产线市场供求状况

（四）智能专用设备：整体进入快速扩张阶段

在智能电网方面，根据规划，2016～2020年我国智能电网投资为1750亿元，占总投资的12.5%，同时随着特高压、数字化变电站的大力建设，对智能电表的需求不断增长，"十三五"期间将基本实现智能电表全覆盖。在智能可穿戴设备方面，2018 年中国可穿戴设备市场出货量为7321 万台，同比增长 28.5%，占全球总出货量的 42.51%，成为仅次于智能手机的第二大移动智能消费终端设备。预计到 2023 年，中国可穿戴设备市场出货量将达到 1.2 亿台。在智能仪器仪表方面，变送器、执行器、测绘仪器、金属材料试验机等产品的产量居世界前列，越来越多的生产工艺需要高精度的智能仪表参与到自动生产及自动控制的过程中，广泛应用于各个领域的智能仪器仪表将迎来大发展。在智能环保设备方面，在相关政策的带动下，已经形成一定的规模和体系，除尘设备、燃煤烟气脱硫设备、城市污水处理设备持续热销，生活垃圾处理设备、脱销设备高速增长。

二、江西智能装备产业发展现状及其存在的主要问题

近年来，江西主动对接国家制造业发展战略，大力培育发展智能装备产业，智能装备制造技术取得一定突破，智能装备产业初具规模。一是以数控机床、工业机器人、自动化生产线、智能控制系统、智能交通设备、智能环保设备、智能电网为主的智能装备产业体系初步形成；二是涌现出洪都国际机电、奈尔斯西蒙斯赫根赛特中机、宝群电子、明匠智能、群星机器人、华梦达航空、佳时特数控、博硕科技、泰豪科技等一批优秀骨干企业；三是初步形成以南昌高新区为核心的智能装备产业集群；四是依托骨干企业和科研院所，组建了机器人与智能制造装备产业联盟；五是在汽车及零部件、石化、电子信息、食品、医药、轻工业等领域，智能装备应用有不同程度的突破。但是，与国内外先进地区相比，江西智能装备产业仍处于起步阶段，产业规模小，技术创新不足，整体实力和竞争力较弱。

（一）产业链关键环节缺失，尚未形成规模效应和竞争优势

江西智能装备产业主要涉及数控机床、机器人、自动化生产线、智能专用设备等领域的部分环节，多数产品技术含量、附加值较低，而附加值较高的智能成套装备、智能仪器仪表与控制系统、可穿戴设备及智能传感

器、3D打印等领域基础薄弱，造成产业整体规模偏小。2018年，全省智能装备产业主营业务收入达到345亿元，位列中部倒数第2位。尽管南昌大学、南昌航空大学、洪都国际机电自主研制的焊接机器人、割草机器人达到国内领先水平，但基本上还处于样机阶段，尚未形成规模化生产能力。

（二）关键零部件和核心技术不足，系统集成水平有待提升

由于缺少高端复合型人才以及支撑企业创新的孵化器、实验室等公共服务平台，全省智能装备关键核心技术创新能力薄弱，芯片、传感器、伺服电机、测控元器件等关键核心部件主要依赖进口，多数企业以组装和集成模式为主。少数企业虽拥有部分核心技术和相应产品，但稳定性、精度不高，市场认可度不高，导致自主品牌产品不能尽快投入市场。另外，全省智能制造装备单机应用居多、成套装备较少，能够提供智能制造整体解决方案的制造型服务企业，以及在模块设计制造、系统安装调试等领域竞争力强的专业化企业缺乏，系统集成能力较弱。

（三）大型骨干企业数量偏少，专业性产业园区建设滞后

江西现有智能装备企业80余家，企业规模小、数量少，总体竞争力不强，缺乏龙头骨干企业及关键零部件的生产企业，多数从传统装备制造企业转型发展而来，技术积累薄弱，发展水平较低。在2019年中国装备制造业100强中，仅有方大钢铁集团、新余钢铁集团2家企业入选，且都不是智能装备企业。同时，现有智能装备企业零星分布在各类产业园区中，专业性产业园区建设滞后，仅南昌高新区规划建设了机器人与智能装备产业园。另外，产业布局未实现有效的区域集中，呈现赣州、吉安、抚州、上饶、宜春、鹰潭、新余等地点状分布。

（四）企业现有融资渠道较窄，智能装备应用不够广泛

一方面，智能装备企业在产品研发和应用初期需要大量资金投入，而江西智能装备大多是中小企业，既缺乏相关的种子基金、天使基金和风险投资，也缺乏抵押、评估等专业的科技金融中介机构。另一方面，省内多数企业由于其产品在精密度、稳定性等指标方面要求不高，自主实施智能

化技术改造的意愿不强，部分企业虽有更换智能装备的需求，但无力承担相应的成本。另外，省内大型企业使用的高档数控机床多采购美国、瑞士、日本等国家的设备，工业机器人多采用瑞士 ABB、德国库卡、日本安川等企业的产品，本地生产的智能装备产品的应用几乎空白。

三、以智能装备产业助推江西装备制造业高质量跨越式发展的对策建议

根据智能装备产业发展趋势，立足现有产业基础，集聚各类资源要素，引导产业链整合、配套分工和价值提升，尽快形成智能装备制造业核心竞争力。

（一）实施"强链、扩链、补链"工程，突破智能装备产业关键领域和薄弱环节

1. 做强数控机床、工业机器人和自动化生产线

依托奈尔斯西蒙斯赫根赛特中机、兴鼎丰机械、佳时特数控，提升高精度复合数控金切机床、大型数控成型冲压设备等高档数控机床及关键零部件的制造水平。发挥洪都国际机电、宝群电子、战斧智能、明匠智能等的龙头带动作用，加快发展石化、钢铁、有色金属、汽车及零部件、食品、医药、建材、纺织服装等领域自动化生产线以及应用于装配、焊接、喷涂、搬运、包装、打磨等的工业机器人。

2. 做大智能交通设备、智能环保设备和智能电网

依托华梦达航空、日月明铁道设备、联胜智能设备，大力发展无人直升机、现代轨道交通装备、数字化轨道检测设备和智能停车场系统。发挥节能环保产业特色，大力发展燃煤烟气脱硫脱硝、污水及生活垃圾处理、余压余热利用领域的智能环保设备。面向工业自动化、汽车电子、环境监测等领域，加强研发高灵敏度、高适应性、高可靠性的智能仪器仪表。依托泰豪科技、江西变压器、亚珀电气，大力发展中低压成套设备、智能型箱式变压站、智能型户外缆化设备及特种变压器远程运维系统。

3. 培育服务机器人、可穿戴设备、3D 打印和精密制造核心部件

依托医院、养老院、社区等服务应用平台，开发扫地机器人、烹饪机

器人、代步机器人、康复护理机器人、家政服务机器人等产品。围绕信息娱乐、运动健身、医疗健康等应用领域，研发具有规模商业应用的可穿戴产品及其他特种用途可穿戴产品。结合国家、省科技专项，开发大型工业级 3D 打印设备、高精密型小型 3D 打印装备以及桌面型 3D 打印装备。积极发展高参数、高精度、高可靠性的轴承、液压及气动元件、密封元件、齿轮传动装置以及精密复杂模具等精密制造核心部件。

（二）突出协同创新、成套集成、示范应用"三位一体"，加快核心技术突破及产业化发展

1. 突破制约智能装备产业发展的关键核心技术

将智能装备产业列入省科技创新优先支持领域，引导企业建立数控机床、工业机器人、自动化生产线等工程技术中心、企业技术中心、工业设计中心、重点实验室、院士工作站，全面搭建企业研发平台。围绕智能装备产品全生命周期和全制造流程的智能化需求，对接国家科技重大专项、智能制造专项，定期发布智能装备产业共性关键技术目录。依托机器人与智能制造装备产业联盟以及与中国科学院、清华大学、北京大学、北京航空航天大学等的战略合作关系，集中力量推进数控系统、自动化控制、伺服驱动、无人直升机、新型传感器、精密制造核心部件、数字化设计等领域技术取得突破。

2. 大力推进智能装备系统集成及成套开发

加快推进集团管控、系统集成、业务协同和流程再造，增强"数字化工厂"构建能力，培育具备整体设计能力和解决方案提供能力的智能装备系统集成企业。在数控机床、工业机器人及部分智能化专用装备领域，以整机制造（集成）企业为龙头，推进技术研发、产品设计、核心部件制造、控制软件开发、智能集成、推广应用等全产业链建设。对接石化、钢铁、有色金属、汽车及零部件、食品、医药、建材、纺织服装等传统优势产业，依托用户需求，通过集成创新，大力开发智能化成形和加工成套设备。

3. 大力推广应用智能装备产品

将智能装备产品列入政府采购自主创新产品目录，制定发布机器人及

智能装备产品推荐目录，选择部分重点行业、重点企业实施智能装备产品应用示范工程。推动传统优势企业通过生产线智能化改造和信息化集成，建设数字化生产线和数字化车间，提升自动化和智能化水平。加强省内智能装备产品供需对接，分阶段推进省内企业采用本地产智能装备进行改造，促进智能装备产业加快发展。加大民品与军品在生产工艺、设备通配、产品提升、功能开发等方面的融合发展，促进智能装备产业提升技术和档次。

（三）按照"一核、两区、多基地"规划布局，推动智能装备产业集群化发展

1. 以南昌为核心的机器人与智能装备产业引领区

以建设南昌航空城国家级"两化"融合创新产业园为契机，以南昌高新区为主体，以机器人与智能装备产业园为核心，推动形成以高档数控机床、智能测控装置、集成智能装备、工业和服务型机器人系统集成和应用服务等为代表的主导产品和产业，尽快打造一批机器人与智能装备骨干企业，并发挥龙头带动作用。

2. 以赣州、吉安为重点的特色智能装备产业集聚区

以赣州经开区为主体，以军民融合航空航天装备制造示范基地建设为契机，重点发展通用飞机装备制造、工业机器人、智能控制系统，并通过优惠政策吸引航空零部件制造、工程机械核心零部件企业入驻，尽快形成产业集聚效应。以吉泰走廊为主体，以通用机床为基础，以专用数控机床为突破口，规划建设以数控机床为主的特色智能装备产业园区，打造全国知名的数控机床产业基地。

3. 推进一批智能装备特色产业基地建设

选择上饶、鹰潭、抚州等有基础的区域，围绕智能交通设备、智能环保设备、智能电网、智能仪器仪表等领域，打造多个重点明确、特点突出、优势互补的智能装备特色产业基地，支持创建国家级智能制造示范基地。引导智能装备特色产业基地与南昌形成上下游企业协同合作，推进智能装备产业链整合延伸、配套分工，提升零部件配套关联水平。

（四）强化骨干企业、高端人才、配套环境支撑，促进智能装备产业做大做强

1. 尽快打造一批智能装备骨干企业

以机器人与智能制造装备产业联盟为平台，围绕高档数控机床、工业机器人、智能传感器、控制系统、关键零部件等智能装备领域，推进与日本安川、瑞士ABB、德国库卡等世界500强智能装备企业以及武汉华中数控、广州数控、沈阳新松、安徽埃夫特等国内知名企业进行对接。加强与长三角、珠三角、京津冀、长江中游城市群等区域合作，探索建立智能装备产业"飞地经济"模式，引进培育一批成套整机制造、系统集成和零部件制造龙头骨干企业。

2. 大力加强智能装备产业人才队伍建设

结合智能装备产业发展需求，在数控机床、机器人、通用飞机装备制造、智能控制系统、智能仪表等智能装备领域，加快引进相关专业高层次人才和领军人才，完善人才引进配套服务体系。建立多层次的智能装备产业人才培养体系，引导高等院校设立智能装备和机器人相关专业学科，支持骨干企业与职业院校联合建立高技能人才培育基地。

3. 加大对智能装备产业的政策支持力度

尽快制定智能装备产业发展规划，进一步明确发展方向和具体目标，规划产业布局与发展路径。设立智能装备产业专项扶持资金，用于支持核心技术攻关、集成应用、重点企业发展、公共服务平台建设。主动对接国家智能制造相关战略、规划，积极争取国家智能制造专项、智能制造试点示范、首台（套）重大技术装备保险补偿等政策支持。加大对智能装备企业的信贷支持，创新产品和业务，通过建立科技成果转化贷款风险补偿机制，设立知识产权质押融资风险补偿基金，积极探索智能装备产业投贷联动试点。

专题9 上海紫竹高新区建设经验及对 江西开发区改革创新的启示

作为全国唯一一家以民营企业为开发主体的国家级高新区，上海紫竹高新区通过体制机制创新，聚合优质资源、高端要素，实现引资、引技、引智一体化。江西开发区数量位居全国前列，但规模不大、效益不高、活力不足，面临加快发展与转型升级的双重压力。上海紫竹高新区在管理体制和运营模式的大胆探索，为江西推动开发区改革创新提供了有益经验。

一、上海紫竹高新区管理体制及运营模式

上海紫竹高新区位于闵行区东南部，规划面积13平方公里，2001年9月批准建设，2002年6月奠基，2003年被列为上海市高新区，2006年核准为省级开发区，2011年升格为国家级高新区。

（一）"政府+企业+高校"

上海紫竹高新区由闵行区政府、紫江集团、上海联和投资有限公司、上海交通大学等7家单位共同投资组建，具体运作主体为上海紫竹高新区（集团）有限公司。其中，紫江集团占股55%，市属投资公司占股20%，闵行区和吴泾镇所属投资公司分别占股10%，上海交大所属投资公司和基金会占股5%。因此，上海紫竹高新区实际上是一家民营企业控股的有限公司，由民营企业担当开发和管理主体，不承担审批、执法等行政职能，但承担规划、建设、管理、招商、服务等各项工作。

（二）"企业化管理+市场化运作+专业化服务"

上海紫竹高新区（集团）有限公司下设城区管理、信息数码港、数字创意港、小镇发展、酒店服务、半岛地产、创业投资、人力资源8个职能

分公司,为入驻项目提供了"一站式"、全过程、高质量、专业化服务。同时,设立了客户3小时快速反应与项目专职经理机制,投资者有任何问题都可以通过该机制得到及时解决。实行员工收入与园区企业效益挂钩,建立了开发公司及其员工和园区企业发展的利益共同体,极大地激发了员工的服务热情。

(三)"校区+园区+社区"

上海紫竹高新区由大学校区、产业园区和紫竹配套区三部分组成。其中,大学校区以上海交通大学和华东师范大学为核心,并引进了南加州大学、北卡教堂山分校、里昂商学院等世界一流大学举办高等学历教育;产业园区先后成功引进英特尔、微软、意法半导体、印孚瑟斯、博格华纳、埃克森美孚、通用电气、欧姆龙等一大批500强企业设立的研发中心和地区总部,形成了特色鲜明的全球高端研发集聚地;紫竹配套区由紫竹半岛国际社区、紫竹基础教育园区、紫竹酒店、紫竹小镇和紫竹健康产业港组成,规划建设大型生态化国际社区,为入驻企业提供了全方位优质配套服务。

(四)"孵化+托管+共享"

上海紫竹高新区联合微软、英特尔、东方明珠、合一集团等设立了5家专业孵化器,孵化面积达1.2万平方米,为初创企业和团队提供了低成本、便利化、全要素的创新创业综合服务。同时,与上海大学知识产权学院合作,实行了第一轮为期三年的知识产权托管项目,通过高新区买单的方式,为园区企业提供了免费的知识产权服务。另外,在上海率先推出实验室共享服务,13家实验室、378台仪器设备加入共享平台,涉及航空技术、电气能源、新能源、新材料等7个领域,使园区企业能够在相同的硬件环境下进行研发。

二、上海紫竹高新区建设及运营管理经验

经过多年的开拓创新,上海紫竹高新区从无到有、从小到大、从弱到强,探索出一条民营企业建设高新区的发展之路,主要有5方面的经验。

（一）市场化体制让其"活"

在所有的国家高新区中，上海紫竹高新区是唯一一家由政府、企业、高校联合投资，并由民营企业担当投资开发主体，以市场化方式进行运作的新型高新区。在此体制机制下，上海紫竹高新区从诞生之日起就是按照现代企业的管理模式，运用民营企业的经营方式，高效有序地进行总体规划、土地征用、开发建设、招商引资、经营运行等工作。同时，高新区内部组织架构完全按照市场化需要设置，管理团队更加年轻化、专业化，管理方式更加灵活、高效。得益于体制机制创新带来的活力，上海紫竹高新区在全国高新区中的综合排名，从2012年的第28位持续跃升至2017年的第14位。

（二）精准定位助其"强"

上海紫竹高新区借鉴美国硅谷、台湾新竹工业园的发展模式，以研发型园区为特色，以集成电路与软件、航空、新能源、数字内容、新材料和生命科学为主导产业，重点吸引区域总部、研发中心、风险投资公司及高科技研发企业入驻。高新区集聚了中航通用电气航电、中国商飞飞机客服、中广核、电气风电等一批国家级重大项目，全部为与六大主导产业密切相关的纯研发型企业，其中世界500强企业14家、外资研发机构16家、地区总部5个。预计到2020年，上海紫竹高新区主营业务收入将突破1000亿元，税收将超过100亿元。

（三）校企融合使其"新"

建园之初，上海紫竹高新区就先后与上海交通大学、华东师范大学签订"校企共建协议"，投入10多亿元引导两所高校融入园区发展，两所高校则为园区企业"量身定制"专业人才，并鼓励高校科研人员到紫竹兼职或创业。同时，由闵行区政府牵头，上海紫竹高新区与上海交通大学、华东师范大学、吴泾镇建立校区、园区、社区"三区联动"联席会议制度，两所高校把知识创新和人才培养融入高新区产业研发体系中，吸引了一批国内外知名研发机构和企业入驻。上海紫竹高新区先后被授予国家科技兴贸创新基地、国家生物产业基地、国家新型工业化产业示范基地、国家知识产权试点园区等。

（四）"铂金"服务铸其"优"

上海紫竹高新区构建了包含企业入驻、人才招聘、知识产权、科技创新、公共平台等在内的"铂金"服务体系，为企业成长和个人创业提供了全方位服务。设立了海创基地专项办公室、闵行高端人才服务中心、闵行区人才服务中心紫竹分中心、境外人员管理服务站四大服务窗口，为优化用才环境、构筑人才高地打下了扎实基础。建立了以紫竹创业投资公司、紫竹创业孵化器、"小苗基金"等为核心主体的创新创业生态系统，为初创企业提供了从资金到运营的多重服务。目前，入驻高新区企业有1351家，各类科研人才数量超过3万人。

（五）生态宜居彰其"美"

上海紫竹高新区以"生态、人文、科技"为主题，强调人与自然的和谐统一，力争创造一个"居住、创业两相宜"的人文生态环境。通过高密度绿化、生态化建设，高新区绿化率超过50%，园区周边有60米左右的防护绿带，形成了一个优良的自然生态环境。通过建设紫竹基础教育园区、紫竹小镇、紫竹健康产业港等配套项目，打造集居住休憩、人文教育、购物消费、休闲娱乐、医疗服务等功能于一体的国际化大型生态社区，带来全新的生活方式、教育方式和自然体验方式，为留住人才、吸引人才创造了有利条件。

三、对江西推动开发区改革创新的政策启示

（一）加快开发区市场化建设和运营步伐

以整体外包、合作办园、特许经营等形式，吸引国内外社会资本整体或部分参与江西开发区投资开发和建设运营。选择若干特色明显的"区中园"，仿照上海紫竹高新区的建设模式，引入有实力的企业或专业化运营商，成立开发区联合发展有限公司独立管理运作园区。大力开展开发区市场化运作改革试点，逐步将投资、建设、招商、运营、服务等事务委托给专业公司管理。

（二）推进建设专业化、市场化、国际化的管理团队

建立档案职务和聘任职务"双轨制"，全面推行领导班子任期制、全员岗位聘任制以及绩效工资制，统一聘任条件、统一岗位薪酬、统一考核管理，推动职工工资与岗位职责、工作业绩实际贡献直接挂钩。对标上海紫竹高新区先进管理模式和经验，建立专业化的管理运营团队，开展新型委托代理招商新模式，破解江西开发区管理和招商难题。

（三）积极探索大部门制和事业部制改革

结合新一轮政府机构改革，把大部门制和事业部制作为江西开发区机构改革的重要方向，支持开发区在机构限额内自主设立和调整内设机构，构建"小机构、大协调、大服务"的大部制。在内设机构具体设置上，打破上下对口、条块分割的格局，根据工作职能和市场化需要灵活设置。

（四）全力打造最优、最特的服务环境

借鉴上海紫竹高新区服务理念，大力开展营商环境升级行动，全面推行"一枚公章管审批、一个平台管信用、一支队伍管执法、一张网络管服务"。以促进产城一体化为核心，尽快解决江西开发区商务和生活配套薄弱的问题，进一步对道路、绿化、市政等进行提档升级，并对开发区实施分阶段逐步加严的环境排放标准，努力将毗邻城区、发展较为成熟的开发区建设成为宜业宜居的新城区。

（五）加速推动开发区二次创新创业

参照上海紫竹高新区的思路与举措，建设"创业苗圃＋孵化器＋加速器"的全程孵化服务体系，推广"管家式"知识产权托管服务。吸引国内外知名机构到江西开发区设立研发机构，推动高校与企业共建研究院、新兴产业创新中心、工程技术研究中心等。以提高亩均效益为目标，建立招商项目按主导产业定位异地流转的利益共享机制，通过项目嫁接、兼并重组、"腾笼换鸟"等方式，推动优质项目"落地生根"。

专题10　江西加快"独角兽"企业培育研究

　　"独角兽"企业是指成立10年以内、估值超过10亿美元、获得过私募投资且尚未上市的初创企业。根据"2018全球独角兽企业高峰论坛"发布的《中国新经济发展蓝皮书》，我国"独角兽"企业发展迅猛，在总量上仅次于美国，"独角兽"企业正在成为推动经济高质量发展的重要引擎。当前，江西正处于创新发展、动能转换的关键时期，而新动能的形成和发展需要"独角兽"企业等创新市场主体的支撑。尽管江西尚无一家真正意义上的"独角兽"企业，但随着"互联网+"、移动物联网、VR等新业态的快速成长，江西具备培育"独角兽"企业的土壤和环境。为加快推进新旧动能转换，有必要集聚优质资源，加大政策扶持，着力培育跨界融合、颠覆式创新、爆发式成长的"独角兽"企业，助推江西高质量跨越式发展。

一、国内"独角兽"企业的基本特征

　　作为行业发展的风向标，"独角兽"企业凭借自身优势，能够在短时间内获得大量融资并实现快速发展。根据《2018年中国独角兽企业研究报告》，2018年，我国"独角兽"企业共203家，大多处于行业的前列，引领新技术、新模式的发展。

　　（一）从行业分布看，"四新经济"为主要领域

　　"独角兽"企业以创新驱动为主要特征，在新技术、新产业、新业态、新模式领域尤为活跃。2018年，汽车交通、互联网金融、企业服务和电子商务行业共有95家"独角兽"企业，总数量占据"半壁江山"（见图1）。其中，汽车交通类有27家，占比为13.3%；互联网金融类有25家，占比

为12.3%；企业服务类有23家，占比为11.3%，电子商务类有20家，占比为9.9%；医疗健康、物流行业、文化娱乐、硬件设施、教育和房产服务类行业均有超过10家的"独角兽"企业。此外，在本地生活、旅游、工具软件、广告营销、社交网络、农业、游戏和体育运动等新业态领域也诞生了多家"独角兽"企业。

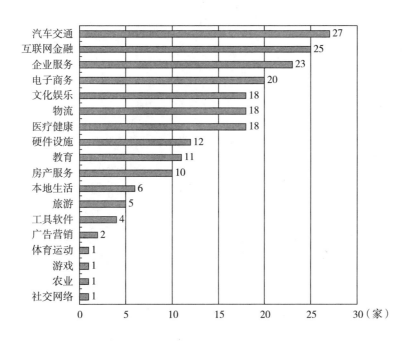

图1　2018年中国"独角兽"企业分布

（二）从企业估值看，"互联网＋"领域潜力巨大

以"互联网＋"和大数据为基础的互联网金融、电子商务等行业的"独角兽"企业不仅数量在所有类型企业中占有较高比重，而且企业估值总额也占有绝对优势。特别是互联网金融类"独角兽"企业总估值达2845.16亿美元，占总估值的30.56%，在所有行业估值中仍然稳居首位，具有巨大的发展潜力（见图2）。

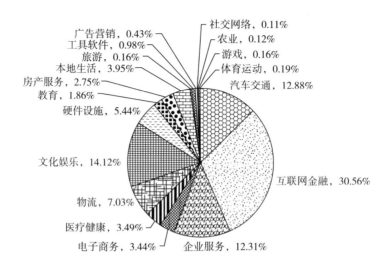

图 2　2018 年中国"独角兽"行业估值分布

（三）从区域分布看，"北上广浙"成为主要聚集地

"独角兽"企业的培育和发展和当地经济发展水平有着密切的关系。数据显示，全国 87.7% 的"独角兽"企业聚集于"北上广浙"，其中北京以 87 家居首，总估值 3649.04 亿美元，占全国总估值的 38.84%。上海、广东、浙江分别有 40 家、27 家和 24 家，总估值分别为 1300.58 亿美元、912.04 亿美元和 3057.33 亿美元，4 地"独角兽"企业总估值占全国总估值的 95%（见图 3）。

（四）从盈利模式看，平台经济作用巨大

"独角兽"企业多由大型平台拆分裂变而来，约 50% 的"独角兽"企业的产生与 BAT 有关联。借助平台优势，这些企业在成立初期就有着极强的吸金能力，其商业模式、盈利空间和高成长性成为投资人青睐的重要原因。

二、江西"独角兽"企业培育的现状基础

（一）"独角兽"企业初步形成，但总体数量较少

随着江西"四新经济"的加速成长，新业态、新模式不断涌现，初步孕育形成一批"独角兽"企业和"瞪羚"企业。2019 年 2 月，江西召开

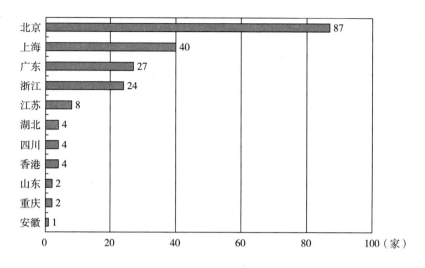

图3 2018年中国"独角兽"企业区域分布

"独角兽"、"瞪羚"企业榜单发布会，宣布孚能科技以29.85亿美元的估值成为第一家本土"独角兽"企业，江西成为全国第12个拥有"独角兽"企业的省份，同时上榜的还有江西高创保安服务技术1家潜在"独角兽"企业和江西讯特通通信技术、江西博恩锐尔生物科技、赣州好朋友科技及江西科骏实业4家种子"独角兽"企业。但是，从全国"独角兽"企业榜单看，同处中部地区的湖北有4家"独角兽"企业，在中部地区处于绝对优势，安徽也出现了1家"独角兽"企业。相比较而言，无论是从全国范围看还是从中部地区看，江西"独角兽"企业发展仍刚刚起步。

（二）"独角兽"企业成长条件基本具备，但载体环境仍有较大提升空间

从新兴业态看，近年来，江西大数据、移动物联网、VR、互联网金融等新业态呈现快速发展态势，可以为培育"独角兽"企业提供重要支撑，但是江西传统产业仍占据主导，占整个工业的比重达70%以上，整体缺乏创新活力和爆发力。从"互联网＋"水平看，根据腾讯研究院发布的《中国"互联网＋"指数报告（2018）》，南昌"互联网＋"指数位列全国第34位，远低于"北上杭深"，处于中部省会城市倒数第二。从科技创新水

平看,《2018中国城市科技创新发展报告》显示,南昌科技创新水平位列全国第29位,处于中部省会城市倒数第一,落后武汉23位。

(三)赣籍人才创立的"独角兽"企业不断增加,但本土企业仍是空白

在国内"独角兽"企业创始人中,有多位来自江西。例如,"滴滴"创始人程维来自上饶铅山,以彩色柔性显示屏蜚声业界的柔宇科技创始人刘自鸿来自抚州南城,土巴兔创始人王国彬来自抚州黎川,创立AI芯片领域顶尖公司寒武纪科技的陈天石来自江西南昌,在纽约上市的趣店网CEO罗敏来自江西宜黄。虽然江西是多位"独角兽"企业创始人的家乡,但仍没有一家本土的"独角兽"企业,也尚无一位"独角兽"企业创始人在江西设立分公司或者子公司。随着江西大力支持赣籍优秀高层次人才和企业家返乡创新创业,"独角兽"企业未来发展可期。

(四)对"独角兽"企业培育工作日益重视,但尚未出台专门的扶持政策

2018年11月,江西省科技厅发布了申报2018年度"独角兽"、"瞪羚"企业及培育企业的通知,并明确了"独角兽"企业、"独角兽"潜在企业、"独角兽"种子企业的具体认定标准。但是与周边省市相比,江西无论是政策颁布时间还是扶持程度都明显滞后,且尚未出台专门面向"独角兽"企业的扶持政策。早在2018年初,杭州市政府就专门出台了《杭州市独角兽企业培育工程实施意见(2018—2020)》,明确提出了"独角兽"企业未来的发展目标和重要举措,并从市本级财政中新增1000万元资金,专门用于支持搭建"独角兽杭州峰会"等"独角兽"企业交流平台。

三、江西加快培育"独角兽"企业的对策建议

(一)以新兴业态为载体,加快孕育"独角兽"企业

一要率先在VR产业中培育"独角兽"企业。以打响南昌"世界VR产业名片"为契机,争取持续举办"世界VR产业大会",不断突破VR捕捉、VR互动等核心关键技术,引导本地企业加快抢占VR产业发展先机,

力争在 VR 产业中率先培育出"独角兽"企业。二要加大移动物联网产业中"独角兽"企业培育力度。依托鹰潭在移动物联网的先发优势，统筹全省移动物联网产业发展，通过建立移动物联网产业示范区、打造研发及公共服务平台，培育形成一批移动物联网骨干企业，并推动有基础、有条件的企业发展成为"独角兽"企业。三要在"硬科技"领域培育一批"独角兽"企业。重点在新材料、新能源、新能源汽车、航空制造、生物医药、智能装备、新型显示、人工智能等"硬科技"领域出台专项支持计划，推动"独角兽"企业快速孕育成长。另外，也要重视对电子商务、互联网金融、数字经济、大健康、文化娱乐、物流等领域"独角兽"企业的培育。

（二）以内培外引为路径，提升"独角兽"企业成长环境

一要探索设立"独角兽"企业孵化加速器。江西共有国家备案众创空间 43 个，国家级科技企业孵化器 19 个。应依托现有国家众创空间和科技企业孵化器，探索设立"独角兽"企业孵化加速器，着力打造一个众创空间—科技园区—加速器—产业园区的孵化平台，为培育"独角兽"企业提供完整的服务链。二要重视平台型企业衍生孵化"独角兽"企业的优势作用。互联网平台是"独角兽"企业的重要来源地。江西应充分借助平台型企业的力量，持续深化与阿里巴巴、腾讯等大型平台企业的战略合作，加强外地平台型企业的引入，鼓励潜在和准"独角兽"企业与平台型企业进行业务对接，支持平台型企业通过业务拆分、对外投资等方式孕育孵化"独角兽"企业。三要主动对接国内外知名"独角兽"企业。采取项目推荐、项目交流、商务洽谈等方式，积极引进国内外知名"独角兽"企业到江西设立分公司、子公司。对发展势头迅猛、技术创新突出、影响力大的"独角兽"企业可采取"一事一议"方式予以引进。四要大力支持赣籍"独角兽"企业创始人返乡创业。以推动"三企"入赣为契机，进一步深化与滴滴、寒武纪、柔宇科技、土巴兔、趣店网等赣籍人才创立的"独角兽"企业的对接合作，发挥其在资金、技术、市场、管理和创新等方面的优势，引导赣籍"独角兽"企业创始人返乡二次创业，有针对性地催生"独角兽"企业。

（三）以梯次培育为关键，构建"独角兽"成长梯队

一要建立潜在和准"独角兽"企业遴选标准体系。以企业成立年限、私募融资与估值、近三年收入或净利润的平均增速等为主要指标，制定江西潜在和准"独角兽"企业遴选发现评价标准体系，采取企业自荐、投资机构推荐等方式，每年遴选发现一批潜在和准"独角兽"企业。二要扶持潜在和准"独角兽"企业迅速成长。对于影响力大、技术创新强、发展速度快的准"独角兽"企业，可采取"政府＋高校＋企业"的精准扶持形式，予以重点培育。对于潜在型"独角兽"企业，发挥省科技型中小企业创新基金的作用，依托科技"小巨人"培育项目，加速将其培育成为准"独角兽"企业。三要推动"瞪羚"企业向"独角兽"企业转化。进一步加大对"瞪羚"企业的培育和扶持力度，重点加大对入选《国家高新区瞪羚企业发展报告》的"瞪羚"企业扶持力度，重点在人工智能、虚拟现实、增强现实、区块链等新技术领域开展集中攻关，推动"瞪羚"企业向"独角兽"企业跨越发展。

（四）以政策扶持为支撑，建立"独角兽"企业培育体系

一要建立"独角兽"重点培育企业库。在全省范围内遴选一批在"四新经济"领域具有高成长性的准"独角兽"企业入库，进行重点培育，提供精准服务，在招商引资、科技创新、企业融资、要素保障、人才引进等方面给予优先支持。二要打造"独角兽"企业成长载体。以鄱阳湖国家自主创新示范区为引领，全力打造支撑"独角兽"成长的技术创新平台。充分发挥国家高新区核心平台作用，支持条件成熟的县（市、区）建立"独角兽"企业培育基地。三要加大"独角兽"企业人才引进力度。高度关注可能引起现有投资、技术、产业、规则"归零"的颠覆性技术，完善配套服务体系，加大"独角兽"领域高层次创新创业团队的引进力度，吸引更多"独角兽"企业人才来赣创业，夯实"独角兽"企业孕育成长的人才基础。四要建立"独角兽"企业专项扶持政策。尽快制定专门针对"独角兽"企业的扶持政策，统筹安排有关资金设立"独角兽"培育专项资金，重点用于"独角兽"企业培育、科技创新、载体建设等，同时引导金融资本向潜在和准"独角兽"企业投资倾斜。

专题11 江西推行企业投资项目承诺制 深化"放管服"改革研究

企业投资项目承诺制是以"政府定标准、企业作承诺、过程强监管、失信有惩戒"为核心的新型企业投资项目管理模式,其目的在于真正确立企业的投资主体地位,变"先批后建"为"先建后验",变"事前审批"为"事中事后监管",变"部门审批把关"为"企业信用约束"。因此,推行企业投资项目承诺制,既是持续深化"放管服"改革的迫切需要,也是推进项目审批提质增效改革的重要举措,同时还是进一步优化营商环境的必然选择。

一、江西推行企业投资项目承诺制的内外在要求

(一)国家层面大力支持开展企业投资项目承诺制改革

一是《中共中央国务院关于深化投融资体制改革的意见》(中发〔2016〕18 号)明确指出,在一定领域、区域内先行试点企业投资项目承诺制,探索创新以政策性条件引导、企业信用承诺、监管有效约束为核心的管理模式。二是《中共中央国务院关于营造企业家健康成长环境 弘扬优秀企业家精神更好发挥企业家作用的意见》(中发〔2017〕25 号)再次指出,建立健全企业投资项目高效审核机制,支持符合条件的地区和领域开展企业投资项目承诺制改革探索。三是李克强总理在 2018 年政府工作报告中指出,要推进企业投资项目承诺制改革试点。

(二)地方层面争相推进企业投资项目承诺制试点

浙江在全国率先推行企业投资项目承诺制,随后广东、江苏、山东、福建、天津、河北、辽宁、黑龙江、河南、安徽、山西、四川、甘肃、广

西等相继开展试点。从各地实践看,企业投资项目承诺制具体包括:一是政府定标准。政府相关部门提出企业投资项目负面清单,制定具体项目准入标准。二是企业作承诺。对符合标准的企业投资项目,由企业自主选择并按照政府制定的标准,作出具有法律效力的书面承诺,并向社会进行公示。三是过程强监管。政府相关部门对企业践诺及项目建设情况进行全过程监管。四是信用有奖惩。政府相关部门对照承诺标准进行项目验收,并建立诚信主体激励和失信主体惩戒机制。

(三)江西范围确有必要推行企业投资项目承诺制

近年来,江西持续推进投资领域"放管服"改革,不断优化审批流程、精简审批手续,投资项目审批效率显著提高。但是,江西投资项目审批仍然存在"中梗阻",项目开工前"最后一公里"还没有完全打通。主要体现为:一是审批时限有待于再压缩。以房屋建筑和市政基础设施工程建设项目为例,开工之前的审批时间平均高达150个工作日。二是审批流程有待于再优化。企业在具体办事过程中,仍不同程度地存在审批事项杂、审批材料多等问题。三是事中事后监管有待于再加强。尽管江西已经建立了投资项目在线审批监管平台,但主要局限于事前环节的监管,对事中事后环节的监管仍然薄弱。因此,推行企业投资项目承诺制,有助于大幅减少审批环节、压缩审批时限,变"事前审批"为"事中事后监管",为项目建设开辟快速通道。

二、发达省市推行企业投资项目承诺制的经验举措

(一)浙江:"标准地+承诺制"实现行政审批"最多跑一次"

浙江金华、温州、衢州等地持续深化"最多跑一次"改革,率先推出"标准地+承诺制"改革,有效推动行政审批全面提速。一是事先做评价。在省级以上开发区、产业集聚区、特色小镇等,全面组织实施区域能评、环评、地质灾害危险性评估、压覆矿评估等。二是事前定标准。大力推广企业对标竞价的"标准地"制度,项目用地均要附加能耗、环境、建设、亩产等标准进行"招拍挂"。三是事中作承诺。在"标准地"出让后,企

业自主决策参与承诺制改革，签署承诺书，并在指定场所，由政府部门向社会公示。四是事后强监管。重点检查企业是否按照承诺标准进行施工，并对照企业承诺标准组织联合验收。

（二）江苏："信用承诺制"助力行政审批驶上"快车道"

江苏宿迁、盐城等地采取信用承诺简化审批模式，变门槛管理为信用管理，极大地提升了企业投资项目审批效率。一是在市场准入领域推行"信用承诺"。对无不良信用记录的申请人在实施信用承诺后实行先证后核、现场发证。二是在投资建设领域推行"先建后验"。对工业企业在不涉及新增建设用地前提下开展的"零用地"技术改造项目，实施"信用承诺、不再审批、先建后验"。三是在中介服务领域推行集约评审。对工业企业投资项目涉及的评估评审项目实行区域评审等集约评审模式，并探索实施环评、能评信用承诺制。四是在办事办证领域推行"减证便民"。实行信用"绿色通道"，信用记录良好的申请人可免予提供相应证明材料。

（三）天津："容缺承诺制"跑出行政审批新速度

天津在滨海新区行政审批制度改革的基础上进一步推出"容缺承诺制"，最大限度地压缩了企业开办时间。一是实行"容缺后补"。对申请事项中主要材料齐全但缺少非主要材料或材料存在缺陷的，申请人作出"容缺后补"书面承诺后，可先予以颁发行政许可证或营业执照。二是实行"筹建证明"。新设立企业在取得营业执照的同时，可依企业申请颁发"筹建证明"，用于企业投产或生产经营前期准备。三是实行"先证后核"。对已经取得生产许可证、经营许可证的企业在变更、延续换证时，涉及现场核查的，只要书面材料合法，可以先颁发许可证、资格证，再通过事中事后监管等手段，完成对企业的核查。

（四）福建："告知承诺＋容缺后补"促进简政放权再升级

福建福州、南平等地不断深化行政审批制度改革，推行"告知承诺＋容缺后补"制度，全面实现行政审批提速增效。一是实施"告知＋承诺"审批模式。即由行政审批部门一次性告知申请人办理审批事项应满足的审批条件，申请人自愿作出能够满足条件的承诺，审批部门根据承诺办理相关审批手续。二是推行"容缺后补"审批服务。对基本条件具备及主要申报材料齐全，次要条件或手续欠缺的行政审批服务事项，先予以受理和审批，由申请人承诺在规定时间内补齐申报材料。三是实现审批与监管"无缝对接"。在约定期内未提交申报材料或者材料不符合要求的，撤销已取得的相关审批文件，并记入诚信档案。

三、江西推行企业投资项目承诺制的对策建议

（一）自主承诺，全程监管

一要对项目准入条件和标准实行清单式告知。将企业投资项目报建审批事项的准入条件和标准，以清单形式一次性告知企业，实现清单之外无审批、清单之外无监管。二要引导企业自主选择实行承诺制。对符合承诺制要求的项目，由企业自主选择对全部或部分审批事项实行承诺，并向社会进行公开。三要加大项目全过程监管力度。将实行承诺制的项目纳入省投资项目在线审批监管平台，全面加强项目开工前、施工中和完工后的各项监管工作。项目竣工后，对照"标准＋承诺"，开展联合测绘、联合踏勘、联合审核、联合验收。四要将承诺履行情况纳入省信用信息共享平台。依托省信用信息共享平台，推动建立承诺履行信用红黑名单制度，对守信者开通优先办理等"绿色通道"，对失信行为实行联合惩戒。

（二）聚焦重点，先易后难

一要对备案制管理的企业投资项目实行承诺制。对《政府核准的投资项目目录（江西省2017年本）》以外、纳入备案制管理的企业投资项目全面实行承诺制改革，即企业在投资项目开工前签署承诺书后，不再履行项目备案手续。二要对负面清单外的企业投资项目实行承诺制。引导各地根据国家产业政策、具体审批权限等，制定企业投资项目负面清单，进一步放宽企业投资准入，负面清单之外的项目实行承诺制。三要对"零用地"技术改造项目实行承诺制。对工业企业在不涉及新增建设用地前提下开展

的"零用地"技术改造项目，进一步减少审批前置条件，相关前期手续全部实行承诺制，企业在办理承诺手续后即可开工建设。

（三）多措并举，协同发力

一要建立"六统一"的投资项目管理系统。依托省投资项目在线审批监管平台，建立统一清单、统一平台、统一流程、统一时限、统一收费、统一审查的企业投资项目管理系统，实现网上申报、平台赋码、并联审批、信息共享、协同监管。二要大力实行"告知＋承诺"审批模式。加大"告知＋承诺"审批落实力度，进一步扩大"告知＋承诺"审批适用范围，全力推进行政审批提速增效。三要全面推行"容缺后补"审批服务。针对项目报建手续繁、环节多、耗时长等问题，对非主要审批材料实行"容缺后补"，确保项目早落地、早投产。四要探索实行"标准地"出让。在区域评价工作基础上，对一些条件成熟的工业用地，附加能耗、环境、建设、亩产等标准进行"招拍挂"，为企业选择承诺制提供便利条件。

（四）以点带面，梯次推进

一要大力开展先行先试。选择赣江新区、南昌高新区、九江经开区、赣州经开区、新余高新区5个"证照分离"改革试点区，先行开展企业投资项目承诺制改革，研究制定相应的实施方案，确保企业投资项目承诺制改革试点尽快落地见效。二要及时总结推广。待试点工作取得初步成效后，及时总结试点区域的好经验、好做法，并在省级以上开发区、产业集聚区和特色小镇中，扩大企业投资项目承诺制改革试点。三要适时在全省范围推开。待形成一批可复制、可推广的制度性成果后，广泛宣传企业投资项目承诺制改革的政策措施，努力推动企业投资项目承诺制改革向全省范围纵深发展。

专题12　江西推行"零增地"技术改造强化"亩产论英雄"导向研究

"零增地"技术改造，是指在不改变土地用途、不新增建设用地的前提下实施的技术改造，具体包括四种类型：一是利用原有厂房进行工艺、设备的提升改造；二是在原有厂房翻建或加层基础上进行的技术改造；三是在原有建设用地上增建生产设施的技术改造；四是采取收购、兼并等方式，利用破产歇业企业的土地及厂房进行的技术改造。从本质上看，"零增地"技术改造就是"向空间要土地""向技术要利润"，旨在提高土地投入强度和产出水平，加快企业技术更新换代与产业转型升级。近年来，浙江、广东、山东等地针对用地趋紧形势，大力倡导"叠加式"发展，推广实施"零增地"技术改造，取得了良好效果。当前，江西既面临科技创新能力不足和产业转型升级缓慢的难题，又面临土地投资强度和产出效益不高的问题。如何在加快企业技术更新换代与产业转型升级的同时，提高土地投资强度和产出效益，是江西亟须解决的重大现实问题。因此，兄弟省份推进"零增地"技术改造的成功经验和创新举措，为江西破解这一难题提供了重要思路。

一、江西具有推行"零增地"技术改造的现实需求

总体来看，江西传统工业占据主导地位且技术改造投资规模小，实施技术改造需求大、潜力足。与此同时，建设用地闲置和低效使用问题突出，土地投资强度和产出效益整体偏低。因此，在江西大力推广"零增地"技术改造，不仅意义重大，而且正当其时。

（一）传统工业占据主导且面临诸多发展瓶颈，亟须加快技术改造实现转型升级

长期以来，江西传统资源型、劳动密集型产业在工业经济中占据主导地位。2017年，有色金属、石化、钢铁、食品、纺织、建材、轻工7个传统产业主营业务收入、利润占全省工业的比重分别为73%和76%。在11个主营业务收入过千亿元的产业中，前6位均为传统产业。随着产业结构调整及技术更新换代步伐的加快，江西传统产业发展进入"瓶颈期"，面临以下突出问题：一是工艺技术更新较为缓慢。江西大部分企业仍局限于中低技术和传统生产，尤其是后端工艺技术相对落后、装备水平偏低，生产工艺及技术装备亟待更新。二是产品同质化现象较为严重。江西多数企业产品技术源于仿制，同类产品在工艺技术、外观设计、市场定位等方面存在较大的雷同。三是利润空间逐步压缩。江西传统产业主要依靠低成本要素参与市场竞争，随着省内要素成本的不断攀升，比较优势和盈利能力日趋弱化。因此，推动江西传统产业转型升级，关键在于加大技术改造力度，加速产品和技术更新换代。

（二）技术改造投资规模小、比重低，亟须把技术改造提升到一个新的战略高度

近年来，江西出台了一系列支持技术改造的政策措施，实施了一批重大技术改造项目，技术改造投资呈现总量扩大、增速加快、比重提升的良好态势。2015~2018年，全省技术改造投资占工业投资的比重从14.5%上升到27.7%，年均提高3.3个百分点。但是，与全国及中部省份相比，差距仍然较为明显。从全国范围看，2017年全省技术改造投资完成2543.2亿元，占全国的比重仅为2.4%；技术改造投资占工业投资的比重比全国平均水平低23.9个百分点。从中部省份看，2017年全省技术改造投资仅为安徽的34.6%、湖南的41.5%和湖北的51.3%；技术改造投资占工业投资的比重分别比安徽、湖南、湖北低35.2、33.9和17.4个百分点。面对江西技术改造投资规模小、比重低的问题，必须把技术改造摆在推进高质量、跨越式发展的重要位置，深入实施新一轮技术改造，进一步

推动全省技术改造上规模、上档次、上水平。

（三）建设用地"缺口大"与"闲置多"现象并存，亟须对闲置低效用地进行"二次开发"

一方面，江西建设用地供需矛盾较为突出。近年来，虽然国家下达江西年度的新增建设用地计划逐年增加，2017 年下达江西年度新增建设用地计划指标为 20.74 万亩，但江西实际新增建设用地 24.57 万亩，建设用地缺口仍有 3.83 万亩。同时，根据省土地利用总体规划，到 2020 年江西建设用地规模为 1601.25 万亩，而 2017 年江西存量建设用地就达 1959.26 万亩。另一方面，建设用地闲置问题较为突出。批而未用土地和闲置土地面积较大，消化任务较重。2018 年 1 月，国家土地督察南京局派出督察组对江西开展土地例行督察发现，截至 2017 年底，江西疑似闲置土地 1251 宗，面积达 8.05 万亩。因此，必须加大对闲置低效用地的处置盘活力度，通过对闲置低效土地进行"二次开发"，解决建设用地需求，弥补建设用地缺口，缓解用地供需矛盾。

（四）土地投资强度和产出效益仍然偏低，亟须推动用地方式由"外延扩张"向"内涵挖潜"转变

近年来，在土地投资强度和产出效益稳步提升的同时，江西仍面临着用地方式较为粗放、土地产出效率偏低等问题。从省域整体看，2017 年江西单位建设用地 GDP 产出为 10.6 万元/亩，远低于广东的 29 万元/亩、浙江的 26.2 万元/亩、江苏的 25.04 万元/亩。从省级以上工业园区看，2017 年江西工业园区亩均投资强度仅为 440.1 万元，亩均主营业务收入仅为 305.4 万元，亩均利润仅为 22.9 万元，均明显低于广东、浙江、江苏等沿海发达省份。从国家级开发区看，在 2017 年度全国 392 个工业主导型开发区土地集约利用评价中，江西仅井冈山出口加工区、吉安高新区、南昌小蓝开发区、井冈山经开区进入前 200 名，其余国家级开发区排名明显靠后。因此，必须加快推动用地方式由"外延扩张"向"内涵挖潜"转变，特别是要依靠技术改造提高土地投入产出率，让有限的土地资源产生尽可能大的效益。

二、兄弟省份推行"零增地"技术改造的经验举措

浙江、广东、山东等地聚焦"技术改造升级"与"土地高效集约利用"并进,大力推行"零增地"技术改造,既激励了更多企业实施技术改造,加快技术更新换代,又盘活了存量建设用地,提高了单位土地面积产出效益。例如,2017 年,山东共完成技术改造投资 1.67 万亿元,位居全国首位,其中"零增地"技术改造项目占比超过 90%。

(一)创新"零增地"技术改造模式

浙江、广东、山东等地积极引导企业在原有土地上实施技术改造、增资扩产、发展转型,形成了各具特色的"零增地"技术改造模式。一是传统产业"零增地"改造。对于用地相对低效的传统产业,通过引导企业引进新的生产设备和工艺流程,在现有土地上实现技术改造升级。二是落后产业"零增地"转型。对于一些落后淘汰产业,为保证存量低效土地得到有效利用,主动为企业牵线搭桥,引导企业通过兼并、重组等"腾笼换鸟"方式,实现"零增地"转型。三是高新技术产业"零增地"扩产。对于高新技术企业,引导企业整合现有土地、厂房、设备等低效闲置资产,在不增加用地的前提下,原地新建或改建单层厂房为多层厂房,实现增资扩产。四是优质产业"零增地"招商。对于优质项目,由政府出资整合低效用地,建设标准化厂房"筑巢引凤",企业可先期租赁使用,如约达效后办理产权转移手续。

(二)推进"零增地"技术改造项目审批方式改革

为进一步引导和鼓励工业企业开展"零增地"技术改造,浙江、山东等地相继实施了"零增地"技术改造项目审批方式改革,主要改革措施包括:一是制定"零增地"技术改造项目审批目录清单。由江西省经信、发改、消防、住建、环保、安监等部门分别就项目立项、固定资产投资项目节能审查、建筑消防设计审核、环境影响评价文件审批、建设工程施工许可、安全生产许可等制定"零增地"技术改造项目审批目录清单,并对审批目录清单实行动态管理。二是对"零增地"技术改造项目实行审批目录

清单管理。对不涉及审批目录清单的"零增地"技术改造项目不再审批；对涉及审批目录清单的"零增地"技术改造项目，由相关的行政主管部门分别进行审批，其他部门不再进行审批。三是对所有"零增地"技术改造项目实行承诺验收制。对纳入审批目录清单的"零增地"技术改造项目，企业需凭相关行政主管部门的批文及承诺备案受理书开展项目建设；对未纳入审批目录清单的"零增地"技术改造项目，企业仅需凭承诺备案受理书开展项目建设。另外，广东对"零增地"技术改造项目，最大程度简化环评手续，提高环评效率。

（三）建立"零增地"技术改造激励机制

一是对"零增地"技术改造项目免征或减征土地出让金。浙江对企业利用老厂房翻建多层厂房和利用厂房内空地建造三层以上厂房，其需缴纳的土地出让金和城镇基础设施建设配套费的地方留成部分，经批准可减征或免缴。广东、山东明确规定，工业企业在存量工业用地上利用空地新建、拆除现有建筑重建或厂房加层扩建项目，在符合城市规划、不改变土地用途的前提下，新增建筑面积部分不再征收土地出让金。二是以"亩均税收"确定土地使用税征缴。浙江探索试点差别化征收土地使用税，通过税收手段促进企业节约用地，以"亩产论英雄"倒逼企业盘活存量，提高使用效率。三是设立"零增地"技术改造专项奖补资金。例如，浙江余姚对于实施"零增地"技术改造项目提升亩产效益的企业给予一定的奖励，单个企业最高可获奖金100万元；山东诸城对于开展"零增地"提升或招商的，分别按500元/亩、1000元/亩的标准奖补工作经费。

三、江西推行"零增地"技术改造的对策建议

浙江、广东、山东等地在"零增地"技术改造方面的经验举措，为江西加快企业技术更新换代和提高单位土地面积产出效益提供了重要启示。因此，有必要借鉴兄弟省份的成功经验和创新举措，大力推行"零增地"技术改造，努力实现"技术改造升级"与"土地高效集约利用"并进。

（一）加强顶层设计，注重统筹协调

一要抓紧制定推行"零增地"技术改造的实施意见。建议把"零增

地"技术改造作为江西强化"亩产论英雄"导向的重要手段和内容,以省委、省政府的名义制定出台《关于推行"零增地"技术改造的实施意见》,明确江西推行"零增地"技术改造的总体要求、目标任务、扶持政策、保障措施等,引导各地积极开展"零增地"技术改造。二要及时出台推行"零增地"技术改造的实施细则。结合江西实际,进一步明确"零增地"技术改造的具体范围、奖励条件、项目报批及申请程序等,为全省工业企业开展"零增地"技术改造提供具体操作指南。三要建立"零增地"技术改造工作推进机制。把"零增地"技术改造纳入到全省开发区改革和创新发展工作中,由江西省开发区改革创新工作领导小组统筹推进"零增地"技术改造,由省发改委会同省工信委、省国土资源厅具体抓好"零增地"技术改造的推进工作。

(二)聚焦重点方向,开展试点示范

一要聚焦传统产业优化升级,开展"零增地"技术改造试点。对接江西传统产业优化升级行动计划,以有色金属、钢铁、石化、建材、纺织、食品、家具等行业龙头企业为重点,着力开展"零增地"技术改造试点,引导企业在不增加用地的前提下,对现有设施进行改造提升,实现技术改造升级。二要聚焦新一轮技术改造,开展"零增地"技术改造试点。对接江西工业企业技术改造三年行动计划,从每年组织推进的千项以上亿元级重大技术改造项目中,选择技术水平高、投资强度大、质量效益优的项目,开展"零增地"技术改造试点,力争形成一批可复制、可推广的示范案例。三要聚焦开发区改革和创新发展,开展"零增地"技术改造试点。对接江西省委、省政府关于促进开发区改革和创新发展的决策部署,以国家级和省级重点工业园区为主阵地,开展"零增地"技术改造试点,引导开发区利用现有厂房和土地,实施一批具有较强影响力和带动力的"零增地"技术改造项目。

(三)坚持因地制宜,突出分类指导

一要优先支持利用原有生产设施开展技术改造。对于开发较为成熟、土地集约利用水平较高的省级以上工业园区,大力支持企业在原有生产设施的基础上进一步加大国内外先进设备引进力度，通过设备改造、设备更新，提高企业工艺技术水平。二要大力支持利用闲置低效工业用地开展技术改造。对于列入清理处理范围的闲置低效用地，鼓励省内优势企业通过兼并重组等方式盘活现有低效闲置用地，或者采用转租、出让、二次招商等方式，引进新企业，招引新项目。三要积极支持在适当提高建筑密度和容积率的基础上开展技术改造。重点引导江西各类工业园区在符合规划和安全要求、不改变土地用途的前提下，通过压缩辅助设施用地，增建生产设施，提高工业企业建筑密度，或者在原有建设用地上通过加层、翻建等方式，提高工业用地容积率，并同步开展生产、研发、试验、检测等软硬件设施的升级改造。

（四）精简审批事项，优化审批流程

浙江、山东推进实施的"零增地"技术改造项目审批方式改革，尽管引入了承诺验收制，但仍未真正发挥企业投资项目承诺制的作用，特别是对涉及审批目录清单的"零增地"技术改造项目仍需进行审批。因此，建议江西在借鉴浙江、山东"零增地"技术改造项目审批方式改革经验的基础上，对于"零增地"技术改造项目进一步减少审批前置条件，相关前期手续全部实行承诺制，实现"信用承诺、不再审批、先建后验"，企业在办理承诺手续后即可开工建设。一要对项目准入条件和标准实行清单式告知。将"零增地"技术改造项目报建审批事项的准入条件和标准，以清单形式一次性告知企业，实现清单之外无审批、清单之外无监管。二要引导企业自主选择实行承诺制。对符合承诺制要求的"零增地"技术改造项目，由企业自主选择对全部或部分审批事项实行承诺。三要加大项目全过程监管力度。将实行承诺制的"零增地"技术改造项目纳入省投资项目在线审批监管平台，全面加强项目开工前、施工中和完工后的各项监管工作。

（五）加大政策扶持，强化激励引导

一要加大"零增地"技术改造项目税费减免力度。用足用好现行有关税收优惠政策支持企业开展"零增地"技术改造，建议对符合要求的"零增地"技术改造项目,免征市政基础设施配套费,并且增加建筑面积部分不再增收土地出让金。二要加大"零增地"技术改造项目补助力度。在技术改造项目的基础上,提高"零增地"技术改造项目的补助比例和补助标准。实施"零增地"技术改造综合奖补政策,综合考虑项目的亩均投资强度、亩均产出效益制定不同标准的奖励。三要加大"零增地"技术改造项目推广力度。在全省范围组织评选一批"零增地"技术改造示范项目,通过举办线上线下"零增地"技术改造成果展,总结推广"零增地"技术改造模式,激励和引导更多企业开展"零增地"技术改造。

参考文献

［1］周国兰，季凯文．江西产业集群培育与工业产业升级关系研究
［M］．江西人民出版社，2015：96－146.

［2］周国兰，季凯文．江西省产业发展与空间布局战略研究［M］.
江西人民出版社，2016：62－93.

［3］季凯文．江西推进新旧动能转换研究［M］．经济管理出版社,
2018：14－57.

［4］王德显．德国工业4.0战略对中国工业发展的启示［J］．税务与
经济，2016（1）：9－15.

［5］丁纯，李君扬．德国"工业4.0"：内容、动因与前景及其启示
［J］．德国研究，2014，29（4）：49－66＋126.

［6］李凤辉．美国"再工业化"战略对我国制造业竞争力的影响
［D］．上海外国语大学，2019.

［7］裴长洪，于燕．德国"工业4.0"与中德制造业合作新发展
［J］.财经问题研究，2014（10）：27－33.

［8］崔日明，张婷玉．美国"再工业化"战略与中国制造业转型研究
［J］．经济社会体制比较，2013（6）：21－30.

［9］王庭东．新科技革命、美欧"再工业化"与中国要素集聚模式嬗
变［J］．世界经济研究，2013（6）：3－8＋87.

［10］赵彦云，秦旭，王杰彪．"再工业化"背景下的中美制造业竞
争力比较［J］．经济理论与经济管理，2012（2）：81－88.

［11］王俊．欧美"再工业化"对我国先进制造业竞争力的影响与对策［J］．综合竞争力，2011（2）：73－76．

［12］王展祥，王秋石，李国民．发达国家去工业化与再工业化问题探析［J］．现代经济探讨，2010（10）：38－42．

［13］彭鑫，邓璐．德国"工业4.0"对中国制造业发展的启示[J]．中外企业家，2017（34）：208－212．

［14］逯东，池毅．《中国制造2025》与企业转型升级研究［J］．产业经济研究，2019（5）：77－88．

［15］王姝洁．"中国制造2025"面临的困境［J］．中国集体经济，2019（13）：13－15．

［16］张雷，郭欣欣．"中国制造2025"战略背景下制造业产业集聚的测度分析［J］．农村经济与科技，2018，29（24）：134．

［17］颜莉，马荣．湖北实施中国制造2025战略比较与路径分析［J］．湖北经济学院学报（人文社会科学版），2018，15（12）：26－29＋33．

［18］钟荣丙．"互联网＋制造2025"的协同创新生态体系研究[J]．技术与创新管理，2018，39（1）：10－18．

［19］余东华，胡亚男，吕逸楠．新工业革命背景下"中国制造2025"的技术创新路径和产业选择研究［J］．天津社会科学，2015（4）：98－107．

［20］王喜文．新工业革命背景下的"中国制造2025"［J］．中国发展观察，2015（7）：17－20．

［21］黄群慧，贺俊．中国制造业的核心能力、功能定位与发展战略——兼评《中国制造2025》［J］．中国工业经济，2015（6）：5－17．

［22］汪应洛，刘子晗．中国从制造大国迈向制造强国的战略思考［J］．西安交通大学学报（社会科学版），2013，33（6）：1－6．

［23］吴阳芬．"互联网＋"时代制造业转型升级新模式、路径与对策研究［J］．特区经济，2016（7）：139－141．

［24］孟凡生，赵刚．传统制造向智能制造发展影响因素研究［J］．科技进步与对策，2018，35（1）：66－72.

［25］吕铁，韩娜．智能制造：全球趋势与中国战略［J］．人民论坛·学术前沿，2015（11）：6－17.

［26］刘艳梅，余江，张越，陈凯华．七大战略性新兴产业技术创新态势的国际比较［J］．中国科技论坛，2014（12）：68－74.

［27］杜壮．安徽：从新兴产业集聚发展基地到先进制造业集群［J］．中国战略新兴产业，2018（9）：48－49.

［28］宋晓娜，张峰．中国制造业"新型化"转型绩效解析［J］．科学与管理，2019，39（2）：69－77.

［29］曹鹏．中国制造业新型化评价研究——基于28个细分产业的实证分析［J］．南京航空航天大学学报（社会科学版），2009，11（2）：39－44.

［30］黄群慧，余泳泽，张松林．互联网发展与制造业生产率提升：内在机制与中国经验［J］．中国工业经济，2019（8）：5－23.

［31］胡鞍钢．中国进入后工业化时代［J］．北京交通大学学报（社会科学版），2017，16（1）：1－16.

［32］江西省发展和改革委员会课题组，周国兰．江西战略性新兴产业发展研究［J］．经济研究参考，2012（26）：36－50.

［33］韦福雷，胡彩梅．中国战略性新兴产业空间布局研究［J］．经济问题探索，2012（9）：112－115，176.

［34］綦鲁明，陈妍．大国工业化完成的重要标志及后工业化时期的主要特征［J］．经济研究参考，2013（68）：4－8.

［35］徐从才．中国制造业发展的国际环境与要素优势——《国际产业资本转移与中国世界制造中心研究》评介［J］．世界经济与政治论坛，2006（2）：123－124.

［36］李廉水，杜占元．"新型制造业"的概念、内涵和意义［J］．科学学研究，2005（2）：184－187.

［37］刘世锦．正确理解"新型工业化"［J］．中国工业经济，2005（11）：5-9．

［38］涂正革，肖耿．中国工业增长模式的转变［J］．管理世界，2006（10）．

［39］余东华．以"创"促"转"：新常态下如何推动新旧动能转换［J］．天津社会科学，2018（1）：105-111．

［40］杨蕙馨，焦勇．新旧动能转换的理论探索与实践研判［J］．经济与管理研究，2018，39（7）：16-28．

［41］刘华军，王耀辉，雷名雨．中国战略性新兴产业的空间集聚及其演变［J］．数量经济技术经济研究，2019，36（7）：99-116．

［42］郑江淮，宋建，张玉昌，郑玉，姜青克．中国经济增长新旧动能转换的进展评估［J］．中国工业经济，2018（6）：24-42．

［43］黄先海，张胜利．中国战略性新兴产业的发展路径选择：大国市场诱致［J］．中国工业经济，2019（11）：60-78．

［44］刘志彪等．长三角托起的中国制造［M］．中国人民大学出版社，2005．

［45］李廉水，杜占元．中国制造业发展研究报告2005［M］．科学出版社，2005．

［46］李廉水，杜占元．中国制造业发展研究报告2006［M］．科学出版社，2006．

［47］郑伟，李廉水．中国制造业强省评价研究［J］．中国科技论坛，2008（10）：73-78．

［48］苏秦，张艳．制造业与物流业联动现状分析及国际比较［J］．中国软科学，2011（5）．

［49］王珍珍，陈功玉．制造业与物流业联动发展的演化博弈分析［J］．中国经济问题，2012（2）．

［50］方晓波．服务型制造的发展路径与模式研究［J］．学习与实践，2016（9）：27-34．

［51］刘海龙．中国服务型制造的发展与对策研究［J］．管理现代化，2016，36（4）：33－37．

［52］杨海成．云制造：服务型制造新模式［J］．中国工业评论，2016（Z1）：52－57．

［53］"制造业服务化发展战略研究"课题组．制造服务化发展战略［J］．中国工程科学，2015，17（7）：29－31．

［54］刘建国．制造业服务化转型模式与路径研究［J］．技术经济与管理研究，2012（7）：121－124．

［55］揭筱纹，罗莹．我国新型制造业的特征及其构建路径研究［J］．理论与改革，2016（4）：184－188．

［56］宾建成．新国际分工体系下中国制造业发展方向与对策［J］．亚太经济，2013（1）：121－127．

［57］王怀明，李廉水．基于四维综合评价的湖北制造业新型化研究［J］．河海大学学报（哲学社会科学版），2009，11（4）：61－65＋95．

［58］钟无涯，傅春．中部地区制造业竞争力差序测度与评价：2009～2013［J］．工业技术经济，2015（11）：19－28．

［59］李廉水，周勇．中国制造业"新型化"状况的实证分析——基于我国30个地区制造业评价研究［J］．管理世界，2005（6）：76－81．

［60］周彩红，樊丽君．基于熵权的制造业新型化程度国际比较与预测［J］．中国科技论坛，2016（11）：141－147．

［61］季凯文，刘飞仁，郭苑．基于双维两阶段筛选模型的区域产业集群识别与选择研究——以江西省工业行业为例［J］．科技管理研究，2016，36（5）：133－136＋148．

［62］季凯文．产业集群发展阶段判断及其路径选择——以江西14个工业重点产业为例［J］．江西科学，2015，33（6）：944－949．

［63］邬贺铨．新一代信息技术的发展机遇与挑战［J］．中国发展观察，2016（4）：11－13．

［64］李廉水，程中华，刘军．中国制造业"新型化"及其评价研究

［J］．中国工业经济，2015（2）：63－75.

［65］钟无涯，傅春．中部地区制造业竞争力差序测度与评价：2009～2013［J］．工业技术经济，2015（11）：19－28.

［66］季凯文，韩迟．产业集群发展模式及提升途径分析——以江西省为例［J］．江西科学，2015，33（3）：419－424.

［67］季凯文，裴亮，余前广．加快江西产业生态化转型的路径探索［J］．宏观经济管理，2014（2）：79－80.

［68］王怀明．湖北省制造业"新型化"评价实证研究［J］．华中科技大学学报（社会科学版），2010，24（1）：65－71.

［69］唐德才，汤杰新，刘昊．中部6省制造业"新型化"比较与评价［J］．工业技术经济，2016，35（6）：111－121.

［70］成鹏飞，周向红．湖南制造强省战略的主要问题、发展路径与对策［J］．湖南科技大学学报（社会科学版），2019，22（1）：175－184.

［71］郑睿．后工业化时代上海制造业发展定位和对策研究［J］．当代经济管理，2017，39（9）：57－60.

［72］甄杰．河南省与浙、冀、鄂、川四省制造业发展水平的比较研究［J］．中州学刊，2007（1）：82－85.

［73］陈涛，郑伟．江苏新型制造业发展状况研究——基于江苏13个地级市数据的实证分析［J］．现代管理科学，2010（12）：68－70.

［74］王怀明．湖北省制造业"新型化"评价实证研究［J］．华中科技大学学报（社会科学版），2010（1）：65－71.

［75］秦柳．加快建设制造强省的路径［N］．安徽日报，2018－01－16（006）.

［76］丁紫耀．制造强省建设面临的形势和环境［J］．浙江经济，2016（23）：23－24.

［77］吴忠超，吴学文，姜剑超．加快发展虚拟制造推进山东制造业强省建设［J］．山东经济战略研究，2005（9）：24－25.

［78］江苏省经信委课题组．以智能制造智慧服务引领工业强省建设［N］．新华日报，2014 - 12 - 09（15）．

［79］谢超英．大力推动湖南制造强省建设［N］．湖南日报，2015 - 08 - 14（15）．

［80］张婷婷，张玉洁．我国民用无人驾驶飞机监管立法的地方经验与制度完善——以深圳等地的8个政府规章为分析样本［J］．山东大学学报（哲学社会科学版），2019（3）：124 - 132．

［81］王阿娜．中国民用飞机产业：发展模式的选择［J］．宏观经济研究，2012（1）：47 - 53．

［82］路风．我国大型飞机发展战略的思考［J］．中国软科学，2005（4）：10 - 16．

［83］冯超．中国通用航空发展空间与产业链［J］．中国流通经济，2014，28（5）：117 - 121．

［84］杨勇，隋东．我国低空空域改革和通用航空事业发展有关问题的思考［J］．南京航空航天大学学报，2010（6）：50 - 53．

［85］赵文睿．低空经济产业发展对策研究——以安阳新区为例［J］．绿色科技，2016（5）：176 - 178，181．

［86］覃睿，李卫民，靳军号，王霞．基于资源观的低空及低空经济［J］．中国民航大学学报，2011，29（4）：56 - 60．

［87］梁红．江西医药制造业的发展对策研究［J］．江西社会科学，2006（8）：242 - 246．

［88］徐立青．当代医药工业的特点及我国发展现状和对策［J］．现代化工，2004（4）．

［89］王雪娟，苏丽丽，王晶．陕西省医药制造产业发展现状研究［J］．现代经济信息，2019（17）：493．

［90］韩月，刘兰茹，朱虹．我国医药制造业转型升级与实现智能制造的路径分析［J］．中国医药工业杂志，2019，50（8）：921 - 927．

［91］左保燕，陶秀梅．智能制造在医药领域的应用［J］．中国国情

国力，2018（10）：11 - 13.

［92］郭克莎．中国医药制造业的国际地位与比较优势［J］．经济管理．2003（17）.

［93］郭克莎．我国医药工业增强国际竞争力的思路［J］．经济管理．2002（10）.

［94］李海波，李苗苗．中国战略性新兴产业创新集聚发展机制——以淄博市新型功能陶瓷材料产业为例［J］．技术经济，2016，35（7）：97 - 102.

［95］李午兴，崔贝贝．江西现代艺术品与市场运作机制创新研究［J］．山东社会科学，2015（S2）：517 - 518.

［96］冯琳馨，冯绍华，冯绍文．"中国制造2025"背景下景德镇陶瓷龙头企业培育路径初探［J］．景德镇陶瓷，2019（1）：1 - 4.

［97］宋充，程磊．景德镇陶瓷文化产业集聚发展研究［J］．江西社会科学，2014，34（11）：57 - 60.

［98］邹文嘉，陈垚彤．我国省域电子信息制造业竞争力研究［J］．价值工程，2019，38（31）：60 - 61.

［99］吴瑞．基于"互联网＋"电子信息技术发展研究［J］．科学技术创新，2019（31）：91 - 92.

［100］何炜，徐敏，耿军．融合与转型：城市产业新区带动下的本地城镇化发展研究以宜昌高新区电子信息产业园为例［J］．中华建设，2019（11）：176 - 178.

［101］陈春林，胡紫祎，林浩．江西省电子信息产业集群发展的对策建议［J］．江西科学，2019，37（5）：791 - 796.

［102］刘志鹏，刘霞，杨国梁．中国省域电子信息制造业效率及演化研究［J］．科技管理研究，2019，39（19）：148 - 154.

［103］王涛，张福明，彭欣荣，李威，贺琳．吉安工业企业创新能力提升对策——以电子信息产业为例［J］．现代工业经济和信息化，2019，9（9）：16 - 18.

［104］张运生，林宇璐 . 不同类型创新生态系统如何推动核心技术开发与企业销售增长——以中国电子信息技术产业为例［J］. 科技进步与对策，2010（1）：1 - 8.

［105］李传志 . 我国电子信息产业高端化对策分析［J］. 经济问题，2019（1）：68 - 74，83.

［106］陈美华，陈伟良 . 中国电子信息产业技术效率测度及影响因素分析［J］. 江西社会科学，2018，38（12）：57 - 66.

［107］杨晓娇，易继明 . 5G 发展关键性战略资源管理与技术治理制度研究［J］. 中共中央党校（国家行政学院）学报，2019（6）：1 - 6.

［108］董智 . 5G 商业化应用背景下"互联网 + 物流"的发展趋势研究［J］. 中国商论，2019（22）：12 - 13.

［109］陆培军，袁小乐，肖力 . 江西省 VR 产业的大数据分析［J/OL］. 电子技术与软件工程，2019（22）：159 - 161.

［110］贾璇 . 2019 世界 VR 产业大会在南昌举行 VR 产业发展透视：拥抱 5G 迎来复兴元年？［J］. 中国经济周刊，2019（21）：68 - 70.

［111］宋嘉，薛健，吕娜 . 智能制造在 5G 环境下的发展趋势研究［J］. 中国新技术新产品，2019（20）：107 - 108.

［112］魏克军 . 5G 商用发展面临的机遇与挑战［J］. 信息通信技术与政策，2019（10）：60 - 63.

［113］薄翠梅，张奕翔 . 5G 通信技术与人工智能的深度融合与发展趋势［J］. 现代管理科学，2019（10）：18 - 20.

［114］惠志斌 . 5G 与数字经济［J］. 探索与争鸣，2019（9）：50 - 53.

［115］许骏，付浩海，张素莉 . 基于大数据和 AHP - DEMATEL 分析法的 VR 产业知识基础评价研究［J］. 工业技术经济，2019，38（7）：101 - 107.

［116］曾祥敏，齐虹翕 . 5G 技术背景下智能媒体发展初探［J］. 电视研究，2019（6）：14 - 17.

［117］本刊评论员，段克和．着力打造国际领先地位的 VR 产业［J］．当代江西，2018（11）：1.

［118］本刊报道组，郭晓东，樊遂桥，邓绪娟．赣鄱搏击 VR 产业新蓝海——2018 世界 VR 产业大会综述［J］．当代江西，2018（11）：11 - 13.

［119］王群，郭晓东，王晨晨．VR 让世界更精彩江西让 VR 更出彩［J］．当代江西，2018（11）：36 - 41.

［120］戴文雄．虚拟现实产业的"VR +"路径新思考［J］．青年记者，2017（35）：105 - 106.

［121］高红波．中国虚拟现实（VR）产业发展现状、问题与趋势［J］．现代传播（中国传媒大学学报），2017，39（2）：8 - 12.

［122］郭存德．加快制造业智能升级步伐［J］．人民论坛，2019（24）：76 - 77.

［123］张恒梅，李南希．创新驱动下以物联网赋能制造业智能化转型［J］．经济纵横，2019（7）：93 - 100.

［124］刘淑春．中国数字经济高质量发展的靶向路径与政策供给［J］．经济学家，2019（6）：52 - 61.

［125］张志华，赵波．战略性新兴产业促进区域经济转型升级的机制与路径——以江苏物联网产业为例［J］．江苏社会科学，2017（3）：266 - 272.

［126］焦媛媛，付轼辉，沈志锋．物联网产业开放式创新的跨组织知识流动［J］．中国科技论坛，2017（5）：19 - 26.

［127］吕铁．物联网将如何推动我国的制造业变革［J］．人民论坛·学术前沿，2016（17）：28 - 37.

［128］黄涛，谢友才．物联网产业技术创新效率研究——基于创新两阶段视角［J］．科技与经济，2016，29（3）：34 - 38.

［129］史俊，潘泽江，田博文．资源配置视角下战略性新兴产业基地建设决策过程研究——以物联网产业为例［J］．科技进步与对策，2016，33（13）：66 - 71.

［130］李颖，李佳玉．我国物联网产业技术研发效率动态评价［J］．科技管理研究，2016，36（6）：75－78．

［131］张巍，高汝熹，车春鹏．工业物联网技术链、产业链、价值链互动机理研究［J］．上海管理科学，2010，32（6）：51－57．

［132］王厚双，盛新宇．中国高端装备制造业国际竞争力比较研究［J］．大连理工大学学报（社会科学版），2020（1）．

［133］徐建伟．推进产业深度融合发展增强装备制造业核心竞争力［J］．宏观经济管理，2019（11）：35－41．

［134］殷越，赵刚．基于智能制造的高端装备制造企业商业模式创新研究——以金风科技为例［J］．科技进步与对策，2020（1）：1－10．

［135］綦良群，高文鞠．区域产业融合与装备制造业绩效提升［J］．中国科技论坛，2019（10）：59－70．

［136］薛纯，杨瑾．信息化驱动装备制造业转型升级机理研究［J］．西安财经学院学报，2019，32（5）：120－127．

［137］高智，鲁志国．产业融合对装备制造业创新效率的影响——基于装备制造业与高技术服务业融合发展的视角［J］．当代经济研究，2019（8）：71－81．

［138］朱艳硕，王铮，程文露．中国装备制造业的空间枢纽——网络结构［J］．地理学报，2019，74（8）：1525－1533．

［139］张月月，胡峰，王晓萍，任志敏．"一带一路"区域价值链嵌入、跨界搜索与中国装备制造企业升级［J］．科技管理研究，2019，39（12）：91－95．

［140］李晓琳．提升我国装备制造业在全球价值链中的地位［J］．宏观经济管理，2018（12）：26－33．

［141］綦良群，周凌玥．基于服务化的装备制造业价值链整合过程及仿真分析［J］．中国科技论坛，2018（12）：60－69，95．

［142］韩凤晶，缪大喜，王冰．高端装备制造企业动态核心能力测量研究［J］．资源开发与市场，2018，34（11）：1499－1504．

［143］陈瑾，何宁．高质量发展下中国制造业升级路径与对策——以装备制造业为例［J］．企业经济，2018，37（10）：44－52.

［144］刘会政，朱光．中国装备制造业国际分工地位及提升路径研究［J］．对外经济贸易大学学报（国际商务版），2018（5）：13－24.

［145］张文利，周友良．我国智能制造装备产业发展的调控策略［J］．经济纵横，2016（12）：87－90.

［146］孔凡斌，许正松，胡俊．基于国内外发展现状的江西环保装备制造业发展策略［J］．企业经济，2016，35（2）：131－137.

［147］张文君．中部地区装备制造业发展比较与评价［J］．湖南财政经济学院学报，2011，27（5）：42－45.

［148］骆山鹰．高质量发展要求下"产城融合"实施路径研究——以上海紫竹高新区为例［J］．华东科技，2019（9）：63－66.

［149］孔翔，纵旭，顾子恒．高新区与周边地区的空间二元结构现象研究——以上海市张江高科技园和紫竹高新区为例［J］．城市问题，2019（5）：4－10，20.

［150］张茜，王兴平．改革开放40年来中国开发区政策演变特征研究［J］．城市规划学刊，2019（2）：61－67.

［151］孙永洁．产业园区构建科技服务体系的路径研究——以紫竹高新区为例［J］．科技视界，2019（8）：210－212.

［152］张俊．改革创新行政体制机制再造开发区发展新优势［J］．中国行政管理，2016（1）：150－152.

［153］袁小平，胡长生．论高新技术产业的承接模式及其对策选择——以江西新余经济开发区为例［J］．求实，2008（11）：47－52.

［154］马卫刚．体制创新：开发区加快发展的必由之路［J］．国际经济合作，2004（1）：21－23.

［155］阎文圣．深化改革高新技术产业开发区管理体制［J］．理论学刊，2003（6）：69－70.

［156］汪思冰．江苏新经济"独角兽"企业的培育基础与策略研究

[J]．商业经济，2019（11）：27－28，125．

[157] 白雪．以金融供给侧改革助力独角兽企业成长［J］．人民论坛，2019（25）：56－57．

[158] 张梅燕．京沪"独角兽"企业培育的经验借鉴［J］．中国市场，2019（27）：80－82＋87．

[159] 杨菊超，邸娜．津京沪独角兽企业成长环境比较及对天津的启示——基于城市创新创业生态的角度［J］．河北农业大学学报（社会科学版），2019，21（4）：49－55．

[160] 任声策，胡迟．独角兽企业培育绩效的创业生态系统建设路径——基于模糊集定性比较分析的观点［J］．技术经济，2019，38（7）：46－55，70．

[161] 宋立丰，祁大伟，宋远方．中国新兴独角兽企业估值比较基础与分析框架［J］．科技进步与对策，2019，36（3）：70－76．

[162] 陈强，肖雨桐，刘笑．京沪独角兽企业成长环境比较研究——城市创新创业生态体系的视角［J］．同济大学学报（社会科学版），2018，29（5）：106－114．

[163] 楚天骄，宋韬．中国独角兽企业的空间分布及其影响因素研究［J］．世界地理研究，2017，26（6）：101－109．

[164] 郭迎光．从制定企业投资项目承诺制规定入手探索立法精准服务改革的路子［J］．中国人大，2019（18）：36－37．

[165] 王国翔，龚清波．以"标准地＋承诺制"改革破解投资项目审批难题［J］．浙江经济，2018（16）：44－45．

[166] 浙江省经济信息中心课题组．切实推进企业投资项目承诺制改革［J］．浙江经济，2018（5）：25－27．